LE MARIAGE DE FIGARO

Paru dans Le Livre de Poche :

LE BARBIER DE SÉVILLE

THÉÂTRE
(La Pochothèque)

BEAUMARCHAIS

La Folle Journée

ou

Le Mariage de Figaro

Comédie en cinq actes

INTRODUCTION, COMMENTAIRES ET NOTES
DE GIOVANNA TRISOLINI

LE LIVRE DE POCHE
Théâtre

Ouvrage édité sous la responsabilité de Michel Simonin

Le texte reproduit celui de la première édition : Paris, Ruault, 1785.

Giovanna Trisolini est, depuis 1974, titulaire et responsable de l'enseignement de la langue et de la littérature françaises à la faculté des lettres de l'université de Trieste. Depuis plusieurs années elle dirige le Département des langues et littératures des pays de la Méditerranée. Elle est spécialiste du XVIᵉ siècle et du XVIIIᵉ siècle (Beaumarchais et le théâtre de la Révolution française). Intéressée par la littérature de « combat », elle s'occupe actuellement aussi de la littérature maghrébine d'expression française, en particulier de la littérature dramatique algérienne.

© Librairie Générale Française, 1989 et 1999,
pour l'Introduction, les Commentaires et les Notes.
ISBN : 978-2-253-05138-1 - 1ʳᵉ publication - LGF

INTRODUCTION

Un nouveau théâtre « dénonciateur »

Beaumarchais commence sa carrière d'auteur de théâtre à peu près un siècle après Racine (*Andromaque*, 1667 ; *Eugénie*, 1767). Pendant ce siècle, la dramaturgie subit de profondes modifications. Au XVIIᵉ siècle auteurs et critiques croient dans l'existence d'une beauté et d'une perfection absolues, valables de toute éternité, détachées et indépendantes du contexte historique et social. Dans la première moitié du XVIIIᵉ siècle, et même déjà quelque peu avant, cette conviction commence à chanceler : auteurs et critiques prennent en considération l'idée d'une beauté relative, d'une beauté conforme à une certaine époque et à un lieu déterminé. Dans ses *Réflexions sur la poésie et la peinture* de 1719, l'abbé Dubos nie avec vigueur l'idée de la beauté absolue : l'homme juge de la beauté selon le goût du moment. Or, les hommes n'étant pas toujours les mêmes dans tous les milieux et dans tous les temps, il ne peut y avoir une beauté absolue sur laquelle tout le monde s'accorde partout et toujours. Voltaire souligne lui aussi, dans son *Essai sur la poésie épique* (chap. Iᵉʳ, 1728), la diversité des jugements car, si « les coutumes, les langues, le goût des peuples les plus voisins diffèrent » et que « la même nation n'est plus reconnaissable au bout de trois ou quatre siècles », « dans les arts qui dépendent purement de l'imagination, il y a autant de révolutions que dans les États ». Helvétius conclut son *Discours deuxième* (chap. XIX, tiré du traité *De l'esprit*,

1748) par l'affirmation que « tout changement arrivé dans le gouvernement ou dans les mœurs d'un peuple doit nécessairement amener des révolutions dans son goût ». En 1716 Fénelon avait déjà insisté, dans sa *Lettre sur les occupations de l'Académie,* sur la nécessité d'étudier les Anciens en fonction de leur époque et de tenir compte de la différence de leurs coutumes, de leur religion, de leur morale. Les mots de Sulzer, rédacteur avec Marmontel de l'article « Anciens » pour le *Supplément* de l'*Encyclopédie,* semblent définir parfaitement le problème : « [...] On ne doit pas juger de la beauté d'un habillement persan d'après la mode des Européens ; il faut nécessairement avoir sous les yeux la forme persane : c'est elle seule qui pourra servir de règle dans le jugement que l'on voudra porter. »

Au XVIIIᵉ siècle, outre le principe de la relativité du goût, un autre principe influe largement sur la production littéraire et, en particulier, sur la production théâtrale. Le principe sur lequel se fonde la production littéraire a changé : la production littéraire du XVIIᵉ siècle devait être morale ; au XVIIIᵉ siècle elle doit être moralisatrice. C'est donc le principe qui a changé car c'est surtout le public qui est différent : au XVIIᵉ siècle, c'était à la classe noble qu'il fallait proposer des pièces morales ; au XVIIIᵉ siècle, c'est la haute, la moyenne et, parfois même, la petite bourgeoisie qui doivent être instruites par des enseignements moraux directs. Il s'agit d'une nouvelle utilisation des genres littéraires et, en particulier, du théâtre. La nouveauté, par rapport au siècle précédent, est le but que les auteurs se proposent ; but, qui consiste maintenant à produire une œuvre « naturelle », c'est-à-dire un « drame », qui traite de la vie de tous les jours, qui décrit des événements vrais ou du moins vraisemblables, contemporains, sinon récents, qui présente des personnages, d'origine bourgeoise ou noble, mais pourvus des caractères réels d'une société réelle. Or, en tenant compte seulement de la société pour laquelle l'auteur écrit, il peut influer sur elle et lui offrir des leçons de vertu. Enfin, puisque la façon la meilleure pour rendre l'homme vertueux est la description de la vertu, l'écrivain doit « la lui montrer sous des images touchantes et dans des situations à peu près semblables à celles qui se répètent tous les jours sur la scène ordinaire de la société » (Bougainville, *Discours de réception à l'Académie française*, 1754). La vertu, par conséquent, au lieu d'être décrite comme une idée abstraite, doit toucher aux aspects et aux cas particuliers qui peuvent arriver dans la vie de tous les jours. L'efficacité de l'œuvre littéraire tient aux sentiments qu'elle aura su inspirer au lecteur ou au spectateur. Toute la différence entre la morale, que voulaient enseigner les auteurs du XVIIᵉ siècle, et la « moralité » des auteurs du XVIIIᵉ siècle, procède de ce que les premiers pensaient qu'il suffisait de présenter une situation morale pour que les spectateurs pussent en tirer leur leçon, là où les écrivains du XVIIIᵉ siècle font appel à la « sensibilité » pour donner au spectateur la possibilité d'assimiler la même leçon de morale. Au travers seulement de la perception sensible et directe, l'écrivain peut influencer les habitudes morales du spectateur et, pour y parvenir, il doit donner à ce spectateur des leçons de morale « positive » ; désormais il décrit les vertus et non les vices ; il cherche à attirer vers la vertu, plutôt qu'à susciter le dégoût des spectateurs à la vue du vice ; il tâche de susciter des larmes de commotion devant la vertu bafouée, plutôt que le rire ou la raillerie en face du vice, sans cependant exclure ni l'une ni l'autre. Il s'agit de présenter les sentiments que peut éprouver la totalité des hommes pendant une vie normale ; il ne s'agit donc plus d'événements extraordinaires qui n'intéressent que des princes et des rois ou des reines, conduits, au surplus, le plus souvent par le hasard comme chez les écrivains grécisants du XVIIᵉ siècle ; mais de peindre les préoccupations d'un père de famille pour l'avenir de ses enfants, d'un fils naturel à la recherche d'une reconnaissance, d'un honnête homme qui défend son honneur, son amour, en opposition parfois avec les desseins d'un noble.

Ce sont de nouveaux principes qui naissent et l'explication que l'on peut donner de ce phénomène tient à la situation sociale différente. Au XVIIIᵉ siècle la lutte philosophique s'engage à fond et la bourgeoisie, quoique encore parfois snobée par la noblesse, tient la première place dans la marche économique de la nation. Parallèlement, le partage entre la dignité tragique — qui était jusqu'alors réservée à la classe noble — et les rôles comiques — imposés à la bourgeoisie et au petit peuple — tend à disparaître pour créer un nouveau « théâtre ». On peut le considérer comme la revanche de la bourgeoisie sur les nobles et le roi, le champ de bataille de cette classe sociale qui est à présent le seul acteur de l'évolution sociale et économique de l'époque : un nouveau « théâtre », qui associe les sentences moralisantes aux revendications sociales et à la propagande politique. Après Diderot, Mercier, Sedaine, etc., Beaumarchais accepte lui aussi avec enthousiasme la théorie de l'intérêt et de la moralité du théâtre. Il affirme sur un ton assez catégorique dans son *Essai sur le genre dramatique sérieux* (1767) : « Que me font à moi, sujet paisible d'un État monarchique du XVIIIᵉ siècle, les révolutions d'Athènes et de Rome ? Quel véritable intérêt puis-je prendre à la mort d'un tyran du Péloponnèse, au sacrifice d'une jeune princesse en Aulide ? Il n'y a dans tout cela rien à voir pour moi, aucune moralité qui me convienne. »

La scène devient ainsi le lieu où l'on met en lumière les vertus de la bonne bourgeoisie en opposition avec les abus des nobles et leurs mœurs dégénérées. L'esprit démocratique, pourrait-on dire, succède à l'esprit aristocratique ; les rois, les princes, les nobles sont sympathiques à condition qu'ils acceptent et qu'ils apprécient les idées et les qualités des bourgeois. Ce nouveau « théâtre » dénonce finalement l'inégalité sociale, l'intolérance, toute sorte d'abus, au nom de la raison, de la nature et du sentiment.

Beaumarchais et son époque

C'est ici que s'insère la production théâtrale de Beaumarchais. Cependant, avant de passer à l'analyse directe du *Mariage de Figaro*, la curiosité nous pousse, à présent, à nous demander qui pouvait être cet homme si étrange et si compliqué qui, au milieu des tracas de la fortune, réussissait à affirmer : « En vérité, je ris sur l'oreiller quand je pense comme les choses de ce monde s'engrènent, comme les chemins de la fortune sont bizarres. » La phrase est indicative du caractère de Beaumarchais, mais elle éclaire aussi sa position face aux problèmes qu'un siècle « philosophique », peuplé des Voltaire, Rousseau, Condillac, Helvétius, etc., pouvait poser. Beaumarchais, sans être un théoricien lui-même, respirait leurs idées philosophiques, s'y conformait et se posait, comme eux, le problème de la vie, du mystère de la mort, de l'existence du bien et du mal, de la validité de la religion, etc. Mais ce dernier problème ne le hante pas. Il n'y prend intérêt qu'en raison des rapports qu'il peut entretenir avec l'autorité. La religion doit contribuer au bien de l'État. En 1797, il écrivait en effet à un ami : « Le besoin irrésistible de consolation dans les maux de la vie [...] est le principe de tout système de religion. Cela est vrai, éminemment vrai. D'après ce moment, il est interdit de chercher quelle est la meilleure ou la pire. Aussi ne l'avez-vous pas fait. Vous avez raisonné en bon législateur. Il faut de la révélation, de l'inspiration et des prêtres pour établir une croyance quelle qu'elle soit... Reste à savoir quels biens politiques nous font ces œuvres de persuasion et s'il vaut mieux tromper les hommes que leur dire la vérité. L'indifférence pour le choix de toute secte qui s'établit est la majestueuse conduite que doit tenir celui qui fait des lois. »

Sur le plan philosophique, Beaumarchais se range du côté des « panglossistes », c'est-à-dire des optimistes, dans la grande « querelle » qui passionne Voltaire, Rousseau, Leibniz à propos du problème du mal. Quant à Beaumarchais, il est convaincu d'avoir trouvé la solution du problème : le mal et le bien s'équilibrent, ils se compensent. Le fait est qu'il penche vers le matérialisme, la philosophie et l'anticléricalisme, plus par mode que par un besoin profond de sa nature. Il nie la prédestination ; il refuse l'idée de l'essence individuelle préexistant à la naissance. L'homme, pour Beaumarchais, se constitue comme être pensant et actif seulement au moment de sa naissance. Voilà le résultat des idées philosophiques soutenues au cours du siècle par Locke, Helvétius, Condillac, d'Holbach, Diderot, etc. C'est dans le *Prologue* de *Tarare* (opéra en cinq actes et un prologue, musique de Salieri, 1787) que l'écrivain exprime ses opinions sur la vie et la naissance : la Nature appelle à la vie la matière pour en faire des hommes ; comme pour Diderot et d'Holbach, le passage de la matière inanimée à la matière vivante est possible pour Beaumarchais, grâce à des agglomérations successives d'atomes organisés selon les lois de la matière. Au moment de la naissance, l'homme ne possède ni caractère ni individualité ; il ne dispose pas non plus d'idées innées, capital de l'homme avant sa naissance, susceptible d'être augmenté par l'éducation. Il possède seulement une forme humaine et il se trouve inséré fortuitement dans une société qui est, à son tour, composée d'une suite bizarre d'événements occasionnels. Cette matière, formée d'atomes qui s'agglomèrent temporairement, c'est-à-dire pendant l'espace de temps que dure la vie d'un individu, est tout de même douée de sensibilité et d'instincts ; elle possède en outre la volonté, qui permet à l'homme de décider des événements et des cas de sa vie. À la volonté s'oppose cependant un élément puissant et absurde : le destin. L'homme a beau calculer ses décisions et ses actions, il peut lui arriver de devoir combattre contre des forces obscures qui s'opposent à ses décisions et entravent ses actions. Il s'ensuit que l'homme doit se rendre compte que la vie ne peut être un pur calcul géométrique, car c'est le hasard ou le sort ou, mieux encore, l'imprévu fortuit, qui jouent le rôle principal et, malheureusement, impondérable. Le caractère et l'esprit seuls aident l'homme dans cette lutte. Quelques vers tirés de *Tarare* l'attestent. La Nature et le Génie du Feu déclarent à l'unisson leur opinion sur le sort des hommes : « Mortel, qui que tu sois, Prince, Brame ou Soldat, / Homme ! La grandeur sur la terre/ N'appartient point à ton état : / Elle est toute à ton caractère. » Ce sont les vers conclusifs de la pièce, c'est aussi la conclusion à laquelle Beaumarchais était déjà arrivé lorsqu'il écrivait l'*Essai sur le genre dramatique sérieux* (1767) : « Tout homme est lui-même par son caractère : il est ce qu'il plaît au sort par son état, sur lequel son caractère influe beaucoup. »

Ces citations démontrent assez la position de Beaumarchais à mi-chemin entre le matérialisme déterministe des philosophes de la moitié du siècle et le moralisme d'un Florian ou d'un Bernardin de Saint-Pierre. Insoucieux du problème de la religion et privé du soutien de ses dogmes, matérialiste par mode et par reflet, comment Beaumarchais se débrouille-t-il par exemple à propos du problème de l'immortalité de l'âme ? En contradiction avec tout ce qu'il affirmait et en opposition aux impératifs du courant matérialiste, qui voulait que le corps de l'homme fût destiné comme son âme à la dissolution à la suite de la désagrégation des atomes au moment de la mort, il écrivait dans une lettre privée : « Le corps n'est pas *nous*, il doit périr sans doute, mais l'ouvrier d'un si bel assemblage aurait fait un ouvrage indigne de sa puissance s'il ne réservait rien à cette grande faculté (l'âme) à qui il a permis de s'élever jusqu'à sa connaissance. » Démonstration étrange et tout à fait irrationnelle, peu surprenante d'ailleurs de la part d'un homme dont les positions peuvent sembler parfois contradictoires surtout si on les juge sans tenir compte de leur contexte historique, littéraire et social (« l'habillement persan » de Sulzer par rapport à la « forme persane »).

Avant de tenter de formuler un jugement à propos de cet homme si complexe, il vaut mieux passer rapidement en revue les événements de sa vie et ses mille aventures. Après une enfance heureuse au milieu d'une famille très unie, où les problèmes économiques de survivance n'existaient pas et où l'atmosphère à la fois gaie et enjouée influençait favorablement le seul garçon au milieu de plusieurs sœurs, Beaumarchais commence à gravir l'échelle sociale. Doué de qualités personnelles — prestance physique, goût pour la musique, habileté à faire des vers, art de plaire, manières raffinées et surtout intelligence et ambition —, il possède tous les attributs essentiels et nécessaires pour se distinguer dans la société qui compte à Paris, entre 1750 et la Révolution, où l'on peut faire fortune à condition d'être aimable, d'être un artiste plein d'esprit, d'avoir le sens des affaires, de posséder le goût des intrigues et une grande capacité au travail. Malgré cela, le manipulateur d'argent, le financier aventureux, le libelliste impitoyable, le défenseur jusqu'à la ruine de lui-même autant que des autres, combat pour donner au public l'image d'un homme « sensible ». Certes, il serait logique de se demander comment l'écrivain pouvait penser concilier la sensibilité et le plaisir des jouissances matérielles, la vie brillante de société et le sens des affaires. Voilà exactement ce qui étonne quand on considère la classe économiquement émergeante de l'époque. Le fait est que Beaumarchais, en tant que représentant de cette classe, n'a pas ressenti de contradictions à l'égard de valeurs qui peuvent sembler inconciliables à des hommes du XXe siècle. « On est meilleur quand on se sent pleurer », écrivait-il en 1792 dans la préface de *La Mère coupable*. C'est ainsi que la douceur des larmes peut aller de pair avec le goût de l'action. Chez Beaumarchais, la sensibilité n'est ni fébrile ni passive ; ses émotions sont assez fortes pour le pousser vers l'action et vers l'activité intellectuelle et pour le préserver du repliement oisif sur lui-même. Son émotivité ne le trompe pas, car il réussit à garder la maîtrise de ses sentiments. En voici un exemple : « J'ai posé pour fondement de ma doctrine que c'est sur soi qu'il faut exercer sa force, et non sur les événements », dit-il, en soulignant toujours l'importance de la force de volonté et du « caractère » en contraste avec l'« état ».

C'est cette doctrine personnelle qui aidera souvent Beaumarchais au cours de sa vie : lors de la condamnation dans le procès contre le comte de La Blanche, héritier du financier Pâris-Duverney, lors de la condamnation au blâme et à la perte de ses droits civils et de ses biens matériels, lors de ses expéditions « diplomatiques » à la poursuite des libellistes avilissant le roi, lors des problèmes causés par l'achat, jamais mené à son terme, de fusils pour le gouvernement français et de l'invasion de sa maison par la populace devenue furieuse toujours à cause des fusils, lors de son inscription sur les listes des émigrés, etc.

C'est indéniablement un grand sang-froid qui naît chez Beaumarchais de la force de son « caractère » et qu'aucun revers du sort ne peut annuler. Beaumarchais a donc tout le droit d'affirmer que « les difficultés de tous genres [...] ne m'ont jamais arrêté sur rien ».

Or, si la sensibilité a pu inspirer à l'écrivain le choix d'arguments pathétiques, quoique toujours « naturels » et « réels », tels que ceux qui l'ont poussé à composer des drames (*Eugénie*, 1767 ; *Les Deux Amis ou le Négociant de Lyon*, 1770 ; *La Mère coupable*,

1792) — cette « carrière neuve, où le génie peut prendre un essor étendu, puisqu'elle embrasse tous les états de la vie et toutes les situations de chaque état » (*Essai sur le genre dramatique sérieux*, 1767) —, ce sont sans aucun doute son caractère et son esprit qui lui suggèrent de se définir à travers les mots que Suzanne adresse à Figaro : « De l'intrigue et de l'argent, te voilà dans ta sphère » (*Le Mariage de Figaro*, acte I, scène 1). Arrivé à la gloire grâce à son habileté d'écrivain et à la richesse par différentes transactions commerciales, le jeune horloger, devenu l'intime du roi et le défenseur de la royauté, supporte bien les intrigues de la Cour, qu'il considère comme une simple obligation imposée par l'organisation sociale où il vit et parfois même comme un amusement où le combat l'attire en tant que tel, et où il peut apporter tout son esprit ; c'est le même esprit qui l'aide à surmonter le déplaisir d'avoir été enfermé à Fort-l'Évêque, le désabusement pour avoir été ruiné, le déshonneur du blâme, etc. Il en sera toujours ainsi, dans toute sa vie, comme sur la scène. Parfois son esprit et son caractère le poussent à attaquer la justice, la noblesse, les courtisans, mais ce sont les courtisans qui applaudissent les premiers *Le Mariage de Figaro*, où tant d'éléments concourent à les ridiculiser. En effet, ils savent bien qu'un homme qui possède toutes les qualités requises pour gravir l'échelle sociale ne sera jamais un révolutionnaire accompli. Personne ne peut vouloir renverser un régime qui permet d'accomplir ses capacités. Certes, des intérêts contraires aux siens peuvent lui barrer le chemin, la justice se révèle partiale, les droits de la noblesse sont illimités et souvent immérités, mais tout cela peut être ajusté par de bonnes réformes. Pour Beaumarchais, la structure sociale reste satisfaisante. La Révolution lui sera, en effet, fatale.

Homme né et éduqué sous l'Ancien Régime, Beaumarchais ne réussira pas, malgré ses efforts, à s'adap-

ter au monde nouveau qui se réalise autour de lui.
Après *La Mère coupable*, Beaumarchais n'écrit plus et
ne prend part à la vie sociale que pour rétablir sa fortune ou pour suggérer des réformes financières. La
vie politique ne l'intéresse plus.

Les nobles, les courtisans et les juges que l'écrivain
ridiculisait devant l'opinion publique avaient bien
compris que Beaumarchais ne voulait ni éliminer leur
importance, ni les faire descendre de leur piédestal.
En effet, si un valet spirituel mais dépourvu de rancune disait à ces personnages dans un transport de
tristesse qu'ils « ne s'étaient donné que la peine de
naître », la réponse la meilleure qu'ils pouvaient trouver pour ce valet un peu impertinent était de lui prouver, à force d'applaudissements, qu'ils étaient du
moins hommes d'esprit. La finesse et le sarcasme de
Figaro ne pouvaient toucher ni aux nobles, qui étaient
les protecteurs de l'auteur de *Figaro*, ni à l'auteur,
qui, malgré sa naissance bourgeoise, était devenu l'un
d'eux. Seul le peuple, pour qui des réformes étaient
urgentes, pouvait prendre ces traits de caractère au
sérieux. L'image que la critique nous a léguée d'un
Beaumarchais homme de la Révolution doit-elle alors
être démythifiée ? Ou correspond-elle, du moins en
partie, à la réalité ? Pour pouvoir répondre à la question, force nous est de relire sa production littéraire
et les documents qu'il a laissés à la postérité ; nous
nous efforcerons de les juger après les avoir réinsérés
dans leur contexte social et politique (toujours selon
les mots de Sulzer, « l'habillement persan » d'après « la
forme persane »).

Depuis 1748, date de la publication de *L'Esprit des
lois* de Montesquieu, toute l'organisation politique
avait été remise en question par les philosophes et par
les publicistes devant l'opinion publique. Il va de soi
qu'un homme tel que Beaumarchais s'occupe de la
réalité politique, sociale et administrative : ses entre-
prises en dépendent. Ses idées et ses préoccupations
d'intérêt national le poussent à observer et à critiquer

la situation générale. Il se pose tout d'abord comme le défenseur enthousiaste de la bourgeoisie à laquelle il appartenait. Bien des éléments de sa vie le conduisent à se ranger du côté de cette classe : son origine de fils d'horloger, le souvenir fervent de son père et la course irrépressible qui pousse la bourgeoisie et l'écrivain vers les affaires, la richesse, les charges. Cet idéal bourgeois se reflète évidemment dans les choix littéraires de l'écrivain : voilà pourquoi il préfère le théâtre « nouveau » et en particulier le drame auquel il s'était consacré dès ses débuts sur la scène. *Eugénie* avait pour but de démontrer que « l'on obtient ni grand pathétique, ni profonde moralité, ni bon et vrai comique au théâtre sans des situations fortes, et qui naissent toujours d'une disconvenance sociale dans le sujet que l'on veut traiter ». « Disconvenance sociale » dans *Eugénie*, victime innocente d'un noble corrompu et ambitieux ; « disconvenance sociale » et pécuniaire (la banqueroute) dans *Les Deux Amis ou le Négociant de Lyon*, qui s'adressait particulièrement à la bourgeoisie commerçante. Dans une lettre adressée *A M. X...*, datée du 17 octobre 1770, Beaumarchais affirmait en effet : « Je souhaite qu'elle plaise aux négociants, cette pièce qui a été faite pour eux, et en général pour honorer les gens du tiers état. »

Dans ces deux premières pièces, Beaumarchais pose les bases de deux thèmes, qui resteront propres à ses idées sur le théâtre : la défense des faibles contre les abus et la toute-puissance de la noblesse, et l'admiration pour son ancienne classe sociale, la bourgeoisie intéressée au commerce, à l'importation et à l'exportation, étroitement liée aux banques, aux affaires financières de grande portée ; une bourgeoisie, adonnée au travail, honnête et utile au développement de l'État, représentative du commerce, qui est, selon l'écrivain, la forme supérieure de l'activité nationale, en contraste souvent avec l'attitude passive, impérieuse et déshonorante de quelques nobles déchus et corrompus qui, de leur ancienne noblesse, ne gardent plus que le nom. Il en dérive que le système politique de la France devra être « absolument fondé sur l'agrandissement et la prospérité du commerce » et que toutes les lois devront être établies en fonction de cette activité. Par conséquent, parmi toutes les formes de l'administration et parmi tous les pouvoirs accumulés et mal exercés par l'État, il dénonce le Parlement et la justice. Déjà en 1774 il avait adressé au gouvernement un « mémoire » sur l'activité abusive du Parlement, sur son organisation fautive et sur la nécessité de le réformer. Quant à la justice, qui est l'institution qui le préoccupe le plus, son intérêt et son attention semblent plus justifiés si l'on pense aux nombreux procès qui ont jalonné sa vie. Tour à tour condamné et absous, blâmé et blanchi, il nie dans ses nombreux *Mémoires* avoir voulu attaquer la magistrature dans son ensemble ; il ne critique pas toute la corporation des avocats, il dénonce seulement les abus de pouvoir de la part de quelques-uns d'entre eux, leurs jugements expéditifs, leur incompétence, leur corruption, leurs contradictions. Trop souvent il a dû supporter les intrigues d'antichambre et les injustices des tribunaux pour ne pas les juger avec une certaine sévérité. Et la sévérité de Beaumarchais à l'égard de la politique d'intrigue naît du fait qu'il pense que le devoir de chaque citoyen est de rechercher le bien et l'intérêt de la nation. C'est la raison pour laquelle il critique une partie de la noblesse : celle qui, en briguant les charges, offense l'autorité royale et l'affaiblit. Et c'est encore la même raison qui le pousse à s'en prendre aux hommes politiques qui se servent des courtisans pour diminuer ultérieurement le pouvoir du roi.

Représentant désormais lui aussi de la classe noble, son patriotisme est sincère et actif : il l'a bien démontré lorsqu'il a risqué quantité d'argent pour fournir des armes aux Insurgents d'Amérique, caché sous le nom fictif d'une compagnie de navigation, défendant les intérêts de la France contre ceux de l'Angleterre, son ennemi atavique, et lorsqu'il a même risqué sa vie pour procurer à la France les fusils de Hollande ; fusils qui ne devaient pas tomber dans les mains des ennemis de la Révolution.

« *Le Mariage de Figaro* »

Voyons par conséquent ce que c'est que cette bête « détestable » qui causait tant de préoccupations au roi et aux défenseurs de l'Ancien Régime, ce *Mariage de Figaro* qui, au surplus, mettait en scène un sujet partiellement exploité par d'autres écrivains.

Le résumé de la pièce, retrouvé par Lintilhac, attribué à Beaumarchais lui-même et conservé dans les archives de la famille de Beaumarchais, est intitulé *Programme du Mariage de Figaro* et date de 1778. L'écrivain l'avait écourté dans la *Préface* du *Mariage*, nous le reprenons sous une forme succincte : Figaro, valet de chambre du comte Almaviva et concierge du château d'Aguas-Frescas, a emprunté dix mille francs à Marceline, femme de charge du château ; il lui a signé une obligation où il promet, à l'échéance du terme, de lui rendre l'argent ou bien de l'épouser. Mais Figaro est amoureux de Suzanne, jeune camériste de la comtesse. Malheureusement, le comte lui aussi s'est entiché de Suzanne. Libertin et volage, fatigué déjà de la douceur et des attentions de sa femme (la Rosine du *Barbier de Séville*), il cherche d'autres distractions. Il veut donc aider les deux amoureux en offrant une dot à Suzanne, qui permettra de payer la dette d'un Figaro devenu dès lors libre de se marier. Le comte cependant n'aide les deux amoureux que dans l'espoir de pouvoir jouir du *jus primae noctis*, le droit féodal du seigneur auquel il avait renoncé depuis longtemps. La petite intrigue est menée par Don Bazile, maître de musique du château, qui, dans *Le Barbier de Séville*, se mettait déjà au

service du plus offrant. En attendant, la jeune mais
ingénieuse Suzanne informe Figaro, son futur époux,
et sa maîtresse du manège. Il en dérive un beau
complot organisé par Figaro, Suzanne et la comtesse
aux dépens du comte. Au complot prend également
part le jeune page du château, Chérubin, qui
démontre son amour à la comtesse en la couvrant
d'attentions. Ce sera alors la jalousie du comte pour
le page qui fera tomber le premier dans le piège que
Figaro et les deux femmes lui ont préparé. Le comte,
qui a compris avoir été dupé, mais sans savoir
comment cela a pu arriver (scène du cabinet), décide
de se venger en faisant épouser Figaro à la vieille
et laide Marceline ; mais une « reconnaissance »
empêche la manœuvre du comte : au moment même
où le mariage doit avoir lieu, on découvre que Marceline est la mère de Figaro, délaissée par le père de
Figaro, qui à son tour avait été enlevé par des malfai-
teurs ; la reconnaissance peut avoir lieu grâce à une
marque que le père de Figaro lui avait faite sur la tête,
lors de son enfance. Et le père est... Entre-temps la
comtesse prépare avec Suzanne un rendez-vous dissi-
mulé au comte, en l'invitant sous les marronniers,
dans le parc du château ; elle se déguisera en Suzanne
pour tâcher de reconduire l'époux volage dans ses
bras. Figaro, qui n'a pas été prévenu, survient et, « furieux de se croire trompé » par sa Suzanne, risque de
tout compromettre, mais, suffisamment intelligent, il
comprend la ruse et se prête au jeu, lui aussi. Le
comte se repent, sa femme lui pardonne ses manèges
et Figaro peut épouser sa Suzanne sans danger du
« droit du seigneur ».

Une intrigue badine ?

À ce que l'on voit, il peut s'agir, selon les mots
mêmes de Beaumarchais, de « la plus badine des intrigues » qui, grâce à son seul dénouement heureux,
peut passer pour une comédie ; avec une conclusion

différente, le sujet de la pièce aurait pu être celui d'un drame ou même d'une tragédie.

En effet il s'agit d'un événement — l'imposition du droit du seigneur — plausible à cette époque. Beaumarchais fut alors accusé d'immoralité à cause du réalisme des descriptions, des situations et du langage de sa pièce. À part le fait que l'écrivain était déjà habitué depuis longtemps *(Eugénie)* à décrire des scènes scabreuses où il se proposait de reproduire fidèlement, à la manière des auteurs de drames, des situations réelles probables dans la société de l'époque, le sujet de cette comédie ne se différenciait pas de celui d'une tragédie, exception faite du dénouement. Et pour reprendre la réplique de l'auteur contre l'avis de quelques critiques, on peut répéter avec lui : « Oh ! que j'ai de regret de n'avoir pas fait de ce sujet moral une Tragédie bien sanguinaire ! Mettant un poignard à la main de l'époux outragé, que je n'aurais pas nommé *Figaro*, dans sa jalouse fureur je lui aurais fait noblement poignarder le Puissant vicieux ; et comme il aurait vengé son honneur dans des vers carrés, bien ronflants, et que mon jaloux, tout au moins général d'armée, aurait eu pour rival quelque tyran bien horrible et régnant au plus mal sur un peuple désolé, tout cela, très loin de nos mœurs, n'aurait, je crois, blessé personne ; on eût crié : *bravo ! ouvrage bien moral !* Nous étions sauvés, moi et mon *Figaro* sauvage. »

Si ce n'est que pour le dénouement heureux, le lieu et le moment différents (l'Asie à la place de l'Espagne-France, à une époque indéterminée), cette description, qui ici semble ironique si on la rapporte à la comédie du *Mariage*, convient par contre tout à fait à l'opéra *Tarare* (1787), qui reproduit fidèlement ce sujet développé par Beaumarchais avec des intentions sociales et politiques. Voici ce que l'écrivain affirme, dans sa dédicace de *Tarare, Aux Abonnés de l'Opéra* à propos des abus : « Partout où règne le despotisme [...] les passions des Grands sont sans frein. On peut y voir unie dans le même homme la plus imbécile ignorance à la puissance illimitée, une indigne et lâche faiblesse à la plus dédaigneuse hauteur. Là je vois l'abus du pouvoir se jouer de la vie des hommes, de la pudicité des femmes ; la révolte marcher de front avec l'atroce tyrannie : le despote y fait tout trembler jusqu'à ce qu'il tremble lui-même [...]. »

Pour le moment, dans *Le Mariage*, les situations ne sont pas poussées à ce point ; il ne s'agit ici que de « la plus badine des intrigues », d'« un grand seigneur espagnol, amoureux d'une jeune fille qu'il veut séduire », et des « efforts que cette fiancée, celui qu'elle doit épouser et la femme du seigneur réunissent pour faire échouer dans son dessein un maître absolu, que son rang, sa fortune, sa prodigalité rendent tout-puissant pour l'accomplir : voilà tout, rien de plus ».

Pour ce qui est de l'intrigue, on peut tomber d'accord avec Beaumarchais. L'argument de sa pièce est assez peu original, et les sources littéraires auxquelles l'écrivain a eu recours sont faciles à discerner. René Pomeau suggère même que « la donnée fondamentale de l'intrigue, ce fâcheux "droit du seigneur", a pu être emprunté à la réalité [...] un cas tel que celui de cette jeune fille de la vallée d'Avre qui fit un vœu à la Vierge, à la suite duquel l'Almaviva local décéda pendant la cérémonie du mariage [1] ».

Certes, la suggestion d'un Beaumarchais qui reproduit un événement « réel », typique du drame, en suivant les règles qu'il s'était posées lui-même comme auteur-reproducteur de la société « réelle », est attrayante. Ce qui n'empêche pas que l'écrivain ait pu se souvenir aussi de la comédie de Voltaire intitulée *Le Droit du seigneur* (1762) ou de l'article du *Dictionnaire philosophique*. Dans la comédie, l'intrigue présente des différences ; les intentions surtout sont limitées car la pièce, qui commençait par des revendications contre l'inégalité sociale et l'injustice du « droit du seigneur », se poursuit par les exhortations

---

1. *Beaumarchais, l'Homme et l'Œuvre*, Paris, 1956, p. 157.

morales du jeune et vertueux seigneur aux mariées et se termine par les louanges à sa conduite. Quant à l'opéra-comique intitulé *Le Droit du seigneur*, écrit par Desfontaines et joué en 1783, c'est plutôt Desfontaines qui, censeur du manuscrit du *Mariage*, en a pris l'idée et non le contraire.

Pour le personnage de Chérubin et son amour pour la comtesse, Beaumarchais peut s'être souvenu d'un événement survenu au château de Chanteloup, près d'Amboise, résidence de la duchesse de Choiseul, épouse malheureuse, aimée de son page et musicien Petit-Louis. Il se peut aussi que Beaumarchais ait exploité des sources littéraires qui d'ailleurs ne manquent pas sur ce sujet. Et *in primis* la comédie-vaudeville de Vadé, *Il était temps*, représentée en 1754, où la dame est sur le point de céder aux avances du jeune écuyer libertin de son mari, quand ce dernier rentre juste à temps ! Ou encore la comédie de Rochon de Chabanne intitulée *Heureusement*, représentée en 1762, qui met aux prises, dans le décor d'un cabinet de toilette, un page de seize ans, une dame et sa soubrette et un mari qui revient, lui aussi, à propos.

L'idée du cabinet, lieu de refuge pour éviter la colère d'un mari qui est, ou se croit, trompé, n'est pas neuve non plus. Dans le conte, *La Précaution inutile*, de Scarron (1657), l'action se déroulait entre une grande pièce pourvue de lits de repos et le cabinet contigu, où se cachait, enfermé à clef dans une armoire, le voyageur de passage que la duchesse avait reçu pendant l'absence de son mari. À la suite d'un pari suggéré par l'ingénieuse duchesse, pari que le duc accepte et perd car, sur la liste qu'il devait dresser de tous les objets en fer qui se trouvent dans une maison, il oublie d'inscrire les clefs et n'a pas le droit d'ouvrir l'armoire, le mari dupé se retire tout heureux et convaincu que le conte de la séduction que sa femme lui avait narré était inventé. Sedaine tire de cette nouvelle une comédie en un acte, *La Gageure imprévue*, représentée en 1768 : il s'agit encore d'une serrure et d'une clef qui ouvre un cabinet de toilette qui cache le bel officier qui courtisait la marquise au moment où le mari rentre. Comparée à ses antécédents littéraires, la scène du cabinet de toilette dans *Le Mariage* est plus mouvementée : le comte entre précipitamment, Chérubin s'enfuit dans le cabinet, Suzanne se glisse dans le fond de la pièce et délivre, pendant l'absence des deux époux, Chérubin, qui saute par la fenêtre et se sauve. Le comte revient, suivi de la comtesse, décidé à ouvrir la porte du cabinet d'où sort, riant aux éclats... Suzanne. Antonio, le jardinier du château, survient, une giroflée cassée à la main, pour annoncer qu'un homme a sauté par la fenêtre de la comtesse. Figaro intervient et rétablit la situation en affirmant que c'était lui qui avait sauté à cause de la chaleur et des cris du comte furieux et jaloux, convaincu d'avoir été trompé par la comtesse.

Un autre élément du *Mariage*, celui du mari qui courtise son épouse sans le savoir, a été lui aussi souvent exploité. Parmi les réminiscences littéraires auxquelles Beaumarchais peut avoir emprunté, il n'y a que l'embarras du choix : dans *Le Double Veuvage* de Dufresney (1702), un mari courtise sa femme qu'il prend pour sa nièce. Dans *Le Préjugé à la mode* de Nivelle de La Chaussée (1735), le mari libertin et volage est reconduit dans les bras de sa femme après la découverte de son infidélité. Dans *Le Trompeur trompé* de Vadé (1754), le comte, fiancé de Cydalise, las de celle-ci avant même le mariage, fait sa cour à Colette, une jeune bergère. Cydalise prend sa place, démasque le comte qui, tout honteux, se fait pardonner en l'épousant. Ainsi qu'on peut le voir, aucun de ces épisodes, pris séparément, n'est original. Malgré cela *Le Mariage* constitue un chef-d'œuvre, qui sera représenté soixante-douze fois de suite à la Comédie-Française, en présence d'un public enthousiaste, à partir du 27 avril 1784 jusqu'à février 1785. Le fait est que Beaumarchais a exploité ces éléments d'une manière tout à fait personnelle. Prenons par exemple le premier que nous avons mentionné, celui qui constitue d'ailleurs le ressort qui déclenche le mécanisme de la réaction : le fameux et détestable « droit du seigneur ».

Beaumarchais avait déjà exprimé plusieurs fois sa pensée à propos de la fonction du théâtre par rapport au public qu'il devait viser et concourir à instruire. De même en ce qui concerne la nécessité de reproduire sur la scène des événements pris dans l'actualité, le seul moyen d'attirer et d'intéresser le public : but et moyen, en deux mots. Quelle était donc l'actualité à l'époque où il composait son *Mariage* ? Les courageuses réformes de Turgot, puis de Necker, dans le domaine économique et dans l'administration avaient eu pour seul résultat de susciter la réaction des classes privilégiées ; celles-ci avaient alors contraint le roi à renvoyer les deux contrôleurs généraux et à agir comme si de rien n'était. Les droits féodaux, sur lesquels se fondaient les privilèges de la noblesse et du clergé, étaient donc encore bien installés, mais la réaction nobiliaire avait provoqué une irritation profonde et avait soulevé l'opinion publique contre les institutions d'origine féodale, les privilèges et les abus. Plusieurs voix s'étaient alors élevées pour réclamer l'abolition ou du moins la réforme d'institutions fondées sur l'inégalité sociale.

LES THÈMES DE LA PIÈCE

L'abus des privilèges

Dans *Le Mariage*, Beaumarchais présente l'image de cette société en effervescence et il part d'un droit qui est exemplaire du mépris de la dignité humaine : le « droit du seigneur » ; une partie pour le tout, et les privilèges sont ici identifiés et concrétisés dans ce droit spécifique, qui démontre l'absurdité du système et que l'écrivain met en scène et cloue au pilori, tout comme le principe d'inégalité d'où il dérive. Quatre vers du vaudeville final suffisent pour illustrer sa pensée : « Par le sort et la naissance, / L'un est Roi, l'autre est Berger ; / Le hasard fit leur distance ; / L'esprit seul peut tout changer... » Ces vers s'accordent avec la position générale de Beaumarchais face aux problèmes de l'existence.

Et, pour mieux faire ressortir l'iniquité du système social, il met aux prises le privilégié par excellence, qui n'a d'autre mérite que celui de sa naissance, avec « l'homme le plus dégourdi de sa nation », qui possède en revanche des capacités et des qualités remarquables et qui est conscient de sa valeur. Dans l'acte I, scène 1, Suzanne informe Figaro que le comte veut « obtenir [...] secrètement, certain quart d'heure..., qu'un ancien droit du seigneur... » et commente « Tu sais s'il était triste ! » et Figaro de répondre : « Je le sais tellement que, si Monsieur le Comte, en se mariant, n'eût pas aboli ce droit honteux, jamais je ne t'eusse épousée dans ses domaines. » Mais du moment que le comte, après avoir autrefois aboli une survivance féodale, tente de la rétablir pour satisfaire ses caprices, Figaro se trouve à devoir lutter contre un abus, exemple caractéristique des abus nobiliaires de l'époque qui ne se soutiennent que sur les droits de la naissance. Le monologue de Figaro à la scène 2 de l'acte I dit bien : « Mais, Monseigneur, il y a de l'abus » et ce terme et le programme que Figaro lui-même se pose pour éventer des manœuvres périlleuses (« ... avancer l'heure de votre petite fête, pour épouser plus sûrement ; écarter une Marceline, qui de vous est friande en diable ; empocher l'or et les présents ; donner le change aux petites passions de Monsieur le Comte... ») prouvent clairement que Figaro n'a aucune intention de supporter l'injustice du comte qui veut profiter des avantages de sa naissance, qu'il n'accepte plus de subir d'humiliations et qu'il revendique une dignité qui n'a rien à voir avec les rangs. Le conflit, dont les bases sont données ici, éclate à la scène 3 de l'acte V. Voici comment s'exprime Figaro : « Non, Monsieur le Comte, vous ne l'aurez pas... vous ne l'aurez pas. Parce que vous êtes un grand seigneur, vous vous croyez un grand génie !... noblesse, fortune, un rang, des places ; tout cela rend si fier ! Qu'avez-vous fait pour tant de bien ? vous vous êtes donné la peine de naître, et rien de plus. Du reste homme assez ordinaire ! tandis que moi, morbleu ! perdu dans la foule obscure, il m'a fallu déployer plus de science et de calculs pour subsister seulement, qu'on n'en a mis depuis cent ans à gouverner toutes les Espagnes ; et vous voulez jouter... » Figaro, supportant tant bien que mal l'injustice du sort qui l'avait fait naître dans une position subalterne qu'il cherchait à équilibrer grâce à son caractère, sa volonté et son esprit (« Est-il rien de plus bizarre que ma destinée ! fils de je ne sais pas qui ; volé par des bandits, élevé dans leurs mœurs, je... veux courir une carrière honnête ; et partout je suis repoussé !... Ô bizarre suite d'événements ! Comment cela m'est-il arrivé ? Pourquoi ces choses et non pas d'autres ? Qui les a fixées sur ma tête ? Forcé de parcourir la route où je suis entré sans le savoir, comme j'en sortirai sans le vouloir, je l'ai jonchée d'autant de fleurs que ma gaieté me l'a permis... j'ai tout vu, tout fait, tout usé... », acte V, scène 3), n'admet cependant pas que le comte profite ultérieurement des avantages que lui donne sa naissance.

S'il acceptait déjà contre son gré les privilèges, il accepte encore moins l'abus des privilèges et, finalement, il se révolte. C'est ce que le gouvernement aurait dû comprendre qu'il pouvait arriver au cas où l'on ne penserait pas sérieusement à des réformes ; c'est ce que comprendra en revanche le public à qui n'échappera pas l'actualité de l'œuvre, comme d'ailleurs elle n'avait pas échappé à Louis XVI, l'un des rares à mesurer le danger et à évaluer la portée explosive du texte qui portait devant l'opinion publique des questions embarrassantes sur l'organisation de la société, l'ensemble du gouvernement, la justice, l'armée, la condition de la femme et des « fils de personne », etc. Voilà pourquoi « Au monologue de Figaro, dans lequel il attaque diverses parties de l'administration... le roi se leva avec vivacité et dit : "C'est détestable, cela ne sera jamais joué ; il faudrait détruire la Bastille pour que la représentation de cette pièce ne fût pas une inconséquence dangereuse. Cet homme déjoue tout ce qu'il faut respecter dans un gouvernement... — On ne la jouera donc point ? dit la reine. — Non, certainement, répondit Louis XVI ; vous pouvez en être sûre" ».

Cela se passait en 1781 au dire de Mme Campan, familière de la reine, qui avait eu la charge de lire la pièce devant le roi[1]. Mais le roi sera mauvais prophète : la Bastille sera détruite et *Le Mariage* sera représenté avec un énorme succès. Il s'agit, en effet, malgré quelques années de retard dues aux ennuis judiciaires, à la censure et à la prohibition du roi, du plus grand succès du siècle.

Beaumarchais, quant à lui, s'entêtait. Entre-temps la pièce avait passé l'examen de plusieurs censeurs désignés par la police et par le roi : le premier, Coqueley de Chaussepierre, jugeait la pièce, après quelques corrections, « très propre à attirer à la Comédie-Française beaucoup de spectateurs ». Les acteurs de la Comédie-Française l'avaient eux-mêmes acceptée avec enthousiasme. Seul le roi semblait irréductible. « Le Roi ne veut pas qu'on la joue », répétait Beaumarchais. « Donc on la jouera. » Il déclarera même en 1782 : « Eh bien ! Messieurs ! Il ne veut pas qu'on la représente ici et je le jure, moi, qu'elle sera jouée, peut-être même dans le chœur de Notre-Dame[2]. » Connaissant le caractère faible du roi, la force de l'opinion publique, la superficialité des courtisans, Beaumarchais commença à lire sa comédie dans les

---

1. *La Cour de Marie-Antoinette*, Paris, rééd. 1971, p. 187.   **2.** *Idem*, p. 188.

salons privés, chez des nobles qui s'amusaient et qui finissaient par répéter les mots de Figaro : « Il n'y a que les petits esprits pour craindre les petits écrits. » Le premier ministre de la chambre du roi donne enfin la permission de jouer la pièce le 13 juin 1783 à la salle des Menus-Plaisirs pour une représentation privée patronnée par le comte de Vaudreuil, mais un ordre exprès du roi l'interdit. Les spectateurs, qui composaient la société de cour que Beaumarchais connaissait si bien, indignés de n'avoir pu goûter ce que plusieurs autres nobles avaient déjà goûté lors de lectures privées, manifestèrent violemment leur mécontentement. Mme Campan, en rapportant l'épisode, affirme que « toutes les espérances déçues excitèrent le mécontentement à tel point que les mots d'oppression et de tyrannie ne furent jamais prononcés, dans les jours qui précédèrent la chute du roi, avec plus de passion et de véhémence [1] ».

Beaumarchais doit s'incliner, mais, en bon connaisseur de caractères, il demande d'autres censeurs ; seul le jugement de Suard lui est toujours défavorable. Gaillard, membre de l'Académie française, présente un rapport impartial et, le 26 septembre, a enfin lieu à Gennevilliers, chez le comte de Vaudreuil et en l'honneur du frère du roi, le comte d'Artois, la première représentation privée du *Mariage de Figaro*. Toujours insatisfait, Beaumarchais fait lire sa pièce par trois autres censeurs (Guidi, Bret et Desfontaines) qui donnent tous un avis favorable ; il demande même un « tribunal composé d'académiciens, de censeurs, de gens de lettres, d'hommes du monde et de personnes de la Cour aussi justes qu'éclairées, qui discuteraient [...] le fond, la forme et la diction de cette pièce, scène par scène, phrase par phrase, mot par mot ». L'assemblée, présidée par le baron de Breteuil, accepte la comédie ; Beaumarchais, dans une lettre au roi (mars 1784), assure avoir

---

1. *La Cour de Marie-Antoinette, op. cit.*, p. 187.

retranché « jusqu'aux moindres mots dont ce tribunal de décence et de goût a cru devoir exiger la suppression » et le roi doit enfin céder. La première représentation publique a lieu le 27 avril 1784 à la Comédie-Française (à l'emplacement de l'actuel Odéon). Dazincourt jouait le rôle de Figaro, Mlle Saint-Val la comtesse, Mlle Contat jouait Suzanne. Admirablement dirigés par l'auteur, les comédiens triomphèrent en concourant au succès « sans précédent » de la pièce. « Jamais au Théâtre-Français, pièce ne fut accueillie avec de telles clameurs d'enthousiasme. La salle fit un sort à la plupart des répliques, applaudissant sans cesse au point que le spectacle dura plus de cinq heures. Triomphe sans précédent[1] [...]. »

Ce fut également le plus grand échec subi par le roi avant la Révolution. Le fait est que la pièce arrivait à point nommé pour le public parisien qui, à cette époque, s'intéressait aux idées sociopolitiques et se préoccupait des réformes. On discutait beaucoup d'abus alors ; tout le monde avait conscience de la nécessité de modifier l'organisation sociopolitique. Non qu'on pensât à renverser la monarchie, personne n'y songeait encore ; mais, même si la structure de la société n'était pas soumise à discussion, toutes les valeurs sur lesquelles elle se fondait étaient remises en question au nom d'un nouvel ordre : ce n'était plus la naissance qui faisait l'homme grand, mais ses qualités. Au surplus, le roi, connaissant bien la force de conviction que pouvait avoir le théâtre sur l'opinion publique, n'avait pas tort de craindre que ces idées nouvelles fussent représentées sur la scène. Et c'est ce qui arriva. Beaumarchais, en homme politique qu'il était, ne s'était fait aucun scrupule de dénoncer sur la scène toutes les iniquités du régime. Voilà donc que l'abbé Suard, frère du censeur et ennemi irréductible de Beaumarchais et de ses idées, l'accuse publiquement dans les pages du *Journal de Paris* de subversion

---

1. Frédéric Grendel, *Beaumarchais ou la calomnie*, Paris, 1973, p. 413.

et d'immoralité. Beaumarchais se défend, il attaque à son tour, mais une phrase maladroite insérée dans un article provoque un autre incident. Beaumarchais avait écrit : « ... Quel est votre objet en publiant de telles sottises ? Quand j'ai dû vaincre lions et tigres pour faire jouer une comédie, pensez-vous, après son succès, me réduire, ainsi qu'une servante hollandaise, à battre l'osier tous les matins sur l'insect vil de la nuit ? » (Lettre du 2 mars 1785 adressée « Aux auteurs du *Journal de Paris* », parue dans le journal du 6 mars). Le roi se croit visé (pour l'écrivain, « l'insect vil de la nuit » était plutôt le censeur Suard) et fait enfermer Beaumarchais à Saint-Lazare, la prison des débauchés et des filles. Beaumarchais adresse alors au roi une longue lettre (mars-avril 1785) où il insiste sur son innocence, sa douleur d'avoir été accusé injustement et rappelle les bons services rendus à la monarchie (lire : son prêt à l'État de sommes considérables). Les représentations du *Mariage*, interrompues à cause de cet emprisonnement, reprennent le 17 août 1785 ; en avril déjà Beaumarchais avait eu la satisfaction de voir son *Mariage* imprimé.

Mais quelles étaient les accusations de Suard ? Celles que « les grands ennemis de l'auteur ne manquèrent pas de répandre à la Cour qu'il blessait dans cet ouvrage, la religion, le gouvernement, tous les états de la société, les bonnes mœurs, et qu'enfin la vertu y était opprimée et le vice triomphant », et le langage négligé. Pour ce qui est de ce dernier, Beaumarchais lui-même tranche rapidement en affirmant qu'il met toujours ses personnages « en situation », où « chacun y parle son langage : eh ! que le dieu du naturel les préserve d'en parler d'autre ! D'ailleurs, dit-il, ce qui importe ce sont leurs idées et non... mon style ». Beaumarchais se défend encore de l'accusation d'immoralité en invoquant « la noble tâche de l'homme qui se voue au théâtre ». Ce n'est pas de sa faute si les vices et les abus sont toujours présents, même s'ils se déguisent « sous le masque des mœurs dominantes ». C'est à l'écrivain de théâtre de « leur arracher ce masque et les montrer à découvert [...]. On ne peut corriger les hommes qu'en les faisant voir tels qu'ils sont [...]. Ce n'est donc ni le vice ni les incidents qu'il amène qui font l'indécence théâtrale ; mais le défaut de leçons et de moralité ». Quant aux leçons de moralité, il en donne plusieurs. Même s'il continue d'affirmer que le *Mariage* est « la plus badine des intrigues », cette intrigue naît « d'une lutte assez vive entre l'abus de la puissance, l'oubli des principes, la prodigalité, l'occasion [...] et le feu, l'esprit, les ressources que l'infériorité piquée au jeu peut opposer à cette attaque... ». L'abus, toujours l'abus ! Beaumarchais ne veut donc mettre au pilori que les abus. « Non qu'il faille oublier, dit-il, ce qu'on doit aux rangs élevés : il est juste au contraire que l'avantage de la naissance soit le moins contesté de tous, parce que ce bienfait gratuit de l'hérédité [...] ne peut aucunement blesser l'amour-propre de ceux auxquels il fut refusé ; parce que dans une monarchie, si l'on ôtait les rangs intermédiaires, il y aurait trop loin du monarque aux sujets ; bientôt on n'y verrait qu'un despote et des esclaves : le maintien d'une échelle graduée du laboureur au potentat intéresse également les hommes de tous les rangs, et peut-être le plus ferme appui de la constitution monarchique. » Une fois les institutions sauvées, il précise : « Dans l'ouvrage que je défends, on n'attaque point les états, mais les abus de chaque état... ; les abus sont-ils devenus si sacrés qu'on n'en puisse attaquer aucun sans lui trouver vingt défenseurs ? »

La critique de la justice

Cependant, ce ne sont pas seulement les abus des puissants qu'il vise. *Le Mariage* met en scène en effet d'autres institutions fautives et d'autres états qui demanderaient des réformes : la magistrature, par exemple, l'armée, l'organisation sociale insoucieuse des filles mères abandonnées ou des enfants naturels, etc. L'institution judiciaire est celle qui subit, tout de suite après les droits féodaux, les attaques les plus soutenues de la part de l'auteur. Et le fait est particulièrement important, car attaquer la justice c'est attaquer l'ordre social dans sa totalité. La satire du *Mariage* couvre Brid'oison de ridicule, mais ce ridicule finit par s'étendre au comte aussi dans sa qualité de magistrat suprême de la province, « grand corrégidor d'Andalousie », qui est chargé de rendre la justice et qui juge sous le portrait du roi.

Pour expliquer l'opposition de Beaumarchais au « droit du seigneur » nous avions donné un coup d'œil à la situation sociopolitique de l'époque ; aussi pour mieux comprendre la critique de la justice au moment où l'auteur se proposait de la mettre en scène, conviendra-t-il d'en analyser d'abord la situation générale.

Sous Louis XV on avait entrepris la réforme judiciaire que la hardiesse et l'arrogance des parlementaires rendaient indispensable ; on avait alors créé vers 1770 de nouveaux conseils supérieurs (au nombre de six) appelés « les parlements Maupeou » du nom du fondateur, dont les juges étaient nommés par le roi en considération de leur compétence et appointés par l'État. Mais, à l'époque où Beaumarchais a besoin de la justice pour ses propres problèmes, celle-ci n'est pas mieux exercée qu'avant la réforme. L'écrivain démontrera même dans ses *Mémoires* que les nouveaux parlements ne sont pas meilleurs que les précédents. L'échec de Goëzman, représentant peu estimable de cette justice, donne le signal de la réaction nationale contre les parlements Maupeou. Leur chute entraînera celle de la royauté elle-même. Qu'était-il arrivé ? Le règne de Louis XVI avait remis le pouvoir à une minorité restreinte de privilégiés. L'aristocratie nobiliaire et judiciaire avait récupéré les places, l'influence, l'autorité et l'insolence qu'elle avait eues à l'époque de Louis XV ; les nobles réclamaient leur indépendance face au roi ; ils se croyaient tout-puissants. La réaction aux réformes était massive de la part de ces privilégiés. Mais, à la différence des règnes de Louis XIV et de Louis XV, à l'époque de Louis XVI la montée de la nouvelle classe bourgeoise est assurée et rapide ; la réaction nobiliaire se trouve gênée par une classe sociale commercialement affermie, exercée à l'éloquence, une classe qui lit et qui médite les œuvres des philosophes et des publicistes de la moitié du siècle, qui demande enfin une monarchie égalitaire et contrôlée, et le droit de prendre part à l'organisation socio-politique. Elle se reconnaissait en Figaro tandis qu'Almaviva représentait la noblesse réactionnaire, imbue de privilèges et entichée de grandeur.

L'acte III du *Mariage de Figaro* résume les idées de Beaumarchais sur la justice, sur les abus, l'ignorance et la vénalité de ceux qui l'exercent. Le personnage qui a « le privilège » d'incarner tous les défauts de la classe à laquelle il appartient est don Gusman Brid'oison, petit homme aux capacités intellectuelles limitées, que Beaumarchais présente comme incapable de résoudre les cas qu'il doit juger. Certes, son nom rappelle celui du juge auquel l'écrivain avait eu affaire. L'écho de l'affaire Goëzman (1773) retentissait encore et le public, qui avait pris le parti de Beaumarchais, se range de nouveau de son côté pour se réjouir de l'échec de l'impopulaire parlement Maupeou dans la personne de son peu estimable juge. L'allusion est plus qu'évidente. Au surplus, le nom de notre juge est voisin de celui du juge Bridoie qui, chez Rabelais, s'en remettait au hasard d'un coup de dés pour prononcer ses sentences.

Dans la *Préface* du *Mariage*, Beaumarchais affirme avoir toujours respecté la magistrature et le « noble métier d'avocat ». Ce qu'il combat, comme partout d'ailleurs, ce sont les pratiques pernicieuses que produisent l'ignorance et la corruption des juges et *in primis* la vénalité des charges. À la scène 12 de l'acte III Marceline demande stupéfaite à Brid'oison : « Quoi ! c'est vous qui nous jugerez ? » ; et Brid'oison de répondre : « Est-ce que j'ai *a-acheté* ma charge pour autre chose ? » (à remarquer le bégaiement de Brid'oison, qui a le but de rappeler aux spectateurs l'accent alsacien de Goëzman) ; Marceline soupire alors : « C'est un grand abus que de les vendre ! » et le juge, qui est trop peu intelligent — mais le public l'était assez — affirme avec présomption : « Oui, l'on-on ferait mieux de nous les donner pour rien. » Toujours à l'acte III, cette fois à la scène 5, c'est la justice tout entière qui est mise en cause. Almaviva déclare en raillant : « Au tribunal, le Magistrat s'oublie, et ne voit plus que l'ordonnance » ; la réponse de Figaro est immédiate : « Indulgente aux grands, dure aux petits », en soumettant ainsi la justice à une critique universelle. Encore une fois, très sérieusement, Figaro, qui n'a pas trouvé d'avocat pour le défendre (il était arrivé la même chose à Beaumarchais lors de son procès contre La Blanche en 1773 ; il avait dû par conséquent se défendre seul), aux mots de Double-Main, greffier et secrétaire de don Gusman — « et ledit Figaro (plaidant) pour lui-même, si la Cour le permet, contre le vœu de l'usage, et la jurisprudence du siège » — riposte : « L'usage, Maître Double-Main, est souvent un abus ; le client un peu instruit sait toujours mieux sa cause que certains avocats qui, suant à froid, criant à tue-tête, et connaissant tout, hors le fait, s'embarrassent aussi peu de ruiner le plaideur, que d'ennuyer l'auditoire, et d'endormir Messieurs... » Le gain ou la perte du procès tiennent souvent à des détails juridiques peu importants. Dans le procès de Figaro, comme dans celui de Beaumarchais, après avoir discuté sur la « validité du titre », on passe à sa lecture : Figaro y remarque « malice, erreur ou distraction ». Il se fonde sur la différence essentielle et probante qui existe entre la « conjonction copulative » *et* et la « conjonction alternative » *ou*, qui bien sûr donne une tout autre signification au texte du « titre » : « laquelle somme je lui rendrai, *et* je l'épouserai », lit Bartholo, à la place de « laquelle somme je lui rendrai, *ou* je l'épouserai ; ce qui est bien différent ». Le démêlé continue à cause d'une virgule et d'un « pâté », dont Brid'oison dit qu'il « sait ce que c'est » (les spectateurs aussi, car tout le monde connaissait les détails du procès de Beaumarchais). Le procès, comme chacun sait, se termine par la condamnation de Figaro à épouser Marceline, danger éventé grâce à la reconnaissance finale. Des détails de forme auraient donc pu influer d'une manière décisive sur la vie de plusieurs personnes. « Elle allait me faire faire une belle sottise, la justice ! » s'écrie Figaro (acte III, scène 16), en guise de commentaire au procès.

Quelle est l'importance des scènes dédiées au procès dans l'économie de la pièce ? Elles sont placées au centre de la pièce. L'action se déroule, sur les indications de l'écrivain, dans un décor somptueux, à la présence d'une « audience » bruyante et dans un tribunal qui impose à tout le monde sauf à Figaro, qui ne manque pas d'exprimer sa critique à propos de Double-Main qui mangeait « à deux râteliers » : « Manger ! je suis garant qu'il dévore. Oh ! que oui, je l'ai vu, pour l'extrait, et pour le supplément d'extrait ; comme cela se pratique, au reste. » Et Brid'oison d'expliquer qu'« on-on doit remplir les formes », mais rien n'arrête Figaro dans sa critique : « Assurément, Monsieur : si le fond des procès appartient aux plaideurs, on sait bien que la forme est le patrimoine des tribunaux. » L'auteur joue sur les deux sens du mot « forme », polysémique dans un contexte judiciaire à l'époque du *Mariage* : la « forme » était soit la quantité de paperasses imposées par les tribunaux aux plaideurs — paperasses qui constituaient une autre source d'enrichissement extrêmement avantageuse pour les gens de robe, des juges aux greffiers, aux dépens des pauvres plaideurs —, soit l'appareil de robes et de perruques que les juges déployaient pendant les procès. Critique évidente des deux réalités. Preuve en est la tirade de Brid'oison sollicitée par les mots du comte : « En robe ici, Seigneur Brid'oison ! ce n'est qu'une affaire domestique. L'habit de ville était trop bon. » Brid'oison : « C'est vous qui l'êtes, Monsieur le Comte. Mais je ne vais jamais sans-ans elle ; parce que la forme, voyez-vous, la forme ! Tel qui rit d'un Juge en habit court qui-i tremble au seul aspect d'un Procureur en robe. La forme, la-a forme ! » Pauvre Figaro qui, malgré son désabusement pour l'appareil judiciaire (acte III, scène 12 : « Monsieur, je m'en rapporte à votre équité, quoique vous soyez de notre justice »), espère encore gagner son procès !

Les procès ont toujours été « la grande affaire » de Beaumarchais. Impossible donc qu'il ne fût pas préoccupé de la situation de faillite de l'institution judiciaire, ce qui le pousse à placer ces scènes au centre de la pièce.

Francine Lévy écrit à ce propos : « Loin d'être une plaisanterie banale ou la simple reprise d'une tradition littéraire, c'est pour Beaumarchais un acte politique conscient... Très rapidement, le différend entre Beaumarchais et Goëzman a pris, aux yeux de l'opinion publique, des dimensions jamais atteintes jusque-là... » et « En démystifiant la justice dans la scène du procès dans *Le Mariage*, Beaumarchais poursuit l'ouvrage commencé dans les *Mémoires*, quelques années plus tôt et, tout comme alors, c'est à l'opinion publique qu'il fait appel pour l'aider dans cette entreprise [1] ». Attentive à la dénonciation socio-politique, l'opinion publique contraindra le roi à renvoyer les parlements Maupeou, et à penser à des réformes, qui sont en fait celles que suggère *Le Mariage*.

La condition de la femme

Les scènes dédiées au procès portent devant l'opinion publique deux autres sujets, qui avaient suscité

1. « *Le Mariage de Figaro* », *essai d'interprétation*, Oxford, 1978, pp. 89, 105-106.

l'intérêt de notre auteur : la condition de la femme
— en général, et plus particulièrement celle de la fille
mère — et la position de l'enfant naturel au sein de
la société.

Beaumarchais n'était pas le seul ni le premier à se
préoccuper du premier thème. Voltaire, Helvétius,
Diderot, d'Alembert, Condorcet, pour n'en citer que
quelques-uns, avaient dénoncé l'injustice de la condition d'infériorité et d'inégalité où vivait la femme à
l'époque. Beaumarchais insiste lui aussi sur l'aspect
social du problème et se trouve, encore une fois,
dénoncer un abus de pouvoir. Nul doute que la
société d'alors était dominée par les hommes, qui, par
leurs mœurs libertines, ébranlaient l'institution du
mariage ; au surplus, le rapport qui existait entre la
femme et son mari était un rapport de dépendance ;
le mari était le seigneur tout-puissant de sa maison et
de sa femme. Et cela par suite de l'éducation fautive
qu'on leur réservait, de la dépendance économique
où elles vivaient et de l'impossibilité d'une revendication au nom de la raison.

Les trois personnages féminins de la pièce (Fanchette est trop jeune encore pour souffrir de ces
maux) sont tous représentatifs, avec des nuances, de
cette situation. Suzanne risque de devoir subir l'assi-
duité du comte qui abuse de son pouvoir aux dépens
d'une « sage » jeune fille. La comtesse vit abandonnée
de son mari, à qui, en revanche, elle doit rester soumise ; et Marceline, peut-être la plus malheureuse, non
seulement n'a rien pu contre la licence d'un homme
qu'on aurait dû croire honnête, mais au surplus elle
a perdu sa respectabilité.

La profession de foi de l'homme est résumée dans
la scène 7 de l'acte V ; lorsque le comte parle à sa
femme, qu'il prend pour Suzanne, il affirme :
« L'amour [...] n'est que le roman du cœur ; c'est le
plaisir qui en est l'histoire [...] trois ans d'union rendent l'hymen si respectable ! » Et plus loin il dicte
aussi les règles auxquelles les femmes devraient s'as-

sujettir : « ... moins d'uniformité peut-être, plus de piquant dans les manières ; un je ne sais quoi qui fait le charme ; quelquefois un refus, que sais-je ? Nos femmes croient tout accomplir en nous aimant [...] j'ai pensé mille fois que [...] c'est qu'elles n'étudient pas assez l'art de soutenir notre goût, de se renouveler à l'amour, de ranimer, pour ainsi dire, le charme de leur possession par celui de la variété. » La comtesse, piquée, riposte : « Donc elles doivent tout ? » Et le comte « riant », mais bien convaincu de la leçon qu'il donne : « [...] Changerons-nous la marche de la nature ? notre tâche à nous fut de les obtenir ; la leur [...]. Est de nous retenir : on l'oublie trop. » Certes, cette morale est surprenante, et Beaumarchais s'empresse dans la description qu'il donne des *Caractères et habillements de la pièce* de souligner à propos du personnage du comte que : « La corruption du cœur ne doit rien ôter au bon ton de ses manières. Dans les mœurs *de ce temps-là*, les Grands traitaient en badinant toute entreprise sur les femmes. » Mais, du moment que ni Suzanne, ni la comtesse, ni Marceline ne trouvent dans leur condition de femme rien de badin, elles s'allient entre elles et avec Figaro pour recouvrer leur dignité humiliée et pour punir l'homme « aux abus ». Certes, dans ce complot, l'allié le plus puissant sera en réalité Beaumarchais ; c'est lui en effet qui veut que « le Comte Almaviva se voit toujours humilié », car il abuse de son pouvoir pour exiger de l'adroite et spirituelle camariste l'obéissance au droit du seigneur, et de la comtesse une fidélité absolue, même s'il la détient dans un état de dépendance humiliante.

Quant à Marceline, son cas devient exemplaire de la condition générale de gêne et de malaise où se trouvait la femme à cette époque, quelle que fût la classe à laquelle elle appartenait. « Je suis née, moi, pour être sage, et je la suis devenue sitôt qu'on m'a permis d'user de ma raison. Mais dans l'âge des illusions, de l'inexpérience et des besoins, où les séducteurs nous assiègent, pendant que la misère nous poignarde, que peut opposer une enfant à tant d'ennemis rassemblés ? » s'écrie Marceline devant l'indifférence de Bartholo, son séducteur. À cause de cette indifférence qui la blesse et de l'hypocrisie de celui qui, après avoir profité d'elle, l'avait quittée, Marceline enrage et accuse à son tour : « Hommes plus qu'ingrats, qui flétrissez par le mépris les jouets de vos passions, vos victimes ! C'est vous qu'il faut punir [...] vous et vos magistrats [...] qui nous laissent enlever, par leur coupable négligence, tout honnête moyen de subsister... » Telle est la condition de la femme, soumise aux caprices des hommes, dépourvue d'indépendance économique, parfois même privée de sa volonté. Contre cet état de choses il ne sert à rien d'appartenir aux « rangs les plus élevés » ; là aussi « les femmes n'obtiennent des hommes qu'une considération dérisoire ; leurrées de respects apparents, dans une servitude réelle ; traitées en mineures pour nos biens, punies en majeures pour nos fautes [...] ». La conclusion de Marceline coïncide avec celle de la comtesse, et sa revendication est décidément celle de Beaumarchais, qui, à travers l'éloquence de la duègne, témoigne de son engagement. L'écrivain se trouve de nouveau du côté des opprimés contre les oppresseurs auxquels la loi permet des abus de pouvoir. Contre eux il fait appel à la dignité humaine et il revendique le droit pour les opprimés de combattre la licence des mœurs, en particulier celle des rangs élevés qui devraient donner le bon exemple ; il prône, tout compte fait, la réhabilitation de la famille d'après l'exemple bourgeois.

L'enfant naturel au sein de la société

L'autre sujet, que les scènes du procès débattent devant l'opinion publique, vise un autre abus de la société de l'époque : la situation émouvante des enfants « de personne ». À une époque où le libertinage (s'il est utile de le rappeler) est courant, les enfants « anonymes », fruits de liaisons inavouables, étaient nombreux. La seule littérature du XVIIIe siècle en offre bien des exemples dans les œuvres de Diderot, de Sedaine ou de Voltaire ; Beaumarchais lui-même avait déjà utilisé le sujet *(Eugénie, Les Deux Amis ou le Négociant de Lyon, La Mère coupable)*. Au XVIIIe siècle, la morale officielle se différencie beaucoup de la morale courante. En effet si l'une admet des liaisons irrégulières qui dépassent les « rangs », l'autre veut que les mariages soient soumis aux vérifications les plus scrupuleuses, en vue surtout de respecter le droit de naissance et d'hérédité pour l'aîné à qui devait aller tout le patrimoine... et le nom. Dans la production livresque et théâtrale de l'époque, la morale était sauvée grâce à une reconnaissance et l'ordre des choses — les rangs, ces barrières sociales qu'il n'était pas permis de franchir — ne risquait pas d'être bouleversé.

Quant à Figaro, celui qu'un « sort bizarre » a fait naître non seulement dépourvu de titres, mais aussi, par comble de malheur, « anonyme », selon le mot du jardinier Antonio, qui a appris de son maître, le comte, l'importance de la naissance, malgré toute son intelligence et ses capacités, son caractère et sa gaieté, il se trouve être dépourvu de son état civil ; il ne possède pas d'existence légale, il ne peut donc ni signer, ni contracter mariage. Une fois la reconnaissance acceptée par tout le monde — et surtout par Figaro qui en est désolé car il espérait être le fils d'un grand seigneur et non d'un homme qu'il a toujours ridiculisé depuis l'époque du *Barbier de Séville* —, les parents rendront, en se mariant, Figaro à la légalité. Il pourra seulement alors reprendre sa place dans une société qui le méconnaissait tout en tendant à l'exploiter et à le dépouiller de sa dignité.

L'armée

Voilà les « bonnes mœurs » que Beaumarchais blessait, selon « quelques malveillants » ! Au surplus l'auteur visait, dans *Le Mariage*, d'autres institutions importantes, qui étaient à la base de l'organisation sociale de l'époque : l'armée et la religion.

Au moment où Beaumarchais écrivait son *Mariage*, Louis XVI avait déjà promulgué l'édit de 1781, à la suite duquel l'on exigeait des officiers quatre quartiers de noblesse. Cela voulait dire que seuls les représentants des « rangs les plus élevés » pouvaient aspirer au commandement des corps d'armées ; ce qui sous-entendait aussi que la bourgeoisie en était écartée ; elle ne pouvait fournir que des hommes du rang. C'est une autre conséquence de la réaction nobiliaire instaurée par les aristocrates aux dépens de la classe économiquement émergente au début du règne de Louis XVI. Ici encore la critique est virulente. Non seulement les chefs de l'armée sont des incompétents (et comment pourrait l'être un petit page de seize ans ?), mais l'armée elle-même est devenue une prestigieuse « chasse gardée » de la noblesse. Témoins ces mots de la comtesse (acte I, scène 10) : « [...] Un nouvel état vous appelle ; allez le remplir dignement. Honorez votre bienfaiteur [...]. Soyez soumis, honnête et brave [...]. » C'est ainsi qu'un comte peut nommer un page capitaine d'une compagnie dans le seul but de se débarrasser d'un témoin importun ! Le point de vue de Figaro est évidemment bien différent. Toujours dans la scène 10 de l'acte premier, il peint la vie du soldat sous d'autres couleurs : « Adieu, mon petit Chérubin. Tu vas mener un train de vie bien différent, mon enfant : dame ! tu ne rôderas plus tout le jour au quartier des femmes [...]. De bons soldats, morbleu ! basanés, mal vêtus ; un grand fusil bien lourd ; tourne à droite, tourne à gauche, en avant, marche à la gloire ; et ne va pas broncher en chemin ; à moins qu'un bon coup de feu [...]. » Si à ces phrases l'on associe celles de l'acte V, scène 12, à propos du devoir du soldat d'obéir « aveuglément » (« Sommes-nous des soldats qui tuent et se font tuer, pour des intérêts qu'ils ignorent ? »), et la déclaration idéologique bien arrêtée contenue dans la *Préface* du

Mariage (« ... un homme libre de ses actions doit agir sur d'autres principes que ceux dont le devoir est d'obéir aveuglément »), l'on verra que Beaumarchais porte réellement « une lumière décourageante sur l'état pénible du soldat » et « sur ce plus noble des affreux métiers », et qu'il condamne, encore une fois, les abus perpétrés par les privilégiés aux dépens de la classe moyenne au nom de l'inégalité sociale et à cause du manque de respect humain.

La religion

Quant à la critique de l'institution religieuse, elle pourrait passer inaperçue tant elle est formulée sur un ton mineur. Comment s'en étonner puisque nous savons que la religion ne constituait pas pour l'auteur un problème fondamental pour l'organisation de la société ? Dans *Le Mariage de Figaro*, une seule scène peut prêter à un discours sur la religion : il s'agit de la scène 9 de l'acte IV, la scène de la cérémonie du mariage, cérémonie qui, dans la réalité, devrait être une cérémonie religieuse. Pour éviter de présenter l'Église et ses institutions sur la scène sous une apparence qui aurait pu sembler sacrilège, la cérémonie était en principe remplacée par un contrat signé devant notaire. Ne considérant que l'aspect juridique et économique, la substitution éliminait toute dimension religieuse de la promesse. Dans *Le Mariage* le personnage du notaire est absent et c'est le comte — libertin, volage, suborneur, capricieux, sceptique à propos de la fidélité entre époux — qui assume les fonctions officielles et légales de l'acte du mariage ! À cela on peut ajouter que la scène de la cérémonie est somptueuse ; le rituel est précis et imposant ; le cortège nuptial et la mise en scène dignes d'un opéra ; les chants, les danses ajoutent à la couleur locale. L'ensemble se présente donc sous les apparences d'un rituel religieux, que la personne du comte rend sacrilège, car il se joue, le premier, du sacrement du mariage et de son institution. En concluant, Beau-

marchais arrive encore une fois à porter devant un
public attentif à ses allusions ce qui était considéré
auparavant comme contraire à la décence et au bon
goût. Au surplus, en ridiculisant la cérémonie du
mariage à cause de son « officiant » peu respectueux
de la vertu — représentant, par ailleurs, des « rangs
les plus élevés », qui auraient dû, les premiers,
démontrer leur respect pour les institutions religieuses —, Beaumarchais atteint encore sa cible.

LE SUCCÈS

Le Mariage de Figaro eut un succès inoubliable. En
1784 il fut repris soixante-sept fois, en 1785 il eut
treize représentations, en 1786 également ; en 1787
on le mit en scène sept fois, en 1788 cinq fois, en
1789 trois fois, en 1790 encore trois fois, etc.[1] : au
total cent onze représentations avant la fin du siècle.
Au XIXe siècle il fut repris à la Comédie-Française six
cent neuf fois et depuis le début du XXe siècle près de
six cents fois. Pas besoin de dire qu'il a été traduit
dans plusieurs langues, notamment en allemand,
danois, hollandais, suédois, polonais, russe, roumain,
anglais et, bien sûr, en italien. La première traduction
du *Mariage* remonte à 1788[2]. Il ne serait même pas
nécessaire de rappeler qu'il fut adapté par l'abbé
Lorenzo Da Ponte, librettiste de talent, pour la
musique de Wolfgang Amadeus Mozart (première
représentation à Vienne, au Burgtheater, le 1er mai
1786), si l'on ne devait pas souligner les suppressions
que Da Ponte et Mozart durent apporter au texte original. Le public de Vienne, différent évidemment du
public parisien ou italien, et surtout le gouvernement
de Joseph II avaient fait en sorte que la comédie fût
interdite. On ne parlait pas sociopolitique à cette
époque à Vienne ! L'opéra ne fut même autorisé

---

1. A. Joannidès, *La Comédie-Française de 1680 à 1900*, Paris,
1901.   **2.** Giovanna Trisolini, *Un capitolo della Fortuna di Beaumarchais
in Italia*, Brescia, 1975.

qu'après le contrôle personnel du roi, qui prétendit que tous les détails subversifs fussent éliminés. Da Ponte et Mozart ayant retranché de l'acte III plusieurs scènes relatives au procès et aux revendications féministes de Marceline et égalitaires de Figaro (en particulier les scènes 1-3, 6-7, 12-15, 19 et quelques scènes moins importantes des actes IV et V, ce qui fait que la comédie en cinq actes deviendra un opéra-bouffe en quatre actes), la pièce perd l'esprit de la critique sociopolitique dont l'avait parée Beaumarchais. L'intrigue ne souffre pas, quant à elle, de ces modifications. Mais Mozart transforme l'atmosphère, et une pièce de combat devient, à cause du rôle plus important donné au personnage de la comtesse aux dépens de celui de Figaro, une fable doucereuse. Si ce n'était pour la musique, décidément supérieure, nous ne pourrions nous reconnaître dans un domaine enchanté où l'amour seulement manque à la belle dame, l'amour de son mari bien sûr, pour être heureuse [1].

Tout le monde n'appréciait pas les hardiesses de Beaumarchais. Parmi ses contemporains, les jugements sont partagés. Pour Danton « Figaro a tué la Noblesse » ; l'opinion exprimée par Napoléon à Sainte-Hélène était plus ou moins la même : « Sous mon règne, un tel homme eût été enfermé à Bicêtre. On eût crié à l'arbitraire, mais quel service c'eût été rendre à la société... *Le Mariage de Figaro*, c'est déjà la Révolution en action [2]. » Quoi qu'il en soit, sous l'Empire, *Le Mariage* eut un succès énorme, et il en fut ainsi jusqu'à la fin du Second Empire et, bien plus, à l'époque de la Commune. Sous la Troisième République et jusqu'à nos jours *Le Mariage* obtient toujours un succès considérable. Il est désormais un classique de la littérature. À la fin du XVIIIe siècle,

---

1. Francine Lévy, *op. cit.*, pp. 85, 275-281, donne une analyse de la différence entre le texte de Beaumarchais et celui de Da Ponte et Mozart.   2. Cité par Pol Gaillard, *Le Mariage de Figaro*, Paris, 1965, p. 186.

parmi la bonne société et les gens de lettres, les jugements sont divers. En effet, si la baronne d'Oberkirch,
femme spirituelle appartenant à la classe sociale que
Beaumarchais accusait, affirmait dans ses *Mémoires*
(1784, I, 223) : « ... C'est un chef-d'œuvre d'immoralité, je dirais même d'indécence ; et pourtant cette
comédie restera au répertoire, se jouera souvent,
amusera toujours. Les grands seigneurs, ce me
semble, ont manqué de tact et de mesure en allant
l'applaudir ; ils se sont donné un soufflet sur leur
propre joue ; ils ont ri à leurs dépens, et, ce qui est
pis encore, ils ont fait rire les autres. Ils s'en repenti-
ront plus tard », d'autres critiques littéraires, peu spirituels, et peut-être aussi quelque peu envieux,
trouvaient d'autres remarques à faire. Entre autres,
Grimm, qui dans sa *Correspondance littéraire* (Paris,
1877-1882 ; XIII, 519, avril 1784) observait : « Jamais
pièce n'a attiré une affluence pareille au Théâtre-
Français ; tout Paris voulait voir les fameuses noces
et la salle s'est trouvée remplie presque au moment
où les portes ont été ouvertes au public... c'est le
tableau des mœurs actuelles, et ce tableau est fait avec
une hardiesse, une naïveté qu'on pouvait, à toute
rigueur, se dispenser de le porter sur la scène, si le
but d'un auteur comique est de corriger les vices et
les ridicules de son siècle, et non pas de se borner à
les peindre par goût et par amusement. » À l'opposé,
Métra déclarait, dans ses *Mémoires secrets* (1er mai
1784), avec plus d'objectivité : « L'auteur semble vouloir insulter au goût, à la raison et à l'honnêteté
publique, et il y a parfaitement réussi. Mais on y rit,
on y rit... et dès lors c'est un chef-d'œuvre de goût,
d'esprit et de morale. » La Harpe, rejetant l'opinion
négative de Geoffroy, s'était montré dans l'ensemble
favorable. En réfléchissant sur l'« étonnement » où
l'avait jeté le monologue de Figaro, il admettait que
« ce morceau était extraordinaire sous plus d'un rapport. Une grande moitié n'était que la satire du gouvernement ; je la connaissais bien [...]. Mais j'étais

loin d'imaginer que le gouvernement pût consentir qu'on lui adressât de pareilles apostrophes en plein théâtre. Plus on battait des mains, plus j'étais stupéfait et rêveur. Enfin je conclus à part moi que ce n'était point l'auteur qui avait tort [...] mais que la tolérance d'un gouvernement qui se laissait avilir à ce point sur la scène l'était encore bien plus et qu'après tout Beaumarchais avait raison de parler ainsi sur le théâtre, n'importe à quel propos, puisqu'on trouvait à propos de le laisser dire [1] ».

Au XIXe siècle les critiques sont également en désaccord pour ce qui est de l'importance de notre auteur. Victor Hugo, par exemple, dans sa *Préface de Cromwell*, rangeait Beaumarchais aux côtés de Corneille et Molière, qu'il qualifiait comme « les trois grands génies caractéristiques de notre scène », et il le rapprochait de Shakespeare. Michelet « aime peu Figaro » et en effet il ne lui rend aucune justice. Dans son *Histoire de France* [2], il considérait la pièce comme une « énorme aposthume d'âcretés, de satires, traits haineux, mots mordants ». Selon le critique elle est « chargée, surchargée d'esprit ; elle en est fatigante ». Au surplus, à propos de Figaro, il ajoute : « Je n'y sens nullement l'esprit de la Révolution. Stérile, tout à fait négative, la pièce est à cent lieues du grand cœur révolutionnaire. Ce n'est point du tout l'homme du peuple. C'est le laquais hardi, le bâtard insolent de quelque grand seigneur (et point du tout de Bartholo). La pièce manque son but. Que le grand seigneur soit un sot, d'accord, mais qui voudrait que le puissant fût Figaro ? Il est pire que ceux qu'il attaque. On lui sent tous les vices des grands et des petits. Si ce drôle arrivait, que serait-ce du monde ?... » Jugement peu équitable, qui est contrebalancé par celui

---

1. *Cours de littérature ancienne et moderne,* Paris, 1840, 2 vol. ; vol. II, pp. 554-558. **2.** Paris, 1833-1869, pp. 492-493.

de Sainte-Beuve dans ses *Causeries du lundi*[1] : « Une telle pièce où la société entière était traduite en mascarade et en déshabillé comme dans un carnaval de Directoire ; où tout était pris à partie et retourné sens dessus dessous, le mariage, la maternité, la magistrature, la noblesse, toutes les choses de l'État ; où le maître-laquais tenait le dé d'un bout à l'autre, et où la licence servait d'auxiliaire à la politique, devenait un signal évident de la révolution. Je n'en assurerais pas que Beaumarchais en ait senti lui-même toute la portée : il était entraîné par les courants de son siècle et, s'il lui arriva d'en accélérer le cours, il ne les domina jamais. » De toute façon il reste le porte-parole de cette classe privilégiée, de ce public « charmé de s'amuser aux dépens de l'autorité, qui consent elle-même à être bernée sur les planches ». Sous la Troisième République *Le Mariage* triomphe, il est commenté par Sarcey, Brunetière, Jules Renard et surtout Lintilhac : « Figaro est la plus vivante incarnation du type français ; ... le plus souvent mutin, rarement dupe, jamais sot ; ayant l'esprit attique, mais mâtiné de gauloiserie ; provisoirement vengé par des mots pour rire qui préparent des barricades très sérieuses : tel est Figaro, le plus brillant et le plus terrible des gamins de Paris[2]. »

À l'aube de notre siècle Charles Péguy, en parlant en général des pièces de théâtre, dit qu'elles « sont toujours un peu des pièces d'artifice. Surtout les pièces de Beaumarchais[3] ». Et parmi elles, *Le Mariage de Figaro* où le personnage de Chérubin, potentiellement romantique s'il n'était mort trop jeune, représente « toute une atmosphère de jeunesse et d'esprit, tout un climat d'un peuple et d'une société... un monde qui ne retournera sans doute jamais dans l'histoire du monde ». Dans les années cinquante Jacques

---

1. Paris, 1853, VI, pp. 191 et 232.   **2.** Dans *Beaumarchais et ses œuvres*, Paris, 1887.   **3.** *Clio*, dans *Œuvres en prose, 1909-1914*, Paris, 1961, pp. 160, 169, 179.

Scherer s'enquiert de la genèse du *Mariage*[1] et constate que celle-ci est due à la nécessité : « Il voulait, grâce à une "composition légère", faire "la critique d'une foule d'abus qui désolent la Société". Comme ce bourgeois voit surtout des abus dans la noblesse, il lui fallait un personnage de noble qui fût coupable... Voici donc Almaviva rendu nécessaire... » À qui Beaumarchais doit opposer un adversaire de sa taille (autre nécessité) pour que « la lutte soit assez vive », etc. Tout le reste ne constitue pas d'obstacle à l'intrigue ; en effet tout obstacle que Figaro trouve sur son chemin n'est qu'un faux obstacle, ou mieux encore, d'après l'expression du critique, un « obstacle mou[2] ». René Pomeau, en s'interrogeant sur la dualité Beaumarchais-Figaro, affirme en 1959 : « Beaumarchais n'a pas fabriqué son héros de l'extérieur, en lui attribuant sa propre biographie. Il lui a insufflé son âme... Et c'est bien ainsi que vit Figaro. L'unité du personnage ne saurait se résumer en une formule ; elle est insaisissable et incontestable comme la personnalité de l'auteur avec laquelle elle se confond[3]. » Selon Frédéric Grendel, grand admirateur et biographe de Beaumarchais, celui-ci serait comparable à Leonardo da Vinci pour la multiplicité de ses capacités. Quant au « secret de l'extraordinaire réussite » de l'auteur, il « tient en un mot : la comédie. C'est parce qu'il a eu le génie de traiter ses adversaires comme des personnages, d'écrire des scènes où ils sont en situation, et d'y tenir lui-même son rôle, que Beaumarchais a trouvé un public, son public[4] ». Plus particulièrement à propos du *Mariage*, la dernière étude importante parue, composée avec soin par Francine Lévy, fait le point sur les valeurs et les intentions de l'auteur. « Ce ne sont plus », dit-elle, « seulement les mœurs qui sont censurées, mais surtout les

---

1. *La Dramaturgie de Beaumarchais*, Paris, 1954, pp. 251-252.
2. *Le Mariage de Figaro*, édition avec analyse dramaturgique, Paris, 1966.   3. *Beaumarchais. L'Homme et l'Œuvre*, Paris, 1959, pp. 174-175.   4. *Beaumarchais ou la calomnie*, Paris, 1973, p. 194.

institutions : *Le Mariage de Figaro* annonce la Révolution, ou plus exactement, il nous donne l'image
exacte, la reproduction quasi photographique de ce
qui a été appelé plus tard une situation révolutionnaire... Dans *Le Mariage de Figaro*, l'irrespect, l'im-
pertinence, l'hostilité d'une classe à l'autre s'étalent. »
Quant à la dualité Beaumarchais-Figaro, elle affirme
à propos de « l'aspect politique et revendicateur de
Figaro à qui il arrive à plus d'une reprise d'aller plus
loin que Beaumarchais », qu'« il faudrait distinguer
entre Beaumarchais le citoyen et l'auteur du *Mariage*.
Le premier était probablement un réformateur...,
mais l'auteur du *Mariage* est incontestablement un
révolutionnaire [1] ». *La Nouvelle Étude thématique sur le
Mariage de Figaro* (Paris, 1987, p. 217) de Marie-
Françoise Lemonnier-Delpy rappelle enfin que
« Beaumarchais préfère accumuler les critiques ponc-
tuelles que de les lier clairement les unes aux autres.
Et il n'aborde pas tous les problèmes que pose la
société d'Ancien Régime [...]. Ne nous trompons pas,
Beaumarchais n'était pas révolutionnaire ». En rapportant l'opinion de Jacques Vier à propos de la prise
de position de l'auteur face au gouvernement de son
époque — et selon laquelle « il n'était ni libéral, ni
républicain » — elle note : « Il faut toutefois nuancer ;
la situation sociale explique certaines de ses précautions. Mais les attaques du *Mariage de Figaro* sont
effectives. Que Figaro s'embourgeoise... n'est pas tant
l'indice du conservatisme de Beaumarchais que d'une
mutation sociale perceptible à l'époque [2]. »

Le mérite de Beaumarchais est d'avoir donné « aux
idées confuses une forme claire et lapidaire ; il contri-

---

1. *Le Mariage de Figaro, essai d'interprétation*, Oxford, 1978, pp. 15-16,
31.   2. J. Vier, « Le Mariage de Figaro, miroir d'un siècle, portrait d'un
homme », *Archives des Lettres modernes*, 6, 1957.

bue, par sa comédie, à transformer les idées en slogans. C'est en cela que *Le Mariage* est un signe avant-coureur de la Révolution ; c'est de cette manière que Figaro est "le représentant du Tiers État"[1]. » Quant à Beaumarchais, qui n'était ni un révolutionnaire ni un partisan des idées républicaines, il suivra la Révolution tant que « les chansons » ne deviendront pas des « canons ». Il reste par instinct le réformiste adapté à son temps, qui incarne le « gaudeant bene nati » de Figaro.

Giovanna TRISOLINI.

---

1. F. Lévy, *op. cit.*, p. 176.

La Folle Journée

ou

Le Mariage de Figaro

comédie en cinq actes
en prose

En faveur du badinage,
Faites grâce à la raison.

Vaudeville de la pièce.

ÉPÎTRE DÉDICATOIRE [1]

aux personnes trompées sur ma pièce et qui n'ont pas voulu la voir

Ô vous que je ne nommerai point ! Cœurs généreux, esprits justes, à qui l'on a donné des préventions contre un ouvrage réfléchi, beaucoup plus gai qu'il n'est frivole ; soit que vous l'acceptiez ou non, je vous en fais l'hommage, et c'est tromper l'envie dans une de ses mesures. Si le hasard vous le fait lire, il la trompera dans une autre, en vous montrant quelle confiance est due à tant de rapports qu'on vous fait !

Un objet de pur agrément peut s'élever encore à l'honneur d'un plus grand mérite : c'est de vous rappeler cette vérité de tous les temps, qu'on connaît mal les hommes et les ouvrages quand on les juge sur la foi d'autrui ; que les personnes, surtout dont l'opinion est d'un grand poids, s'exposent à glacer sans le vouloir ce qu'il fallait peut-être encourager, lorsqu'elles négligent de prendre pour base de leurs jugements le seul conseil qui soit bien pur : celui de leurs propres lumières.

Ma résignation égale mon profond respect.

L'Auteur.

---

1. Cette dédicace était destinée à mettre, « sous la forme la plus circonspecte », *Le Mariage de Figaro* « sous la protection de Leurs Majestés » (Beaumarchais, *Lettre au Roi*, mars-avril 1785), mais, sur le conseil du baron de Breteuil, Beaumarchais se résigna à supprimer la dédicace aussi bien en tête de l'édition originale imprimée à Paris en 1785 que dans l'édition imprimée à Kehl. Il se contenta d'en faire tirer six exemplaires, dont un sur vélin qu'il se réserva. Elle fut imprimée pour la première fois en 1809 par P. Gudin de la Brenellerie dans les *Œuvres complètes de P.-A. Caron de Beaumarchais* (Paris, Collin).

PRÉFACE[1]

En écrivant cette préface, mon but n'est pas de rechercher oiseusement[2] si j'ai mis au théâtre une pièce bonne ou mauvaise ; il n'est plus temps pour moi : mais d'examiner scrupuleusement (et je le dois toujours) si j'ai fait une œuvre blâmable.

Personne n'étant tenu de faire une comédie qui ressemble aux autres, si je me suis écarté d'un chemin trop battu, pour des raisons qui m'ont paru solides, ira-t-on me juger, comme l'ont fait MM. tels, sur des règles qui ne sont pas les miennes ? imprimer puérilement que je reporte l'art à son enfance, parce que j'entreprends de frayer un nouveau sentier à cet art dont la loi première, et peut-être la seule, est d'amuser en instruisant[3] ? Mais ce n'est pas de cela qu'il s'agit.

Il y a souvent très loin du mal que l'on dit d'un ouvrage à celui qu'on en pense. Le trait qui nous poursuit, le mot qui importune reste enseveli dans le cœur, pendant que la bouche se venge en blâmant presque tout le reste. De sorte qu'on peut regarder comme un point établi au théâtre, qu'en fait de reproche à l'auteur, ce qui nous affecte le plus est ce dont on parle le moins.

Il est peut-être utile de dévoiler, aux yeux de tous, ce double aspect des comédies ; et j'aurai fait encore un bon usage de la mienne, si je parviens, en la scrutant, à fixer l'opinion publique sur ce qu'on doit entendre par ces mots : Qu'est-ce que LA DÉCENCE THÉÂTRALE ?

À force de nous montrer délicats, fins connaisseurs,

---

1. Rédigée plusieurs mois après la première représentation du *Mariage* et insérée dans l'édition de 1785. 2. Inutilement. 3. Le but que se proposait Molière n'était pas différent (cf. *Critique de l'École des femmes*, VI, et *Tartuffe*, préface).

et d'affecter, comme j'ai dit autre part [1], l'hypocrisie de la décence auprès du relâchement des mœurs, nous devenons des êtres nuls, incapables de s'amuser et de juger de ce qui leur convient : faut-il le dire enfin ? des bégueules rassasiées [2] qui ne savent plus ce qu'elles veulent, ni ce qu'elles doivent aimer ou rejeter. Déjà ces mots si rebattus, *bon ton, bonne compagnie*, toujours ajustés au niveau de chaque insipide coterie, et dont la latitude est si grande qu'on ne sait où ils commencent et finissent, ont détruit la franche et vraie gaieté qui distinguait de tout autre le comique de notre nation.

Ajoutez-y le pédantesque abus de ces autres grands mots, *décence* et *bonnes mœurs*, qui donnent un air si important, si supérieur que nos jugeurs de comédies seraient désolés de n'avoir pas à les prononcer sur toutes les pièces de théâtre, et vous connaîtrez à peu près ce qui garrotte le génie, intimide tous les auteurs, et porte un coup mortel à la vigueur de l'intrigue, sans laquelle il n'y a pourtant que du bel esprit à la glace et des comédies de quatre jours.

Enfin, pour dernier mal, tous les états de la société sont parvenus à se soustraire à la censure dramatique : on ne pourrait mettre au théâtre *Les Plaideurs* de Racine sans entendre aujourd'hui les Dandins et les Brid'oisons [3], même des gens plus éclairés, s'écrier qu'il n'y a plus ni mœurs, ni respect pour les magistrats.

On ne ferait point le *Turcaret* [4], sans avoir à l'instant sur les bras fermes, sous-fermes, traites et gabelles,

---

1. Voir la *Lettre modérée sur la chute et la critique du Barbier de Séville*, « bon genre », « bon style », « bon ton », « bon français ».   2. *Bégueules* : prudes, sens péjoratif dérivé de l'origine injurieuse du mot (bée-gueule) ; *rassasiées* : blasées.   3. Deux noms de juges qui se trouvent dans Rabelais. Dans la pièce de Beaumarchais, le lieutenant de siège s'appelle don Gusman Brid'oison (allusion transparente au juge Goëzman, rapporteur et adversaire de Beaumarchais dans le procès que La Blanche avait intenté contre l'auteur). Cf. aussi les notes 3 et 4 de la Notice intitulée *Personnages*, p. 97.   4. Comédie de Lesage (1709), qui met en scène un laquais devenu homme d'affaires.

droits réunis, tailles, taillons, le trop-plein, le trop-bu[1] tous les impositeurs royaux. Il est vrai qu'aujourd'hui *Turcaret* n'a plus de modèles. On l'offrirait sous d'autres traits, l'obstacle resterait le même.

On ne jouerait point les fâcheux[2], les marquis[3], les emprunteurs[4] de Molière, sans révolter à la fois la haute, la moyenne, la moderne et l'antique noblesse. Ses *Femmes savantes* irriteraient nos féminins bureaux d'esprit[5]. Mais quel calculateur peut évaluer la force et la longueur du levier qu'il faudrait, de nos jours, pour élever jusqu'au théâtre l'œuvre sublime du *Tartuffe* ? Aussi l'auteur qui se compromet avec le public *pour l'amuser ou pour l'instruire*, au lieu d'intriguer à son choix son ouvrage, est-il obligé de tourniller[6] dans des incidents impossibles, de persifler au lieu de rire, et de prendre ses modèles hors de la société, crainte de se trouver mille ennemis, dont il ne connaissait aucun en composant son triste drame.

J'ai donc réfléchi que si quelque homme courageux ne secouait pas toute cette poussière, bientôt l'ennui des pièces françaises porterait la nation au frivole opéra-comique[7], et plus loin encore, aux boulevards, à ce ramas infect de tréteaux[8] élevés à notre honte,

---

1. Métonymie pour : toutes les administrations chargées de percevoir les différents impôts, les impôts indirects (*fermes* et *sous-fermes*), qui étaient concédés aux fermiers généraux et qui comprenaient les droits de douane sur les marchandises importées et exportées (*traites*), les impôts sur le sel (*gabelles*) et sur la majorité des biens de consommation (*droits réunis*). La *taille* et son supplément le *taillon* étaient des taxes directes perçues par les impositeurs royaux, auxquelles échappaient les nobles et les ecclésiastiques. Le *trop-bu* était un droit levé sur les boissons ; par contre le *trop-plein* semble être mis là par plaisanterie.   2. Comme dans la pièce de ce nom. 3. Comme dans la *Critique de l'École des femmes*, *L'Impromptu de Versailles*, etc.   4. Comme dans *Le Bourgeois gentilhomme* et *Dom Juan*.   5. Le *bureau d'esprit* indique une société, où l'on s'occupait de littérature et de culture en général.   6. Tourner de côté et d'autre, tortiller.   7. Beaumarchais semble oublier que le *Barbier* en était un à l'origine.   8. Il avait été pourtant lui-même un pourvoyeur de ces tréteaux ! Et les parades érotiques et bouffonnes qu'il avait écrites pour ces théâtres sont encore mentionnées dans les manuels de littérature ; par ex. : *Les Bottes de sept lieues*, *Léandre marchand d'agnus*, *Jean Bête à la Foire*.

où la décente liberté, bannie du théâtre français, se change en une licence effrénée ; où la jeunesse va se nourrir de grossières inepties, et perdre, avec ses mœurs, le goût de la décence et des chefs-d'œuvre de nos maîtres. J'ai tenté d'être cet homme ; et si je n'ai pas mis plus de talent à mes ouvrages, au moins mon intention s'est-elle manifestée dans tous.

J'ai pensé, je pense encore, qu'on n'obtient ni grand pathétique, ni profonde moralité, ni bon et vrai comique au théâtre, sans des situations fortes, et qui naissent toujours d'une disconvenance sociale[1] dans le sujet qu'on veut traiter. L'auteur tragique, hardi dans ses moyens, ose admettre le crime atroce[2], les conspirations, l'usurpation du trône, le meurtre, l'empoisonnement, l'inceste dans *Œdipe* et *Phèdre* ; le fratricide dans *Vendôme* ; le parricide dans *Mahomet* ; le régicide dans *Macbeth*[3], etc., etc. La comédie, moins audacieuse, n'excède pas les disconvenances, parce que ses tableaux sont tirés de nos mœurs, ses sujets de la société. Mais comment frapper sur l'avarice, à moins de mettre en scène un méprisable avare ? démasquer l'hypocrisie, sans montrer, comme Orgon, dans *Le Tartuffe*[4], un abominable hypocrite, *épousant sa fille et convoitant sa femme* ? un homme à bonnes fortunes, sans le faire parcourir un cercle entier de femmes galantes ? un joueur effréné, sans l'envelopper de fripons, s'il ne l'est pas déjà lui-même[5] ?

Tous ces gens-là sont loin d'être vertueux ; l'auteur

---

1. Opposition entre la conduite socialement admise et les penchants particuliers dictés à l'individu par son caractère et ses intérêts. **2.** Molière, dans sa *Critique de l'École des femmes* (scène 6), établit la même comparaison entre les deux genres, tragique et comique. **3.** *Œdipe* est celui de Corneille ou celui de Voltaire (1718), auquel appartiennent aussi *Adélaïde du Guesclin* (1734), où apparaît le personnage de Vendôme qui tue son frère, et *Mahomet* (1741). *Phèdre* est une tragédie de Racine et *Macbeth* venait d'être adapté par Ducis (1784). **4.** Comédie de Molière. Quant à l'auteur de fables, mentionné plus bas, il s'agit, évidemment, de La Fontaine, et en particulier de la fable « Le Corbeau et le renard ». **5.** Allusion à des comédies de Baron (*L'Homme à bonnes fortunes*, 1686) et de Regnard (*Le Joueur*, 1696), restées au répertoire de la Comédie-Française.

ne les donne pas pour tels : il n'est le patron d'aucun
d'eux, il est le peintre de leurs vices. Et parce que le
lion est féroce, le loup vorace et glouton, le renard
rusé, cauteleux, la fable est-elle sans moralité ? Quand
l'auteur la dirige contre un sot que sa louange enivre,
il fait choir du bec du corbeau le fromage dans la
gueule du renard ; sa moralité est remplie ; s'il la tour-
nait contre le bas flatteur, il finirait son apologue
ainsi : *Le renard s'en saisit, le dévore ; mais le fromage
était empoisonné.* La fable est une comédie légère[1] et
toute comédie n'est qu'un long apologue : leur différence est que dans la fable les animaux ont de l'esprit,
et que dans notre comédie les hommes sont souvent
des bêtes, et, qui pis est, des bêtes méchantes.

Ainsi, lorsque Molière, qui fut si tourmenté par les
sots, donne à l'avare un fils prodigue et vicieux qui
lui vole sa cassette et l'injurie en face, est-ce des vertus ou des vices, qu'il tire sa moralité ? que lui impor-
tent ces fantômes ? c'est vous qu'il entend corriger. Il
est vrai que les afficheurs et balayeurs littéraires de
son temps[2] ne manquèrent pas d'apprendre au bon
public combien tout cela était horrible ! Il est aussi
prouvé que des envieux très importants, ou des
importants très envieux, se déchaînèrent contre lui.
Voyez le sévère Boileau, dans son épître au grand
Racine, venger son ami qui n'est plus, en rappelant
ainsi les faits :

> *L'Ignorance et l'Erreur, à ses naissantes pièces,*
> *En habits de marquis, en robes de comtesses,*
> *Venaient pour diffamer son chef-d'œuvre nouveau,*
> *Et secouaient la tête à l'endroit le plus beau.*
> *Le commandeur voulait la scène plus exacte[3] ;*

---

1. « Une ample comédie aux cent actes divers », comme la définissait La
Fontaine lui-même.   2. Tels les Donneau de Visé, les Robinet,
etc.   3. Allusion au commandeur de Souvré, gourmet célèbre du temps,
que Boileau cite encore dans sa *Satire III*, v. 23.

Le vicomte, indigné, sortait au second acte[1].
L'un[2], *défenseur zélé des dévots mis en jeu,*
Pour prix de ses bons mots, le condamnait au feu ;
L'autre, fougueux marquis, lui déclarant la guerre[3],
Voulait venger la Cour immolée au parterre[4].

On voit même dans un placet de Molière à Louis XIV, qui fut si grand en protégeant les arts, et sans le goût éclairé duquel notre théâtre n'aurait pas un seul chef-d'œuvre de Molière, on voit ce philosophe auteur se plaindre amèrement au roi que, pour avoir démasqué les hypocrites, ils imprimaient partout qu'il était *un libertin, un impie, un athée, un démon vêtu de chair, habillé en homme*[5] et cela s'imprimait avec APPROBATION ET PRIVILÈGE de ce roi qui le protégeait : rien là-dessus n'est empiré.

Mais, parce que les personnages d'une pièce s'y montrent sous des mœurs vicieuses, faut-il les bannir de la scène ? Que poursuivrait-on au théâtre ? les travers et les ridicules ? Cela vaut bien la peine d'écrire ! Ils sont chez nous comme les modes : on ne s'en corrige point, on en change.

Les vices, les abus, voilà ce qui ne change point, mais se déguise en mille formes sous le masque des mœurs dominantes : leur arracher ce masque et les montrer à découvert, telle est la noble tâche de l'homme qui se voue au théâtre. Soit qu'il moralise en riant, soit qu'il pleure en moralisant, Héraclite ou Démocrite[6], il n'a pas un autre devoir. Malheur à lui, s'il s'en écarte ! On ne peut corriger les hommes

---

1. Ce vicomte serait M. du Broussain, qui avait, paraît-il, quitté ainsi la représentation de *L'École des femmes*. **2.** Les vers qui suivent font allusion à la querelle du *Tartuffe* qui avait duré de 1664 à 1669. **3.** Molière, *Critique de l'École des femmes* (scène 5). En 1664 avait paru contre Molière une comédie intitulée *La Vengeance des Marquis*. **4.** *Épître VII*, à M. Racine, *sur l'utilité des ennemis*, vv. 23-32 (1677). **5.** Le texte exact du premier placet (1664) est : « Je suis un démon vêtu de chair et habillé en homme, un libertin, un impie digne d'un supplice exemplaire » (dans Molière, *Œuvres complètes*, édité par G. Mongrédien, Paris, 1965, t. II, p. 264). **6.** D'après la tradition, Démocrite riait de la folie humaine, Héraclite s'en affligeait.

qu'en les faisant voir tels qu'ils sont. La comédie utile et véridique n'est point un éloge menteur, un vain discours d'académie.

Mais gardons-nous bien de confondre cette critique générale, un des plus nobles buts de l'art, avec la satire odieuse et personnelle : l'avantage de la première est de corriger sans blesser. Faites prononcer au théâtre, par l'homme juste, aigri de l'horrible abus des bienfaits, *tous les hommes sont des ingrats* : quoique chacun soit bien près de penser comme lui, personne ne s'en offensera. Ne pouvant y avoir un ingrat sans qu'il existe un bienfaiteur, ce reproche même établit une balance égale entre les bons et les mauvais cœurs, on le sent et cela console. Que si l'humoriste [1] répond *qu'un bienfaiteur fait cent ingrats*, on répliquera justement *qu'il n'y a peut-être pas un ingrat qui n'ait été plusieurs fois bienfaiteur* : et cela console encore. Et c'est ainsi qu'en généralisant, la critique la plus amère porte du fruit sans nous blesser, quand la satire personnelle, aussi stérile que funeste, blesse toujours et ne produit jamais. Je hais partout cette dernière, et je la crois un si punissable abus que j'ai plusieurs fois d'office invoqué la vigilance du magistrat pour empêcher que le théâtre ne devînt une arène de gladiateurs, où le puissant se crût en droit de faire exercer ses vengeances par les plumes vénales, et malheureusement trop communes, qui mettent leur bassesse à l'enchère.

N'ont-ils donc pas assez, ces Grands, des mille et un feuillistes, faiseurs de bulletins, afficheurs, pour y trier les plus mauvais, en choisir un bien lâche, et dénigrer qui les offusque ? On tolère un si léger mal, parce qu'il est sans conséquence, et que la vermine éphémère démange un instant et périt ; mais le théâtre est un géant qui blesse à mort tout ce qu'il

---

1. Un homme qui a de l'humeur, avec qui il est difficile de convivre, pessimiste, commentateur malveillant (sens vieilli).

frappe. On doit réserver ses grands coups pour les abus et pour les maux publics.

Ce n'est donc ni le vice ni les incidents qu'il amène, qui font l'indécence théâtrale ; mais le défaut de leçons et de moralité. Si l'auteur, ou faible ou timide, n'ose en tirer de son sujet, voilà ce qui rend sa pièce équivoque ou vicieuse.

Lorsque je mis *Eugénie* au théâtre[1] (et il faut bien que je me cite, puisque c'est toujours moi qu'on attaque), lorsque je mis *Eugénie* au théâtre, tous nos jurés-crieurs à la décence jetaient des flammes dans les foyers sur ce que j'avais osé montrer un seigneur libertin, habillant ses valets en prêtres, et feignant d'épouser une jeune personne qui paraît enceinte au théâtre sans avoir été mariée.

Malgré leurs cris, la pièce a été jugée, sinon le meilleur, au moins le plus moral des drames, constamment jouée sur tous les théâtres, et traduite dans toutes les langues[2]. Les bons esprits ont vu que la moralité, que l'intérêt y naissait entièrement de l'abus qu'un homme puissant et vicieux fait de son nom, de son crédit pour tourmenter une faible fille sans appui, trompée, vertueuse et délaissée. Ainsi, tout ce que l'ouvrage a d'utile et de bon naît du courage qu'eut l'auteur d'oser porter la disconvenance sociale au plus haut point de liberté.

Depuis, j'ai fait *Les Deux Amis*[3], pièce dans laquelle un père avoue à sa prétendue nièce qu'elle est sa fille illégitime. Ce drame est aussi très moral, parce qu'à travers les sacrifices de la plus parfaite amitié, l'auteur s'attache à y montrer les devoirs qu'impose la nature sur les fruits d'un ancien amour, que la rigoureuse

---

1. En 1767. Il s'agit du premier drame de Beaumarchais.   **2.** Il est exact que le succès de *Eugénie* a été vif. À l'époque de cette préface, le drame de Beaumarchais avait été déjà traduit en anglais, en allemand, en italien, en russe et en danois. Cf. la « préface » précédant la première édition de *Eugénie* (1767), intitulée *Essai sur le genre dramatique sérieux*, où l'auteur défend le genre du drame et où il riposte aux attaques des critiques. **3.** Deuxième drame de Beaumarchais, représenté en 1770.

dureté des convenances sociales, ou plutôt leur abus, laisse trop souvent sans appui [1].

Entre autres critiques de la pièce, j'entendis dans une loge, auprès de celle que j'occupais, un jeune *important* de la Cour qui disait gaiement à des dames : « L'auteur, sans doute, est un garçon fripier qui ne voit rien de plus élevé que des commis des Fermes et des marchands d'étoffes ; et c'est au fond d'un magasin [2] qu'il va chercher les nobles amis qu'il traduit à la scène française. — Hélas ! monsieur, lui dis-je en m'avançant, il a fallu du moins les prendre où il n'est pas impossible de les supposer. Vous ririez bien plus de l'auteur s'il eût tiré deux vrais amis de l'Œil-de-bœuf [3] ou des carrosses [4] ? Il faut un peu de vraisemblance, même dans les actes vertueux. »

Me livrant à mon gai caractère, j'ai depuis tenté, dans *Le Barbier de Séville*, de ramener au théâtre l'ancienne et franche gaieté, en l'alliant avec le ton léger de notre plaisanterie actuelle ; mais comme cela même était une espèce de nouveauté, la pièce fut vivement poursuivie. Il semblait que j'eusse ébranlé l'État ; l'excès des précautions qu'on prit et des cris qu'on fit contre moi décelait surtout la frayeur que certains vicieux de ce temps avaient de s'y voir démasqués. La pièce fut censurée quatre fois, cartonnée [5] trois fois sur l'affiche à l'instant d'être jouée, dénoncée même au Parlement d'alors [6], et moi, frappé de ce tumulte, je persistais à demander que le public

---

1. Les convenances sociales deviennent elles-mêmes des « disconvenances » lorsqu'elles tombent dans l'excès (*abus*) et qu'elles ne tiennent pas compte des lois de la *nature*.   2. Comme Sedaine dans *Le Philosophe sans le savoir*.   3. Salon de Versailles, éclairé par un œil-de-bœuf, où les courtisans attendaient le lever du Roi.   4. De la cour.   5. Annulée par un carton vierge ou annonçant la représentation d'une autre pièce et recouvrant l'affiche originale.   6. Le parlement de Maupeou mis en place en 1771. Dans ses *Mémoires* contre Goëzman, Beaumarchais avait exploité l'animosité de la classe aristocratique contre les juges, qui, depuis 1771 — dans le cadre de la réforme tentée par le chancelier Maupeou et l'exil des anciens parlements —, étaient nommés directement par le pouvoir royal.

restât le juge de ce que j'avais destiné à l'amusement du public.

Je l'obtins au bout de trois ans. Après les clameurs, les éloges, et chacun me disait tout bas : « Faites-nous donc des pièces de ce genre, puisqu'il n'y a plus que vous qui osiez rire en face. »

Un auteur désolé par la cabale et les criards, mais qui voit sa pièce marcher, reprend courage ; et c'est ce que j'ai fait. Feu M. le prince de Conti, de patriotique mémoire (car, en frappant l'air de son nom, l'on sent vibrer le vieux mot *patrie*), feu M. le prince de Conti[1], donc, me porta le défi public de mettre au théâtre ma préface du *Barbier*, plus gaie, disait-il, que la pièce, et d'y montrer la famille de Figaro, que j'indiquais dans cette préface. « Monseigneur, lui répondis-je, si je mettais une seconde fois ce caractère sur la scène, comme je le montrerais plus âgé, qu'il en saurait quelque peu davantage, ce serait bien un autre bruit ; et qui sait s'il verrait le jour ? » Cependant, par respect, j'acceptai le défi ; je composai cette *Folle journée*[2], qui cause aujourd'hui la rumeur. Il daigna la voir le premier. C'était un homme d'un grand caractère, un prince auguste, un esprit noble et fier : le dirai-je ? il en fut content[3].

Mais quel piège, hélas ! j'ai tendu au jugement de nos critiques en appelant ma comédie du vain nom de *Folle journée* ! Mon objet était bien de lui ôter quelque importance : mais je ne savais pas encore à quel point un changement d'annonce peut égarer tous les esprits. En lui laissant son véritable titre, on eût lu *L'Époux suborneur*. C'était pour eux une autre piste, on me courait différemment. Mais ce nom de *Folle journée* les a mis à cent lieues de moi : ils n'ont plus rien vu dans l'ouvrage que ce qui n'y sera jamais ; et cette remarque un peu sévère sur la facilité de prendre

---

1. Mort en 1776. Le prince de Conti et le parti « patriote », hostiles aux parlements Maupeou, avaient soutenu Beaumarchais lors de l'affaire Goëzman (1773-1774). 2. Sous-titre du *Mariage*. 3. La pièce aurait-elle donc été terminée en 1776, avant la mort du prince ? Faute de documents, on retient la date de 1778, généralement acceptée.

le change a plus d'étendue qu'on ne croit. Au lieu du nom de *George Dandin*, si Molière eût appelé son drame *La Sottise des alliances*, il eût porté bien plus de fruit ; si Regnard eût nommé son *Légataire*[1], *La Punition du célibat*, la pièce nous eût fait frémir. Ce à quoi il ne songea pas, je l'ai fait avec réflexion. Mais qu'on ferait un beau chapitre sur tous les jugements des hommes et la morale du théâtre, et qu'on pourrait intituler : *De l'influence de l'affiche* !

Quoi qu'il en soit, *La Folle Journée* resta cinq ans au portefeuille[2] ; les Comédiens[3] ont su que je l'avais, ils me l'ont enfin arrachée. S'ils ont bien ou mal fait pour eux, c'est ce qu'on a pu voir depuis. Soit que la difficulté de la rendre excitât leur émulation, soit qu'ils sentissent avec le public que pour lui plaire en comédie il fallait de nouveaux efforts, jamais pièce aussi difficile n'a été jouée avec autant d'ensemble, et si l'auteur (comme on le dit) est resté au-dessous de lui-même, il n'y a pas un seul acteur dont cet ouvrage n'ait établi, augmenté ou confirmé la réputation. Mais revenons à sa lecture, à l'adoption des Comédiens.

Sur l'éloge outré qu'ils en firent, toutes les sociétés voulurent le connaître, et dès lors il fallut me faire des querelles de toute espèce ou céder aux instances universelles. Dès lors aussi les grands ennemis de l'auteur ne manquèrent pas de répandre à la Cour qu'il blessait dans cet ouvrage, d'ailleurs *un tissu de bêtises*, la religion, le gouvernement, tous les états de la société, les bonnes mœurs, et qu'enfin la vertu y était opprimée et le vice triomphant, *comme de raison*, ajoutait-on. Si les graves messieurs qui l'ont tant répété me font l'honneur de lire cette préface, ils y verront au moins que j'ai cité bien juste ; et la bour-

---

1. Le Légataire universel, comédie de Regnard (1708), qui met en scène les manœuvres d'un neveu visant à s'emparer de l'héritage d'un vieil oncle célibataire.   2. Dans ses papiers *(au portefeuille)* de 1776, si l'on en croit l'auteur (cf. note 3, p. 64), à 1781.   3. Les acteurs de la Comédie-Française.

geoise intégrité que je mets à mes citations n'en fera que mieux ressortir la noble infidélité des leurs.

Ainsi, dans *Le Barbier de Séville*, je n'avais qu'ébranlé l'État : dans ce nouvel essai plus infâme et plus séditieux, je le renversais de fond en comble. Il n'y avait plus rien de sacré, si l'on permettait cet ouvrage. On abusait l'autorité par les plus insidieux rapports ; on cabalait auprès des corps puissants ; on alarmait les dames timorées ; on me faisait des ennemis sur le prie-Dieu des oratoires : et moi, selon les hommes et les lieux, je repoussais la basse intrigue par mon excessive patience, par la roideur de mon respect, l'obstination de ma docilité ; par la raison, quand on voulait l'entendre.

Ce combat a duré quatre ans[1]. Ajoutez-les aux cinq du portefeuille : que reste-t-il des allusions qu'on s'efforce à voir dans l'ouvrage ? Hélas ! quand il fut composé, tout ce qui fleurit aujourd'hui n'avait même pas encore germé : c'était tout un autre univers.

Pendant ces quatre ans de débat, je ne demandais qu'un censeur ; on m'en accorda cinq ou six[2]. Que virent-ils dans l'ouvrage, objet d'un tel déchaînement ? La plus badine des intrigues. Un grand seigneur espagnol, amoureux d'une jeune fille qu'il veut séduire, et les efforts que cette fiancée, celui qu'elle doit épouser, et la femme du seigneur réunissent pour faire échouer dans son dessein un maître absolu, que son rang, sa fortune et sa prodigalité rendent tout-puissant pour l'accomplir. Voilà tout, rien de plus. La pièce est sous vos yeux.

D'où naissaient donc ces cris perçants ? De ce qu'au lieu de poursuivre un seul caractère vicieux, comme le joueur, l'ambitieux, l'avare, ou l'hypocrite, ce qui ne lui eût mis sur les bras qu'une seule classe

---

1. Septembre 1781-avril 1784.   **2.** Exactement six : par ordre chronologique : Coqueley de Chausse-Pierre en 1781, Jean-Baptiste Suard en 1782, Gabriel-Henri Gaillard et Jean-Baptiste Guidi en 1783, Foucques-Deshayes dit Desfontaines de La Vallée et l'auteur dramatique Antoine Bret en 1784.

d'ennemis, l'auteur a profité d'une composition légère, ou plutôt a formé son plan de façon à y faire entrer la critique d'une foule d'abus qui désolent la société. Mais comme ce n'est pas là ce qui gâte un ouvrage aux yeux du censeur éclairé, tous, en l'approuvant, l'ont réclamé pour le théâtre. Il a donc fallu l'y souffrir : alors les grands du monde ont vu jouer avec scandale

> *Cette pièce où l'on peint un insolent valet*
> *Disputant sans pudeur son épouse à son maître*

> M. GUDIN [1].

Oh ! que j'ai de regret de n'avoir pas fait de ce sujet moral une tragédie bien sanguinaire ! Mettant un poignard à la main de l'époux outragé, que je n'aurais pas nommé Figaro, dans sa jalouse fureur je lui aurais fait noblement poignarder le Puissant vicieux ; et comme il aurait vengé son honneur dans des vers carrés, bien ronflants, et que mon jaloux, tout au moins général d'armée, aurait eu pour rival quelque tyran bien horrible et régnant au plus mal sur un peuple désolé [2], tout cela, très loin de nos mœurs, n'aurait, je crois, blessé personne, on eût crié *bravo ! ouvrage bien moral !* Nous étions sauvés, moi et mon Figaro sauvage.

Mais ne voulant qu'amuser nos Français et non faire ruisseler les larmes de leurs épouses, de mon coupable amant j'ai fait un jeune seigneur de ce temps-là, prodigue, assez galant, même un peu libertin, à peu près comme les autres seigneurs de ce temps-là. Mais qu'oserait-on dire au théâtre d'un seigneur, sans les

---

1. Gudin de la Brenellerie, ami et éditeur de Beaumarchais : il fut plus tard aussi son biographe.   **2.** Beaumarchais esquisse ici l'intrigue de *Tarare*, opéra représenté en 1787, où le tyran finit par se suicider. L'opéra a été mis en musique par Salieri ; la « préface » développe une théorie et une réforme du genre. Dans cet opéra Beaumarchais a introduit ses opinions à propos des problèmes existentiels de l'homme (origine, naissance, destinée, immortalité, etc.).

offenser tous, sinon de lui reprocher son trop de galan-
terie ? N'est-ce pas là le défaut le moins contesté par
eux-mêmes ? J'en vois beaucoup, d'ici, rougir modes-
tement (et c'est un noble effort) en convenant que j'ai
raison.

Voulant donc faire le mien coupable, j'ai eu le respect généreux de ne lui prêter aucun des vices du
peuple. Direz-vous que je ne le pouvais pas, que c'eût
été blesser toutes les vraisemblances ? Concluez donc
en faveur de ma pièce, puisque enfin je ne l'ai pas
fait.

Le défaut même dont je l'accuse n'aurait produit
aucun mouvement comique, si je ne lui avais gaiement opposé l'homme le plus dégourdi de sa nation,
le véritable Figaro, qui, tout en défendant Suzanne,
sa propriété, se moque des projets de son maître, et
s'indigne très plaisamment qu'il ose jouter de ruse
avec lui, maître passé dans ce genre d'escrime.

Ainsi, d'une lutte assez vive entre l'abus de la puissance, l'oubli des principes, la prodigalité, l'occasion,
tout ce que la séduction a de plus entraînant, et le feu,
l'esprit, les ressources que l'infériorité piquée au jeu
peut opposer à cette attaque, il naît dans ma pièce un
jeu plaisant d'intrigue, où l'*époux suborneur*, contrarié,
lassé, harassé, toujours arrêté dans ses vues, est obligé,
trois fois [1] dans cette journée, de tomber aux pieds de
sa femme, qui, bonne, indulgente et sensible, finit par
lui pardonner : c'est ce qu'elles font toujours. Qu'a
donc cette moralité de blâmable, messieurs ?

La trouvez-vous un peu badine pour le ton grave
que je prends ? Accueillez-en une plus sévère qui
blesse vos yeux dans l'ouvrage, quoique vous ne l'y
cherchiez pas : c'est qu'un seigneur assez vicieux pour
vouloir prostituer à ses caprices tout ce qui lui est
subordonné, pour se jouer, dans ses domaines, de la
pudicité de toutes ses jeunes vassales, doit finir,
comme celui-ci, par être la risée de ses valets. Et c'est

---

1. *Le Mariage de Figaro* (II, 19 ; IV, 5 ; V, 19).

ce que l'auteur a très fortement prononcé, lorsqu'en fureur, au cinquième acte, Almaviva, croyant confondre une femme infidèle, montre à son jardinier un cabinet, en lui criant : *Entres-y, toi, Antonio ; conduis devant son juge l'infâme qui m'a déshonoré* ; et que celui-ci lui répond : *Il y a, parguenne, une bonne Providence ! Vous en avez tant fait dans le pays, qu'il faut bien aussi qu'à votre tour*[1]... !

Cette profonde moralité se fait sentir dans tout l'ouvrage ; et s'il convenait à l'auteur de démontrer aux adversaires qu'à travers sa forte leçon il a porté la considération pour la dignité du coupable plus loin qu'on ne devait l'attendre de la fermeté de son pinceau, je leur ferais remarquer que, croisé dans tous ses projets, le comte Almaviva se voit toujours humilié, sans être jamais avili[2].

En effet, si la Comtesse usait de ruse pour aveugler sa jalousie dans le dessein de le trahir, devenue coupable elle-même, elle ne pourrait mettre à ses pieds son époux sans le dégrader à nos yeux. La vicieuse intention de l'épouse brisant un lien respecté, l'on reprocherait justement à l'auteur d'avoir tracé des mœurs blâmables ; car nos jugements sur les mœurs se rapportent toujours aux femmes ; on n'estime pas assez les hommes pour tant exiger d'eux sur ce point délicat. Mais loin qu'elle ait ce vil projet, ce qu'il y a de mieux établi dans l'ouvrage est que nul ne veut faire une tromperie au Comte, mais seulement l'empêcher d'en faire à tout le monde. C'est la pureté des motifs qui sauve ici les moyens du reproche ; et de cela seul que la Comtesse ne veut que ramener son mari, toutes les confusions qu'il éprouve sont certainement très morales, aucune n'est avilissante.

Pour que cette vérité vous frappe davantage, l'auteur oppose à ce mari peu délicat la plus vertueuse des femmes, par goût et par principes.

---

1. *Le Mariage de Figaro* (V, 14).   2. *Humilié* comme « suborneur », mais non pas *avili* comme époux.

Abandonnée d'un époux trop aimé, quand l'ex-pose-t-on à vos regards ? Dans le moment critique où sa bienveillance pour un aimable enfant, son filleul, peut devenir un goût dangereux, si elle permet au ressentiment qui l'appuie de prendre trop d'empire sur elle. C'est pour faire mieux sortir l'amour vrai du devoir, que l'auteur la met un moment aux prises avec un goût naissant qui le combat. Oh ! combien on s'est étayé de ce léger mouvement dramatique pour nous accuser d'indécence ! On accorde à la tragédie que toutes les reines, les princesses, aient des passions bien allumées qu'elles combattent plus ou moins ; et l'on ne souffre pas que, dans la comédie, une femme ordinaire puisse lutter contre la moindre faiblesse ! Ô grande *influence de l'affiche* ! jugement sûr et consé-quent ! Avec la différence du genre, on blâme ici ce qu'on approuvait là. Et cependant, en ces deux cas, c'est toujours le même principe : point de vertu sans sacrifice.

J'ose en appeler à vous, jeunes infortunées que votre malheur attache à des Almaviva ! Distingueriez-vous toujours votre vertu de vos chagrins, si quelque intérêt importun, tendant trop à les dissiper, ne vous avertissait enfin qu'il est temps de combattre pour elle ? Le chagrin de perdre un mari n'est pas ici ce qui nous touche, un regret aussi personnel est trop loin d'être une vertu ! Ce qui nous plaît dans la Comtesse, c'est de la voir lutter franchement contre un goût naissant qu'elle blâme, et des ressentiments légitimes. Les efforts qu'elle fait alors pour ramener son infidèle époux, mettant dans le plus heureux jour les deux sacrifices pénibles de son goût et de sa colère, on n'a nul besoin d'y penser pour applaudir à son triomphe ; elle est un modèle de vertu ; l'exemple de son sexe et l'amour du nôtre.

Si cette métaphysique[1] de l'honnêteté des scènes,

---

1. Ici, il ne s'agit évidemment pas de la théorie philosophique ; le terme indique simplement une « étude approfondie ».

si ce principe avoué de toute décence théâtrale n'a point frappé nos juges à la représentation, c'est vainement que j'en étendrais ici le développement et les conséquences ; un tribunal d'iniquité n'écoute point les défenses de l'accusé qu'il est chargé de perdre, et ma Comtesse n'est point traduite au parlement de la nation : c'est une commission qui la juge.

On a vu la légère esquisse de son aimable caractère dans la charmante pièce d'*Heureusement*[1]. Le goût naissant que la jeune femme éprouve pour son petit cousin l'officier, n'y parut blâmable à personne, quoique la tournure des scènes pût laisser à penser que la soirée eût fini d'autre manière, si l'époux ne fût pas rentré, comme dit l'auteur, *heureusement*. Heureusement aussi l'on n'avait pas le projet de calomnier cet auteur : chacun se livra de bonne foi à ce doux intérêt qu'inspire une jeune femme honnête et sensible, qui réprime ses premiers goûts ; et notez que, dans cette pièce, l'époux ne paraît qu'un peu sot ; dans la mienne, il est infidèle : ma Comtesse a plus de mérite.

Aussi, dans l'ouvrage que je défends, le plus véritable intérêt se porte-t-il sur la Comtesse ; le reste est dans le même esprit.

Pourquoi Suzanne, la camariste[2] spirituelle, adroite et rieuse, a-t-elle aussi le droit de nous intéresser ? C'est qu'attaquée par un séducteur puissant, avec plus d'avantage qu'il n'en faudrait pour vaincre une fille de son état, elle n'hésite pas à confier les intentions du Comte aux deux personnes les plus intéressées à bien surveiller sa conduite : sa maîtresse et son fiancé. C'est que, dans tout son rôle, presque le plus long de la pièce, il n'y a pas une phrase, un mot qui ne respire la sagesse

---

1. Comédie en un acte de Rochon de Chabannes, représentée à la Comédie-Française le 29 novembre 1762.   2. Beaumarchais suit la forme espagnole de *camarista*, d'où dérive « *camariste* », en la préférant à la forme italienne, *camerista*, bien que les éditions du Dictionnaire de l'Académie datées de 1762 et 1798 portent « camériste », forme qui a, d'ailleurs, prévalu.

et l'attachement à ses devoirs ; la seule ruse qu'elle se permette est en faveur de sa maîtresse, à qui son dévouement est cher, et dont tous les vœux sont honnêtes.

Pourquoi, dans ses libertés sur son maître, Figaro m'amuse-t-il au lieu de m'indigner ? C'est que, l'opposé des valets, il n'est pas, et vous le savez, le malhonnête homme de la pièce : en le voyant forcé, par son état, de repousser l'insulte avec adresse, on lui pardonne tout, dès qu'on sait qu'il ne ruse avec son seigneur que pour garantir ce qu'il aime et sauver sa propriété.

Donc, hors le Comte et ses agents, chacun fait dans la pièce à peu près ce qu'il doit. Si vous les croyez malhonnêtes parce qu'ils disent du mal les uns des autres, c'est une règle très fautive. Voyez nos honnêtes gens du siècle : on passe la vie à ne faire autre chose ! Il est même tellement reçu de déchirer sans pitié les absents, que moi, qui les défends toujours, j'entends murmurer très souvent : « Quel diable d'homme, et qu'il est contrariant ! il dit du bien de tout le monde ! »

Est-ce mon page, enfin, qui vous scandalise ? et l'immoralité qu'on reproche au fond de l'ouvrage serait-elle dans l'accessoire ? Ô censeurs délicats, beaux esprits sans fatigue, inquisiteurs pour la morale, qui condamnez en un clin d'œil les réflexions de cinq années, soyez justes une fois, sans tirer à conséquence [1] ! Un enfant de treize ans, aux premiers battements du cœur, cherchant tout sans rien démêler, idolâtre, ainsi qu'on l'est à cet âge heureux, d'un objet céleste pour lui, dont le hasard fit sa marraine, est-il un sujet de scandale ? Aimé de tout le monde au château, vif, espiègle et brûlant comme tous les enfants spirituels, par son agitation extrême, il dérange dix fois sans le vouloir les coupables projets du Comte. Jeune adepte de la nature, tout ce qu'il voit a droit de l'agiter :

---

1. Sans en tirer des conclusions défavorables.

peut-être il n'est plus un enfant, mais il n'est pas encore
un homme ; et c'est le moment que j'ai choisi pour qu'il
obtînt de l'intérêt, sans forcer personne à rougir. Ce
qu'il éprouve innocemment, il l'inspire partout de
même. Direz-vous qu'on l'aime d'amour ? Censeurs !
ce n'est pas le mot. Vous êtes trop éclairés pour ignorer
que l'amour, même le plus pur, a un motif intéressé :
on ne l'aime donc pas encore ; on sent qu'un jour on
l'aimera. Et c'est ce que l'auteur a mis avec gaieté dans
la bouche de Suzanne, quand elle dit à cet enfant : *Oh !
dans trois ou quatre ans, je prédis que vous serez le plus
grand petit vaurien*[1]...

Pour lui imprimer plus fortement le caractère de
l'enfance, nous le faisons exprès tutoyer par Figaro.
Supposez-lui deux ans de plus, quel valet dans le château prendrait ces libertés ? Voyez-le à la fin de son
rôle ; à peine a-t-il un habit d'officier, qu'il porte la
main à l'épée[2] aux premières railleries du Comte, sur
le quiproquo d'un soufflet. Il sera fier, notre étourdi !
mais c'est un enfant, rien de plus. N'ai-je pas vu nos
dames, dans les loges, aimer mon page à la folie ? Que
lui voulaient-elles ? Hélas ! rien : c'était de l'intérêt
aussi ; mais, comme celui de la Comtesse, un pur et
naïf intérêt... un intérêt... sans intérêt.

Mais, est-ce la personne du page, ou la conscience
du seigneur, qui fait le tourment du dernier toutes les
fois que l'auteur les condamne à se rencontrer dans
la pièce ? Fixez ce léger aperçu, il peut vous mettre
sur la voie ; ou plutôt apprenez de lui que cet enfant
n'est amené que pour ajouter à la moralité de l'ouvrage, en vous montrant que l'homme le plus absolu
chez lui, dès qu'il suit un projet coupable, peut être
mis au désespoir par l'être le moins important, par
celui qui redoute le plus de se rencontrer sur sa route.

Quand mon page aura dix-huit ans, avec le caractère vif et bouillant que je lui ai donné, je serai cou-

---

1. *Le Mariage de Figaro* (I, 7).   **2.** Chérubin dans la scène finale de la
comédie.

pable à mon tour si je le montre sur la scène. Mais à treize ans, qu'inspire-t-il ? Quelque chose de sensible et doux, qui n'est amitié ni amour, et qui tient un peu de tous deux.

J'aurais de la peine à faire croire à l'innocence de ces impressions, si nous vivions dans un siècle moins chaste[1], dans un de ces siècles de calcul, où, voulant tout prématuré comme les fruits de leurs serres chaudes, les Grands mariaient leurs enfants à douze ans, et faisaient plier la nature, la décence et le goût aux plus sordides convenances, en se hâtant surtout d'arracher de ces êtres non formés des enfants encore moins formables, dont le bonheur n'occupait personne, et qui n'étaient que le prétexte d'un certain trafic d'avantages qui n'avait nul rapport à eux, mais uniquement à leur nom. Heureusement nous en sommes bien loin : et le caractère de mon page, sans conséquence pour lui-même, en a une relative au Comte, que le moraliste aperçoit, mais qui n'a pas encore frappé le grand commun de nos jugeurs.

Ainsi, dans cet ouvrage, chaque rôle important a quelque but moral. Le seul qui semble y déroger est celui de Marceline.

Coupable d'un ancien égarement dont son Figaro fut le fruit, elle devrait, dit-on, se voir au moins punie par la confusion de sa faute, lorsqu'elle reconnaît son fils. L'auteur eût pu même en tirer une moralité plus profonde : dans les mœurs qu'il veut corriger, la faute d'une jeune fille séduite est celle des hommes et non la sienne. Pourquoi donc ne l'a-t-il pas fait ?

Il l'a fait, censeurs raisonnables ! Étudiez la scène suivante, qui faisait le nerf du troisième acte, et que les comédiens m'ont prié de retrancher, craignant qu'un morceau si sévère n'obscurcît la gaieté de l'action.

Quand Molière a bien humilié la coquette ou coquine du *Misanthrope* par la lecture publique de ses lettres à tous ses amants[2], il la laisse avilie sous les

---

1. L'auteur ironise. **2.** *Le Misanthrope* (V, 4).

coups qu'il lui a portés ; il a raison ; qu'en ferait-il ?
Vicieuse par goût et par choix, veuve aguerrie, femme
de Cour, sans aucune excuse d'erreur, et fléau d'un
fort honnête homme, il l'abandonne à nos mépris, et
telle est sa moralité. Quant à moi, saisissant l'aveu
naïf de Marceline au moment de la reconnaissance,
je montrais cette femme humiliée, et Bartholo qui la
refuse, et Figaro, leur fils commun, dirigeant l'attention publique sur les vrais fauteurs du désordre où
l'on entraîne sans pitié toutes les jeunes filles du
peuple douées d'une jolie figure.

Telle est la marche de la scène.

Brid'oison, *parlant de Figaro, qui vient de reconnaître
sa mère en Marceline.* C'est clair : i-il ne l'épousera
pas.

Bartholo. Ni moi non plus.

Marceline. Ni vous ! et votre fils ? Vous m'aviez
juré...

Bartholo. J'étais fou. Si pareils souvenirs engageaient, on serait tenu d'épouser tout le monde.

Brid'oison. E-et si l'on y regardait de si près, pe-per-
sonne n'épouserait personne.

Bartholo. Des fautes si connues ! une jeunesse
déplorable !

Marceline, *s'échauffant par degrés.* Oui, déplorable !
et plus qu'on ne croit ! Je n'entends pas nier mes
fautes ; ce jour les a trop bien prouvées ! Mais qu'il
est dur de les expier après trente ans d'une vie
modeste ! J'étais née, moi, pour être sage, et je le
suis devenue sitôt qu'on m'a permis d'user de ma
raison. Mais dans l'âge des illusions, de l'inexpérience et des besoins, où les séducteurs nous assiègent pendant que la misère nous poignarde, que
peut opposer une enfant à tant d'ennemis rassemblés ? Tel nous juge ici sévèrement, qui peut-être
en sa vie a perdu dix infortunées !

Figaro. Les plus coupables sont les moins généreux,
c'est la règle.

Marceline, *vivement.* Hommes plus qu'ingrats, qui

flétrissez par le mépris les jouets de vos passions, vos victimes ! c'est vous qu'il faut punir des erreurs de notre jeunesse : vous et vos magistrats si vains du droit de nous juger, et qui nous laissent enlever, par leur coupable négligence, tout honnête moyen de subsister ! Est-il un seul état pour les malheureuses filles ? Elles avaient un droit naturel à toute la parure des femmes ; on y laisse former mille ouvriers de l'autre sexe.

FIGARO, *en colère*. Ils font broder jusqu'aux soldats !

MARCELINE, *exaltée*. Dans les rangs même plus élevés, les femmes n'obtiennent de vous qu'une considération dérisoire. Leurrées de respects apparents, dans une servitude réelle ; traitées en mineures pour nos biens, punies en majeures pour nos fautes : ah ! sous tous les aspects, votre conduite avec nous fait horreur ou pitié !

FIGARO. Elle a raison !

LE COMTE, *à part*. Que trop raison !

BRID'OISON. Elle a, mon-on Dieu, raison !

MARCELINE. Mais que nous font, mon fils, les refus d'un homme injuste ? Ne regarde pas d'où tu viens, vois où tu vas ; cela seul importe à chacun. Dans quelques mois ta fiancée ne dépendra plus que d'elle-même ; elle t'acceptera, j'en réponds : vis entre une épouse, une mère tendres, qui te chériront à qui mieux mieux. Sois indulgent pour elles, heureux pour toi, mon fils, gai, libre et bon pour tout le monde, il ne manquera rien à ta mère.

FIGARO. Tu parles d'or, maman, et je me tiens à ton avis. Qu'on est sot, en effet ! Il y a des mille et mille ans que le monde roule, et dans cet océan de durée, où j'ai par hasard attrapé quelques chétifs trente ans qui ne reviendront plus, j'irais me tourmenter pour savoir à qui je les dois ! Tant pis pour qui s'en inquiète. Passer ainsi la vie à chamailler, c'est peser sur le collier sans relâche, comme les malheureux chevaux de la remonte des fleuves, qui ne reposent pas, même quand ils s'arrêtent, et qui tirent toujours, quoiqu'ils cessent de marcher. Nous attendrons [1].

J'ai bien regretté ce morceau ; et maintenant que la pièce est connue, si les Comédiens avaient le courage de le restituer à ma prière, je pense que le public leur en saurait beaucoup de gré. Ils n'auraient plus même à répondre, comme je fus forcé de le faire à certains censeurs du beau monde, qui me reprochaient à la lecture, de les intéresser pour une femme de mauvaises mœurs : — Non, messieurs, je n'en parle pas pour excuser ses mœurs, mais pour vous faire rougir des vôtres sur le point le plus destructeur de toute honnêteté publique, *la corruption des jeunes personnes* ; et j'avais raison de le dire, que vous trouvez ma pièce trop gaie, parce qu'elle est souvent trop sévère. Il n'y a que façon de s'entendre.

— Mais votre Figaro est un soleil tournant, qui brûle, en jaillissant, les manchettes [2] de tout le monde. — *Tout le monde* est exagéré. Qu'on me sache gré du moins s'il ne brûle pas aussi les doigts de ceux qui croient s'y reconnaître : au temps qui court, on a beau jeu sur cette matière au théâtre. M'est-il permis de composer en auteur qui sort du collège ? de toujours faire rire des enfants, sans jamais rien dire à des hommes ? Et ne devez-vous pas me passer un peu de morale en faveur de ma gaieté, comme on passe aux Français un peu de folie en faveur de leur raison [3] ?

Si je n'ai versé sur nos sottises qu'un peu de critique badine, ce n'est pas que je ne sache en former de plus sévère : quiconque a dit tout ce qu'il sait dans son ouvrage, y a mis plus que moi dans le mien. Mais je garde une foule d'idées qui me pressent pour un des sujets les plus moraux du théâtre, aujourd'hui sur

---

1. *Le Mariage de Figaro* (III, 16).   2. On nommait ainsi les ornements de dentelle attachés aux poignets des chemises.   3. Ce sont les vers du vaudeville final, pris en « exergue » par l'auteur.

mon chantier : *La Mère coupable*[1], et si le dégoût dont
on m'abreuve me permet jamais de l'achever, mon
projet étant d'y faire verser des larmes à toutes les
femmes sensibles, j'élèverai mon langage à la hauteur
de mes situations ; j'y prodiguerai les traits de la plus
austère morale, et je tonnerai fortement sur les vices[2]
que j'ai trop ménagés. Apprêtez-vous donc bien, messieurs, à me tourmenter de nouveau : ma poitrine a
déjà grondé ; j'ai noirci beaucoup de papier au service
de votre colère.

Et vous, honnêtes indifférents qui jouissez de tout
sans prendre parti sur rien ; jeunes personnes
modestes et timides, qui vous plaisez à ma *Folle journée* (et je n'entreprends sa défense que pour justifier
votre goût), lorsque vous verrez dans le monde un de
ces hommes tranchants critiquer vaguement la pièce,
tout blâmer sans rien désigner, surtout la trouver
indécente, examinez bien cet homme-là, sachez son
rang, son état, son caractère, et vous connaîtrez sur-
le-champ le mot qui l'a blessé dans l'ouvrage.

On sent bien que je ne parle pas de ces écumeurs
littéraires qui vendent leurs bulletins ou leurs affiches
à tant de liards le paragraphe. Ceux-là, comme l'abbé
Bazile, peuvent calomnier ; *ils médiraient, qu'on ne les
croirait pas*[3].

Je parle moins encore de ces libellistes honteux qui
n'ont trouvé d'autre moyen de satisfaire leur rage,
l'assassinat étant trop dangereux, que de lancer, du
cintre de nos salles, des vers infâmes contre l'auteur,
pendant que l'on jouait sa pièce[4]. Ils savent que je les

---

1. *L'Autre Tartuffe, ou La Mère coupable* était attendue par le public dès
janvier 1785, avant même la publication de cette préface. 2. Beaumar-
chais réalisera ce projet et fera jouer son drame *La Mère coupable* en 1792.
Y reparaissent le Comte et la Comtesse Almaviva, Figaro et Suzanne.
3. *Le Barbier de Séville* (II, 9). 4. À la cinquième représentation du
Mariage, fut lancée du haut de la galerie une épigramme intitulée *Sur le
Mariage* : « Je vis hier, du fond d'une coulisse, / L'extravagante nouveauté
/ Qui, triomphant de la police, / Profane des Français le spectacle enchanté.
/ Dans ce drame effronté chaque acteur est un vice : / Bartholo nous peint
l'avarice ; / Almaviva, le suborneur ; / Sa tendre moitié, l'adultère ; / Et

connais ; si j'avais eu dessein de les nommer, ç'aurait
été au ministère public ; leur supplice est de l'avoir
craint, il suffit à mon ressentiment. Mais on n'imagi-
nera jamais jusqu'où ils ont osé élever les soupçons
du public sur une aussi lâche épigramme ! semblables
à ces vils charlatans du Pont-Neuf, qui, pour accrédi-
ter leurs drogues, farcissent d'ordres, de cordons, le
tableau qui leur sert d'enseigne.

Non, je cite nos importants, qui, blessés, on ne sait
pourquoi, des critiques semées dans l'ouvrage, se
chargent d'en dire du mal, sans cesser de venir aux
Noces[1].

C'est un plaisir assez piquant de les voir d'en bas
au spectacle, dans le très plaisant embarras de n'oser
montrer ni satisfaction ni colère ; s'avançant sur le
bord des loges, prêts à se moquer de l'auteur, et se
retirant aussitôt pour celer un peu de grimace ;
emportés par un mot de la scène et soudainement
rembrunis par le pinceau du moraliste ; au plus léger
trait de gaieté jouer tristement les étonnés, prendre
un air gauche en faisant les pudiques, et regardant les
femmes dans les yeux, comme pour leur reprocher de
soutenir un tel scandale ; puis, aux grands applaudissements, lancer sur le public un regard méprisant,
dont il est écrasé ; toujours prêts à lui dire, comme ce
courtisan dont parle Molière, lequel, outré du succès
de *L'École des femmes*, criait des balcons au public :
Ris donc, public, ris donc[2] ! En vérité, c'est un plaisir,
et j'en ai joui bien des fois.

Celui-là m'en rappelle un autre. Le premier jour de
La Folle Journée, on s'échauffait dans le foyer (même

Double-Main, un plat voleur. / Marceline est une mégère ; / Bazile, un
calomniateur ; / Fanchette, l'innocente, est bien apprivoisée ; / Et la Suzon,
plus que rusée, / A bien l'air de goûter du page favori, / Greluchon de
Madame et mignon du mari /... Et quant à Figaro, le drôle à son patron /
Si scandaleusement ressemble, / Il est si frappant qu'il fait peur. / Et pour
voir à la fin tous les vices ensemble. / Le parterre en chorus a demandé
l'auteur. »
1. Ce sera le titre de l'opéra de Mozart.   **2.** Cf. *La Critique de l'École des
Femmes*, scène 5 (Molière, *Œuvres complètes*, éd. cit., p. 123).

d'honnêtes plébéiens) sur ce qu'ils nommaient spiri-
tuellement *mon audace*. Un petit vieillard sec et
brusque, impatienté de tous ces cris, frappe le plancher de sa canne, et dit en s'en allant : *Nos Français
sont comme les enfants, qui braillent*[1] *quand on les éber-
ne*[2]. Il avait du sens, ce vieillard ! Peut-être on pouvait
mieux parler, mais pour mieux penser, j'en défie.

Avec cette intention de tout blâmer, on conçoit que
les traits les plus sensés ont été pris en mauvaise part.
N'ai-je pas entendu vingt fois un murmure descendre
des loges à cette réponse de Figaro :

Le Comte. *Une réputation détestable !*

Figaro. *Et si je vaux mieux qu'elle ? Y a-t-il beaucoup
de seigneurs qui puissent en dire autant*[3] *?*

Je dis, moi, qu'il n'y en a point, qu'il ne saurait y en
avoir, à moins d'une exception bien rare. Un homme
obscur ou peu connu peut valoir mieux que sa réputation, qui n'est que l'opinion d'autrui. Mais de même
qu'un sot en place en paraît une fois plus sot, parce
qu'il ne peut plus rien cacher, de même un grand seigneur, l'homme élevé en dignités, que la fortune et sa
naissance ont placé sur le grand théâtre, et qui en
entrant dans le monde, eut toutes les préventions pour
lui, vaut presque toujours moins que sa réputation, s'il
parvient à la rendre mauvaise. Une assertion si simple
et si loin du sarcasme devait-elle exciter le murmure ?
Si son application paraît fâcheuse aux Grands peu soi-
gneux de leur gloire, en quel sens fait-elle épigramme
sur ceux qui méritent nos respects ? Et quelle maxime
plus juste au théâtre peut servir de frein aux puissants,
et tenir lieu de leçon à ceux qui n'en reçoivent point
d'autres ?

Non qu'il faille oublier (a dit un écrivain sévère, et
je me plais à le citer parce que je suis de son avis),

---

1. Crier d'une manière importune et excessive.   **2.** Enlever le *bren*
(anc.), actuellement *bran* (matière fécale, excrément). Le mot s'emploie en
parlant des enfants quand on les nettoie, après avoir enlevé leurs langes.
Autre orthographe : *ébrener*.   **3.** *Le Mariage de Figaro* (III, 5).

« non qu'il faille oublier, dit-il, ce qu'on doit aux rangs élevés : il est juste, au contraire, que l'avantage de la naissance soit le moins contesté de tous, parce que ce bienfait gratuit de l'hérédité, relatif aux exploits, vertus ou qualités des aïeux de qui le reçut, ne peut aucunement blesser l'amour-propre de ceux auxquels il fut refusé ; parce que, dans une monarchie, si l'on ôtait les rangs intermédiaires, il y aurait trop loin du monarque aux sujets ; bientôt on n'y verrait qu'un despote et des esclaves : le maintien d'une échelle graduée du laboureur au potentat intéresse également les hommes de tous les rangs, et peut-être est le plus ferme appui de la constitution monarchique ».

Mais quel auteur parlait ainsi ? qui faisait cette profession de foi sur la noblesse dont on me suppose si loin ? C'était PIERRE-AUGUSTIN CARON DE BEAUMARCHAIS, plaidant par écrit au Parlement d'Aix, en 1778, une grande et sévère question qui décida bientôt de l'honneur d'un noble et du sien[1]. Dans l'ouvrage que je défends, on n'attaque point les états, mais les abus de chaque état : les gens seuls qui s'en rendent coupables ont intérêt à le trouver mauvais. Voilà les rumeurs expliquées : mais quoi donc ! les abus sont-ils devenus si sacrés, qu'on n'en puisse attaquer aucun sans lui trouver vingt défenseurs ?

Un avocat célèbre, un magistrat respectable, iront-ils donc s'approprier le plaidoyer d'un Bartholo, le jugement d'un Brid'oison ? Ce mot de Figaro sur l'indigne abus des plaidoiries de nos jours *(C'est dégrader le plus noble institut[2])* a bien montré le cas que je fais du noble métier d'avocat ; et mon respect pour la magistrature ne sera pas plus suspecté quand on saura

---

1. Il s'agit du procès contre l'héritier de Pâris-Duverney et du mémoire intitulé *Réponse ingénue de Pierre-Augustin Caron de Beaumarchais à la Consultation injurieuse que le comte Joseph-Alexandre Falcoz de La Blanche a répandue dans Aix* (voir *Œuvres complètes de Beaumarchais*, par E. Fournier, Paris, Laplace et Sanchez, 1876, p. 374).   2. *Le Mariage de Figaro* (III, 15).

dans quelle école j'en ai recherché la leçon, quand on lira le morceau suivant, aussi tiré d'un moraliste, lequel, parlant des magistrats, s'exprime en ces termes formels :

« Quel homme aisé voudrait, pour le plus modique honoraire, faire le métier cruel de se lever à quatre heures, pour aller au Palais tous les jours s'occuper, sous des formes prescrites, d'intérêts qui ne sont jamais les siens ? d'éprouver sans cesse l'ennui de l'importunité, le dégoût des sollicitations, le bavardage des plaideurs, la monotonie des audiences, la fatigue des délibérations, et la contention d'esprit nécessaire aux prononcés des arrêts, s'il ne se croyait pas payé de cette vie laborieuse et pénible par l'estime et la considération publiques ? Et cette estime est-elle autre chose qu'un jugement, qui n'est même aussi flatteur pour les bons magistrats qu'en raison de sa rigueur excessive contre les mauvais ? »

Mais quel écrivain m'instruisait ainsi par ses leçons ? Vous allez croire encore que c'est PIERRE-AUGUSTIN ; vous l'avez dit : c'est lui, en 1773, dans son quatrième Mémoire [1], en défendant jusqu'à la mort sa triste existence, attaquée par un soi-disant magistrat. Je respecte donc hautement ce que chacun doit honorer, et je blâme ce qui peut nuire.

— Mais dans cette *Folle journée*, au lieu de saper les abus, vous vous donnez des libertés très répréhensibles au théâtre ; votre monologue surtout contient, sur les gens disgraciés, des traits qui passent la licence. — Eh ! croyez-vous, messieurs, que j'eusse un talisman pour tromper, séduire, enchaîner la censure et l'autorité, quand je leur soumis mon ouvrage ? que je n'aie pas dû justifier ce que j'avais osé écrire ? Que fais-je dire à Figaro, parlant à l'homme déplacé ? *Que les sottises imprimées n'ont d'importance qu'aux lieux*

---

1. *Quatrième mémoire à consulter contre M. Goëzman, juge accusé de subornation et de faux... et Réponse ingénue à leurs Mémoires, Gazettes, Lettres courantes, injures et mille et une diffamations* (cf. éd. cit. par Fournier, p. 307).

où l'on en gêne le cours[1]. Est-ce donc là une vérité d'une conséquence dangereuse ? Au lieu de ces inquisitions puériles et fatigantes, et qui seules donnent de l'importance à ce qui n'en aurait jamais, si, comme en Angleterre, on était assez sage ici pour traiter les sottises avec ce mépris qui les tue, loin de sortir du vil fumier qui les enfante, elles y pourriraient en germant, et ne se propageraient point. Ce qui multiplie les libelles est la faiblesse de les craindre ; ce qui fait vendre les sottises est la sottise de les défendre.

Et comment conclut Figaro ? *Que, sans la liberté de blâmer, il n'est point d'éloge flatteur ; et qu'il n'y a que les petits hommes qui redoutent les petits écrits*[2]. Sont-ce là des hardiesses coupables, ou bien des aiguillons de gloire ? des moralités insidieuses, ou des maximes réfléchies, aussi justes qu'encourageantes ?

Supposez-les le fruit des souvenirs. Lorsque, satisfait du présent, l'auteur veille pour l'avenir, dans la critique du passé, qui peut avoir droit de s'en plaindre ? Et si, ne désignant ni temps, ni lieu, ni personne, il ouvre la voie au théâtre à des réformes désirables, n'est-ce pas aller à son but ?

La Folle Journée explique donc comment, dans un temps prospère, sous un roi juste et des ministres modérés, l'écrivain peut tonner sur les oppresseurs, sans craindre de blesser personne. C'est pendant le règne d'un bon prince qu'on écrit sans danger l'histoire des méchants rois ; et plus le gouvernement est sage, est éclairé, moins la liberté de dire est en presse[3] : chacun y faisant son devoir, on n'y craint pas les allusions ; nul homme en place ne redoutant ce qu'il est forcé d'estimer, on n'affecte point alors d'opprimer chez nous cette même littérature qui fait notre

---

1. *Le Mariage de Figaro* (V, 3).   **2.** *Le Mariage de Figaro*, V, 3.   **3.** Se trouver dans un état fâcheux d'où il est difficile de sortir, d'où être « contraint », « foulé », « opprimé », « réduit », « gêné » ; la phrase veut signifier qu'un gouvernement sage ne craint pas la liberté d'expression.

gloire au dehors, et nous y donne une sorte de primauté que nous ne pouvons tirer d'ailleurs [1].

En effet, à quel titre y prétendrions-nous ? Chaque peuple tient à son culte et chérit son gouvernement. Nous ne sommes pas restés plus braves que ceux qui nous ont battus à leur tour. Nos mœurs plus douces, mais non meilleures, n'ont rien qui nous élève au-dessus d'eux. Notre littérature seule, estimée de toutes les nations, étend l'empire de la langue française, et nous obtient de l'Europe entière une prédilection avouée qui justifie, en l'honorant, la protection que le gouvernement lui accorde.

Et comme chacun cherche toujours le seul avantage qui lui manque, c'est alors qu'on peut voir dans nos académies l'homme de la Cour siéger avec les gens de lettres ; les talents personnels et la considération héritée se disputer ce noble objet, et les archives académiques se remplir presque également de papiers et de parchemins.

Revenons à *La Folle Journée*.

Un monsieur de beaucoup d'esprit, mais qui l'économise un peu trop, me disait un soir au spectacle :
— Expliquez-moi donc, je vous prie, pourquoi dans votre pièce on trouve autant de phrases négligées qui ne sont pas de votre style. — De mon style, monsieur ? Si par malheur j'en avais un, je m'efforcerais de l'oublier quand je fais une comédie, ne connaissant rien d'insipide au théâtre comme ces fades camaïeux où tout est bleu, où tout est rose, où tout est l'auteur, quel qu'il soit.

Lorsque mon sujet me saisit, j'évoque tous mes personnages et les mets en situation. — Songe à toi, Figaro, ton maître va te deviner. Sauvez-vous vite, Chérubin, c'est le Comte que vous touchez. — Ah ! Comtesse, quelle imprudence avec un époux si violent ! — Ce qu'ils diront, je n'en sais rien, c'est ce

---

1. Traits ironiques : le Roi avait personnellement fait interdire la pièce le 13 juin 1783.

qu'ils feront qui m'occupe. Puis, quand ils sont bien animés, j'écris sous leur dictée rapide, sûr qu'ils ne me tromperont pas ; que je reconnaîtrai Bazile, lequel n'a pas l'esprit de Figaro, qui n'a pas le ton noble du Comte, qui n'a pas la sensibilité de la Comtesse, qui n'a pas la gaieté de Suzanne, qui n'a pas l'espièglerie du page, et surtout aucun d'eux la sublimité de Brid'oison. Chacun y parle son langage : eh ! que le dieu du naturel les préserve d'en parler d'autre ! Ne nous attachons donc qu'à l'examen de leurs idées, et non à rechercher si j'ai dû leur prêter mon style.

Quelques malveillants ont voulu jeter de la défaveur sur cette phrase de Figaro : *Sommes-nous des soldats qui tuent et se font tuer pour des intérêts qu'ils ignorent ? Je veux savoir, moi, pourquoi je me fâche*[1] *!* À travers le nuage d'une conception indigeste, ils ont feint d'apercevoir *que je répands une lumière décourageante sur l'état pénible du soldat ; et il y a des choses qu'il ne faut jamais dire.* Voilà dans toute sa force l'argument de la méchanceté ; reste à en prouver la bêtise.

Si, comparant la dureté du service à la modicité de la paye, ou discutant tel autre inconvénient de la guerre et comptant la gloire pour rien, je versais de la défaveur sur ce plus noble des affreux métiers, on me demanderait justement compte d'un mot indiscrètement échappé. Mais du soldat au colonel, au général exclusivement, quel imbécile homme de guerre a jamais eu la prétention qu'il dût pénétrer les secrets du cabinet, pour lesquels il fait la campagne ? C'est de cela seul qu'il s'agit dans la phrase de Figaro. Que ce fou-là se montre, s'il existe ; nous l'enverrons étudier sous le philosophe Babouc, lequel éclaircit disertement ce point de discipline militaire[2].

En raisonnant sur l'usage que l'homme fait de sa liberté dans les occasions difficiles, Figaro pouvait

---

1. *Le Mariage de Figaro* (V, 12).   **2.** Dans le conte de Voltaire *Le monde comme il va, vision de Babouc,* on lit : « Il n'y a guère que nos principaux satrapes qui savent bien précisément pourquoi on s'égorge » (*Romans et Contes,* bibl. de la Pléiade, Paris, 1979, pp. 30-40).

également opposer à sa situation tout état qui exige une obéissance implicite, et le cénobite zélé dont le devoir est de tout croire sans jamais rien examiner, comme le guerrier valeureux, dont la gloire est de tout affronter sur des ordres non motivés, *de tuer et se faire tuer pour des intérêts qu'il ignore*. Le mot de Figaro ne dit donc rien, sinon qu'un homme libre de ses actions doit agir sur[1] d'autres principes que ceux dont le devoir est d'obéir aveuglément.

Qu'aurait-ce été, bon Dieu ! si j'avais fait usage d'un mot qu'on attribue au grand Condé, et que j'entends louer à outrance par ces mêmes logiciens qui déraisonnent sur ma phrase ? À les croire, le grand Condé montra la plus noble présence d'esprit lorsque, arrêtant Louis XIV prêt à pousser son cheval dans le Rhin, il dit à ce monarque : *Sire, avez-vous besoin du bâton de maréchal*[2] ?

Heureusement on ne prouve nulle part que ce grand homme ait dit cette grande sottise. C'eût été dire au roi, devant toute son armée : « Vous moquez-vous donc, Sire, de vous exposer dans un fleuve ? Pour courir de pareils dangers, il faut avoir besoin d'avancement ou de fortune ! »

Ainsi l'homme le plus vaillant, le plus grand général du siècle aurait compté pour rien l'honneur, le patriotisme et la gloire ! Un misérable calcul d'intérêt eût été, selon lui, le seul principe de la bravoure ! Il eût dit là un affreux mot ! et si j'en avais pris le sens pour l'enfermer dans quelque trait, je mériterais le reproche qu'on fait gratuitement au mien.

Laissons donc les cerveaux fumeux louer ou blâmer au hasard, sans se rendre compte de rien ; s'extasier sur une sottise qui n'a pu jamais être dite, et proscrire un mot juste et simple, qui ne montre que du bon sens.

Un autre reproche assez fort, mais dont je n'ai pu

---

1. En se fondant sur. **2.** On ignore où Beaumarchais a pris ce mot, mais il est bien dans la manière d'un prince dont les contemporains redoutaient l'humeur impérieuse et brutale.

me laver, est d'avoir assigné pour retraite à la
Comtesse un certain couvent d'Ursulines [1]. *Ursulines !*
a dit un seigneur, joignant les mains avec éclat. *Ursulines !* a dit une dame, en se renversant de surprise sur
un jeune Anglais de sa loge. *Ursulines !* ah ! milord ! si
vous entendiez le français !... — Je sens, je sens beaucoup, madame, dit le jeune homme en rougissant.
— C'est qu'on n'a jamais mis au théâtre aucune
femme aux *Ursulines* ! Abbé, parlez-nous donc !
L'abbé (toujours appuyée sur l'Anglais), comment
trouvez-vous *Ursulines* ? — Fort indécent, répond
l'abbé, sans cesser de lorgner Suzanne. Et tout le beau
monde a répété : *Ursulines est fort indécent*. Pauvre
auteur ! on te croit jugé, quand chacun songe à son
affaire. En vain j'essayais d'établir que, dans l'événement de la scène, moins la Comtesse a dessein de se
cloîtrer, plus elle doit le feindre et faire croire à son
époux que sa retraite est bien choisie : ils ont proscrit
mes *Ursulines* !

Dans le plus fort de la rumeur, moi, bon homme,
j'avais été jusqu'à prier une des actrices [2] qui font le
charme de ma pièce de demander aux mécontents à
quel autre couvent de filles ils estimaient qu'il fût
décent que l'on fît entrer la Comtesse ? À moi, cela
m'était égal ; je l'aurais mise où l'on aurait voulu :
aux *Augustines* [3], aux *Célestines* [4], aux *Clairettes* [5], aux

---

1. *Le Mariage de Figaro* (II, 19). D'après quelques critiques, ce serait là un
couvent mal famé et qui servait de maison de rendez-vous. Les *Ursulines*,
placées sous la tutelle de sainte Ursule, sont des religieuses qui se consa-
crent à l'éducation des jeunes filles.   **2.** Beaumarchais a vanté à plusieurs reprises le charme et le talent des actrices qui créèrent sa pièce. On
peut voir les éloges qu'il décerne à Mlle Saint-Val et à Mlle Contat dans
la notice intitulée *Caractères et habillements de la pièce*.   **3.** Les *Augustines*,
dont on fait remonter l'institution à saint Augustin, ont pour mission la
garde des malades et le service des hôpitaux.   **4.** Les *Célestines* sont des
religieuses qui suivent la règle de saint Benoît.   **5.** Les *Clairettes* ou *Ber-
nardines* étaient des religieuses de l'ordre de Cîteaux. Elles avaient été insti-
tuées par sainte Hourbelle au XIIᵉ siècle. Elles s'occupaient de l'éducation
des jeunes filles. Leurs maisons de Port-Royal et du Faubourg Saint-
Antoine, à Paris, furent célèbres.

Visitandines[1], même aux *Petites Cordelières*[2], tant je tiens peu aux *Ursulines*. Mais on agit si durement !

Enfin, le bruit croissant toujours, pour arranger l'affaire avec douceur, j'ai laissé le mot *Ursulines* à la place où je l'avais mis : chacun alors content de soi, de tout l'esprit qu'il avait montré, s'est apaisé sur *Ursulines*, et l'on a parlé d'autre chose.

Je ne suis point, comme l'on voit, l'ennemi de mes ennemis. En disant bien du mal de moi, ils n'en ont point fait à ma pièce ; et s'ils sentaient seulement autant de joie à la déchirer que j'eus de plaisir à la faire, il n'y aurait personne d'affligé. Le malheur est qu'ils ne rient point ; et ils ne rient point à ma pièce, parce qu'on ne rit point à la leur. Je connais plusieurs amateurs qui sont même beaucoup maigris depuis le succès du *Mariage* : excusons donc l'effet de leur colère.

À des moralités d'ensemble et de détail, répandues dans les flots d'une inaltérable gaieté, à un dialogue assez vif, dont la facilité nous cache le travail, si l'auteur a joint une intrigue aisément filée, où l'art se dérobe sous l'art, qui se noue et se dénoue sans cesse, à travers une foule de situations comiques, de tableaux piquants et variés qui soutiennent, sans la fatiguer, l'attention du public pendant les trois heures et demie que dure le même spectacle (essai que nul homme de lettres n'avait encore osé tenter), que reste-t-il à faire à de pauvres méchants que tout cela irrite ? Attaquer, poursuivre l'auteur par des injures verbales, manuscrites, imprimées : c'est ce qu'on a fait sans relâche. Ils ont même épuisé jusqu'à la calomnie, pour tâcher de me perdre dans l'esprit de tout ce qui influe en France sur le repos d'un citoyen.

---

1. Les *Visitandines* ou *religieuses de la Visitation*, ordre fondé par saint François de Sales et par la baronne de Chantal en 1610, visitèrent d'abord les pauvres, puis devinrent des conventines claustrées, se consacrant à la prière et à l'éducation des jeunes filles. **2.** Les *Cordelières* étaient nommées ainsi parce qu'elles portaient à leur ceinture une corde avec plusieurs nœuds.

Heureusement que mon ouvrage est sous les yeux de la nation, qui depuis dix grands mois le voit, le juge et l'apprécie. Le laisser jouer tant qu'il fera plaisir est la seule vengeance que je me sois permise. Je n'écris point ceci pour les lecteurs actuels : le récit d'un mal trop connu touche peu ; mais dans quatre-vingts ans il portera son fruit. Les auteurs de ce temps-là compareront leur sort au nôtre, et nos enfants sauront à quel prix on pouvait amuser leurs pères.

Allons au fait ; ce n'est pas tout cela qui blesse. Le vrai motif qui se cache, et qui dans les replis du cœur produit tous les autres reproches, est renfermé dans ce quatrain :

> *Pourquoi ce Figaro qu'on va tant écouter*
> *Est-il avec fureur déchiré par les sots ?*
> *Recevoir, prendre et demander,*
> *Voilà le secret en trois mots* [1] *!*

En effet, Figaro, parlant du métier de courtisan, le définit dans ces termes sévères. Je ne puis le nier, je l'ai dit. Mais reviendrai-je sur ce point ? Si c'est un mal, le remède serait pire : il faudrait poser méthodiquement ce que je n'ai fait qu'indiquer ; revenir à montrer qu'il n'y a point de synonyme, en français, entre *l'homme de la Cour*, *l'homme de Cour*, et le *courtisan par métier*.

Il faudrait répéter [2] qu'*homme de la Cour* peint seulement un noble état ; qu'il s'entend de l'homme de qualité, vivant avec la noblesse et l'éclat que son rang lui impose ; que si cet *homme de la Cour* aime le bien par goût, sans intérêt, si, loin de jamais nuire à personne, il se fait estimer de ses maîtres, aimer de ses égaux et respecter des autres, alors cette acception reçoit un nouveau lustre ; et j'en connais plus d'un que je nommerais avec plaisir, s'il en était question.

---

1. Les deux derniers vers sont repris d'une réplique de Figaro (II, 2).
2. Avant Beaumarchais, Molière (*Les Femmes savantes*, IV, 3) et Boileau (*Épître VII*) avaient peint le « courtisan honnête homme ».

Il faudrait montrer qu'*homme de Cour*, en bon français, est moins l'énoncé d'un état que le résumé d'un
caractère adroit, liant, mais réservé ; pressant la main
de tout le monde en glissant chemin à travers ;
menant finement son intrigue avec l'air de toujours
servir ; ne se faisant point d'ennemis, mais donnant
près d'un fossé, dans l'occasion, de l'épaule au meilleur ami, pour assurer sa chute et le remplacer sur la
crête ; laissant à part tout préjugé qui pourrait ralentir
sa marche ; souriant à ce qui lui déplaît, et critiquant
ce qu'il approuve, selon les hommes qui l'écoutent ;
dans les liaisons utiles de sa femme ou de sa maîtresse, ne voyant que ce qu'il doit voir [1], enfin...

> *Prenant tout, pour le faire court,*
> *En véritable* homme de Cour.

> La Fontaine [2]

Cette acception n'est pas aussi défavorable que
celle du *courtisan par métier*, et c'est l'homme dont
parle Figaro.

Mais quand j'étendrais la définition de ce dernier ;
quand parcourant tous les possibles, je le montrerais
avec son maintien équivoque, haut et bas à la fois ;
rampant avec orgueil, ayant toutes les prétentions
sans en justifier une ; se donnant l'air du *protégement* [3]
pour se faire chef de parti ; dénigrant tous les concur-
rents qui balanceraient son crédit ; faisant un métier
lucratif de ce qui ne devrait qu'honorer ; vendant ses
maîtresses à son maître ; lui faisant payer ses plaisirs,
etc., etc., et quatre pages d'etc., il faudrait toujours
revenir au distique de Figaro : *Recevoir, prendre et
demander, Voilà le secret en trois mots.*

---

1. Cf. La Bruyère, *Les Caractères*, chap. II, VIII et IX.   **2.** Citation
imprécise du conte *Joconde* de La Fontaine, vv. 242-243.   **3.** Mot créé
par Beaumarchais, en 1778, dans un mémoire contre La Blache ; l'auteur
le préfère à « protection », utilisé normalement, qu'il a dû juger trop vague ;
« protection permanente exercée par le chef d'une coterie (politique ou
mondaine) sur ses fidèles ».

Pour ceux-ci, je n'en connais point ; il y en eut, dit-on, sous Henri III, sous d'autres rois encore ; mais c'est l'affaire de l'historien, et, quant à moi, je suis d'avis que les vicieux du siècle en sont comme les saints ; qu'il faut cent ans pour les canoniser. Mais puisque j'ai promis la critique de ma pièce, il faut enfin que je la donne.

En général son grand défaut est *que je ne l'ai point faite en observant le monde ; qu'elle ne peint rien de ce qui existe, et ne rappelle jamais l'image de la société où l'on vit ; que ses mœurs, basses et corrompues, n'ont pas même le mérite d'être vraies*[1]. Et c'est ce qu'on lisait dernièrement dans un beau discours imprimé, composé par un homme de bien, auquel il n'a manqué qu'un peu d'esprit pour être un écrivain médiocre. Mais médiocre ou non, moi qui ne fis jamais usage de cette allure oblique et torse avec laquelle un sbire, qui n'a pas l'air de vous regarder, vous donne du stylet au flanc, je suis de l'avis de celui-ci. Je conviens qu'à la vérité la génération passée ressemblait beaucoup à ma pièce ; que la génération future lui ressemblera beaucoup aussi ; mais que pour la génération présente, elle ne lui ressemble aucunement ; que je n'ai jamais rencontré ni mari suborneur, ni seigneur libertin, ni courtisan avide, ni juge ignorant ou passionné, ni avocat injuriant, ni gens médiocres avancés[2], ni traducteur bassement jaloux. Et que si des âmes pures, qui ne s'y reconnaissent point du tout, s'irritent contre ma pièce et la déchirent sans relâche, c'est uniquement par respect pour leurs grands-pères et sensibilité pour leurs petits-enfants. J'espère, après cette déclaration, qu'on me laissera bien tranquille : ET J'AI FINI.

---

1. Citation tirée du discours de Suard, censeur de la pièce, à l'Académie française (15 juin 1784), et qui témoigne de sa sévérité pour Beaumarchais. Par contre, Beaumarchais le définit « un écrivain médiocre ».
2. Poussés en avant, à des places que leur médiocrité devait leur interdire d'occuper.

CARACTÈRES ET HABILLEMENTS DE LA PIÈCE

Le Comte Almaviva doit être joué très noblement, mais avec grâce et liberté. La corruption du cœur ne doit rien ôter au *bon ton* de ses manières. Dans les mœurs *de ce temps-là*, les Grands traitaient en badinant toute entreprise sur les femmes. Ce rôle est d'autant plus pénible à bien rendre que le personnage est toujours sacrifié. Mais joué par un comédien excellent (M. Molé[1]), il a fait ressortir tous les rôles, et assuré le succès de la pièce.

Son vêtement du premier et second actes est un habit de chasse avec des bottines à mi-jambe de l'ancien costume espagnol. Du troisième acte jusqu'à la fin, un habit superbe de ce costume.

La Comtesse, agitée de deux sentiments contraires, ne doit montrer qu'une sensibilité réprimée, ou une colère très modérée ; rien surtout qui dégrade, aux yeux du spectateur, son caractère aimable et vertueux. Ce rôle, un des plus difficiles de la pièce, a fait infiniment d'honneur au grand talent de mademoiselle Saint-Val[2] cadette.

Son vêtement du premier, second et quatrième actes, est une lévite[3] commode et nul ornement sur la tête : elle est chez elle, et censée incommodée. Au cinquième acte, elle a l'habillement et la haute coiffure de Suzanne.

Figaro. L'on ne peut trop recommander à l'acteur qui jouera ce rôle de bien se pénétrer de son esprit,

---

1. François-René Molé (1734-1802), débuta à la Comédie-Française en 1754. Inimitable dans les rôles d'amoureux, de marquis et de petits-maîtres. Il joua aussi des rôles tragiques (*Hamlet* et *Roméo* de Ducis).
2. Mlle Marie-Blanche Saint-Val, cadette (1752-1836) tint avec succès à la Comédie-Française et au théâtre Montansier le rôle des jeunes princesses (Monime, Iphigénie, Zaïre). Elle créa la Comtesse Almaviva du *Mariage de Figaro* (1784).   **3.** Longue robe d'intérieur.

comme l'a fait M. Dazincourt[1]. S'il y voyait autre
chose que de la raison assaisonnée de gaieté et de sail-
lies, surtout s'il y mettait la moindre charge, il avilirait
un rôle que le premier comique du théâtre, M. Préville[2], a jugé devoir honorer le talent de tout comédien
qui saurait en saisir les nuances multipliées et pourrait
s'élever à son entière conception.

Son vêtement comme dans *Le Barbier de Séville*.

SUZANNE. Jeune personne adroite, spirituelle et
rieuse, mais non de cette gaieté presque effrontée de
nos soubrettes corruptrices ; son joli caractère est des-
siné dans la préface, et c'est là que l'actrice qui n'a
point vu mademoiselle Contat[3] doit l'étudier pour le
bien rendre.

Son vêtement des quatre premiers actes est un juste[4] blanc à basquines, très élégant, la jupe de même,
avec une toque, appelée depuis par nos marchandes
à la Suzanne. Dans la fête du quatrième acte, le
Comte lui pose sur la tête une toque à long voile, à
hautes plumes et à rubans blancs. Elle porte au cinquième acte la lévite de sa maîtresse, et nul ornement
sur la tête.

MARCELINE est une femme d'esprit, née un peu vive,
mais dont les fautes et l'expérience ont réformé le
caractère. Si l'actrice qui le joue s'élève avec une fierté
bien placée à la hauteur très morale qui suit la reconnaissance du troisième acte, elle ajoutera beaucoup à
l'intérêt de l'ouvrage.

---

1. Joseph Jean-Baptiste Albouy, dit Dazincourt (1747-1809), débuta à la
Comédie-Française, en 1776, dans le rôle de Crispin des *Folies amoureuses* et
créa Figaro dans *Le Mariage de Figaro*, en 1784. Emprisonné sous la Terreur,
il devint, sous Napoléon Ier, directeur des spectacles de la Cour.
2. Pierre-Louis Dubus, dit Préville (1721-1799). Grand ami de Beaumarchais, il avait créé le rôle de Figaro dans *Le Barbier*, en 1775, à la Comédie-
Française ; trop vieux, en 1784, pour jouer le même personnage (il avait
soixante-trois ans), il se contenta du rôle de Brid'oison.   **3.** Louise Contat
(1760-1813) excellait dans les rôles de grande coquette de Molière et de
Marivaux. Elle créa Suzanne du *Mariage de Figaro*.   **4.** Corsage très
étroit, ici à petites basques.

Son vêtement est celui des duègnes espagnoles, d'une couleur modeste, un bonnet noir sur la tête.

Antonio ne doit montrer qu'une demi-ivresse, qui se dissipe par degrés ; de sorte qu'au cinquième acte on ne s'en aperçoive presque plus. Son vêtement est celui d'un paysan espagnol, où les manches pendent par-derrière ; un chapeau et des souliers blancs.

Fanchette est une enfant de douze ans, très naïve. Son petit habit est un juste brun avec des ganses et des boutons d'argent, la jupe de couleur tranchante, et une toque noire à plumes sur la tête. Il sera celui des autres paysannes de la noce.

Chérubin. Ce rôle ne peut être joué, comme il l'a été, que par une jeune et très jolie femme ; nous n'avons point à nos théâtres de très jeune homme assez formé pour en bien sentir les finesses. Timide à l'excès devant la Comtesse, ailleurs un charmant polisson ; un désir inquiet et vague est le fond de son caractère. Il s'élance à la puberté, mais sans projet, sans connaissances, et tout entier à chaque événement ; enfin il est ce que toute mère, au fond du cœur, voudrait peut-être que fût son fils, quoiqu'elle dût beaucoup en souffrir.

Son riche vêtement, au premier et second actes, est celui d'un page de Cour espagnol, blanc et brodé d'argent ; le léger manteau bleu sur l'épaule, et un chapeau chargé de plumes. Au quatrième acte, il a le corset, la jupe et la toque des jeunes paysannes qui l'amènent. Au cinquième acte, un habit uniforme d'officier, une cocarde et une épée.

Bartholo. Le caractère et l'habit comme dans *Le Barbier*[1] *de Séville*, il n'est ici qu'un rôle secondaire.

---

1. « Habit noir, court, boutonné ; grande perruque ; fraise et manchettes relevées ; une ceinture noire ; et quand il veut sortir de chez lui, un long manteau écarlate » (cf. la Notice *Personnages* du *Barbier de Séville*).

BAZILE. Caractère et vêtement comme dans *Le Barbier*[1] *de Séville*, il n'est aussi qu'un rôle secondaire.

BRID'OISON doit avoir cette bonne et franche assurance des bêtes qui n'ont plus leur timidité. Son bégaiement n'est qu'une grâce de plus, qui doit être à peine sentie ; et l'acteur se tromperait lourdement et jouerait à contre-sens, s'il y cherchait le plaisant de son rôle. Il est tout entier dans l'opposition de la gravité de son état au ridicule du caractère ; et moins l'acteur le chargera, plus il montrera de vrai talent.

Son habit est une robe de juge espagnol moins ample que celle de nos procureurs, presque une soutane ; une grosse perruque, une gonille ou rabat espagnol au cou, et une longue baguette blanche à la main.

DOUBLE-MAIN. Vêtu comme le juge ; mais la baguette blanche plus courte.

L'HUISSIER ou ALGUAZIL. Habit, manteau, épée de Crispin, mais portée à son côté sans ceinture de cuir. Point de bottines, une chaussure noire, une perruque blanche naissante[2] et longue, à mille boucles, une courte baguette blanche.

GRIPE-SOLEIL. Habit de paysan, les manches pendantes, veste de couleur tranchée, chapeau blanc.

UNE JEUNE BERGÈRE. Son vêtement comme celui de Fanchette.

PÉDRILLE. En veste, gilet, ceinture, fouet, et bottes de poste, une résille sur la tête, chapeau de courrier.

PERSONNAGES MUETS, les uns en habits de juges, d'autres en habits de paysans, les autres en habits de livrée.

---

1. « Chapeau noir rabattu, soutanelle et long manteau, sans fraise ni manchettes » (cf. la Notice *Personnages* du *Barbier de Séville*).   2. « Perruque qui imite les cheveux naissants » (Acad. 1798).

LE MARIAGE DE FIGARO

Comédie

Personnages

LE COMTE ALMAVIVA, *grand corrégidor*[1] *d'Andalousie*

LA COMTESSE, *sa femme*

FIGARO, *valet de chambre du Comte et concierge*[2] *du château*

SUZANNE, *première camariste de la Comtesse et fiancée de Figaro*

MARCELINE, *femme de charge*

ANTONIO, *jardinier du château, oncle de Suzanne et père de Fanchette*

FANCHETTE, *fille d'Antonio*

CHÉRUBIN, *premier page du Comte*

BARTHOLO, *médecin de Séville*

BAZILE, *maître de clavecin de la Comtesse*

DON GUSMAN BRID'OISON[3], *lieutenant du siège*[4]

DOUBLE-MAIN, *greffier, secrétaire de don Gusman*

UN HUISSIER AUDIENCIER

GRIPE-SOLEIL, *jeune patoureau*

UNE JEUNE BERGÈRE

PÉDRILLE, *piqueur du Comte*

---

1. D'après le *Sacristain*, le *contador mayor* (scène 2) ou *corregidor* est le « chef de justice » (voir variantes, dans *Théâtre de Beaumarchais*, par J.-P. de Beaumarchais, Paris, Garnier, 1980, p. 455) : *grand corregidor* se traduisant par « grand juge », terme utilisé par Marceline (III, 15), indique les fonctions officielles d'Almaviva, qui sont exclusivement judiciaires. 2. Indique l'intendant du château ; Figaro est, d'ailleurs aussi, l'homme d'affaires du Comte. 3. Nom qui rappelle celui du conseiller Goëzman de l'« Affaire » (1773-1774) et celui de l'Arlequin Brid'oison de la parade de Beaumarchais, *Les Bottes de sept lieues* (sc. 2) : GILLES, [...] Vous êtes donc le fils de la mère Bridoie ? ARLEQUIN, Tout juste, et c'est ce qui fait que je m'appelle Bridoison. 4. Indique le lieu où l'on rendait la justice dans les juridictions subalternes. Ici, Brid'oison est chargé d'assister le Comte.

Personnages muets

Troupe de valets
Troupe de paysannes
Troupe de paysans

La scène est au château d'Aguas-Frescas, à trois lieues de Séville.

PLACEMENT DES ACTEURS

Pour faciliter les jeux du théâtre, on a eu l'attention d'écrire au commencement de chaque scène le nom des personnages dans l'ordre où le spectateur les voit. S'ils font quelque mouvement grave dans la scène, il est désigné par un nouvel ordre de noms, écrit en marge[1] à l'instant qu'il arrive. Il est important de conserver les bonnes positions théâtrales ; le relâchement dans la tradition donnée par les premiers acteurs en produit bientôt un total dans le jeu des pièces, qui finit par assimiler les troupes négligentes aux plus faibles comédiens de société.

---

1. En note, au bas des pages, dans notre édition.

ACTE I

Le théâtre représente une chambre à demi démeublée ;
un grand fauteuil de malade[1] est au milieu. Figaro,
avec une toise, mesure le plancher. Suzanne attache
à sa tête, devant une glace, le petit bouquet de fleurs
d'orange[2], appelé chapeau de la mariée.

Scène 1

FIGARO, SUZANNE

FIGARO. Dix-neuf pieds sur vingt-six[3].

SUZANNE. Tiens, Figaro, voilà mon petit chapeau ; le trouves-tu mieux ainsi ?

FIGARO *lui prend les mains.* Sans comparaison, ma charmante. Oh ! que ce joli bouquet virginal, élevé[4] sur la tête d'une belle fille, est doux, le matin des noces, à l'œil amoureux d'un époux !...

SUZANNE *se retire.* Que mesures-tu donc là, mon fils ?

FIGARO. Je regarde, ma petite Suzanne, si ce beau lit que Monseigneur nous donne aura bonne grâce ici.

SUZANNE. Dans cette chambre ?

FIGARO. Il nous la cède.

SUZANNE. Et moi, je n'en veux point.

FIGARO. Pourquoi ?

SUZANNE. Je n'en veux point.

FIGARO. Mais encore ?

SUZANNE. Elle me déplaît.

---

1. Objet incongru dans une chambre nuptiale ; à la fois fonctionnel, car il offre deux cachettes simultanées, et symbolique, car il tient lieu du « beau lit » promis par le Comte ; dans ce fauteuil se blottira Chérubin, sous une « robe de femme ». **2.** Oranger. **3.** Soit au total à peu près 6,50 m, sur 8,50 m. **4.** Dressé.

FIGARO. On dit une raison.

SUZANNE. Si je n'en veux pas dire ?

FIGARO. Oh ! quand elles sont sûres de nous !

SUZANNE. Prouver que j'ai raison serait accorder que je puis avoir tort. Es-tu mon serviteur, ou non ?

FIGARO. Tu prends de l'humeur contre la chambre du château la plus commode, et qui tient le milieu des deux appartements. La nuit, si Madame est incommodée, elle sonnera de son côté ; zeste, en deux pas tu es chez elle. Monseigneur veut-il quelque chose ? il n'a qu'à tinter du sien ; crac, en trois sauts me voilà rendu.

SUZANNE. Fort bien ! Mais quand il aura *tinté* le matin, pour te donner quelque bonne et longue commission, zeste, en deux pas, il est à ma porte, et crac, en trois sauts...

FIGARO. Qu'entendez-vous par ces paroles ?

SUZANNE. Il faudrait m'écouter tranquillement.

FIGARO. Eh, qu'est-ce qu'il y a ? bon Dieu !

SUZANNE. Il y a, mon ami, que, las de courtiser les beautés des environs, monsieur le comte Almaviva veut rentrer au château, mais non pas chez sa femme ; c'est sur la tienne, entends-tu, qu'il a jeté ses vues, auxquelles il espère que ce logement ne nuira pas. Et c'est ce que le loyal Bazile, honnête agent de ses plaisirs, et mon noble maître à chanter, me répète chaque jour, en me donnant leçon.

FIGARO. Bazile ! ô mon mignon, si jamais volée de bois vert appliquée sur une échine, a dûment redressé la moelle épinière à quelqu'un...

SUZANNE. Tu croyais, bon garçon, que cette dot qu'on me donne était pour les beaux yeux de ton mérite ?

FIGARO. J'avais assez fait pour l'espérer [1].

---

1. Au temps du *Barbier de Séville* ; allusion aux manœuvres de Figaro pour assurer le mariage du Comte.

SUZANNE. Que les gens d'esprit sont bêtes [1] !

FIGARO. On le dit.

SUZANNE. Mais c'est qu'on ne veut pas le croire.

FIGARO. On a tort.

SUZANNE. Apprends qu'il la destine à obtenir de moi secrètement certain quart d'heure, seul à seule, qu'un ancien droit du seigneur [2]... Tu sais s'il était triste [3].

FIGARO. Je le sais tellement, que si monsieur le Comte, en se mariant, n'eût pas aboli ce droit honteux, jamais je ne t'eusse épousée dans ses domaines.

SUZANNE. Eh bien, s'il l'a détruit, il s'en repent ; et c'est de ta fiancée qu'il veut le racheter en secret aujourd'hui.

FIGARO, *se frottant la tête*. Ma tête s'amollit de surprise, et mon front fertilisé...

SUZANNE. Ne le frotte donc pas !

FIGARO. Quel danger ?

SUZANNE, *riant*. S'il y venait un petit bouton, des gens superstitieux...

FIGARO. Tu ris, friponne ! Ah ! s'il y avait moyen d'attraper ce grand trompeur, de le faire donner dans un bon piège, et d'empocher son or !

SUZANNE. De l'intrigue et de l'argent, te voilà dans ta sphère.

FIGARO. Ce n'est pas la honte qui me retient.

SUZANNE. La crainte ?

FIGARO. Ce n'est rien d'entreprendre une chose dangereuse, mais d'échapper au péril en la menant à bien : car d'entrer chez quelqu'un la nuit, de lui souffler sa femme, et d'y recevoir cent coups de fouet pour la

---

1. Le mot est à la mode : « Mon Dieu, que ces gens d'esprit sont bêtes » (C. de Laclos, *Les Liaisons dangereuses*, 1782, Lettre XXXVIII).
2. Deux comédies ont pour titre *Le Droit du Seigneur*, l'une de Voltaire (1762), l'autre de Desfontaines de la Vallée (1783), cinquième censeur du *Mariage*.   3. Gêneur ; ailleurs (I, 8) l'auteur le définit « affreux », et plus loin (I, 1), « fâcheux » ; ce droit, appelé aussi « droit du cuissage » (*jus primae noctis*), accordait au seigneur la possibilité de précéder un serf auprès de sa future épouse.

peine, il n'est rien plus aisé ; mille sots coquins l'ont fait. Mais...

On sonne de l'intérieur.

SUZANNE. Voilà Madame éveillée ; elle m'a bien recommandé d'être la première à lui parler le matin de mes noces.

FIGARO. Y a-t-il encore quelque chose là-dessous ?

SUZANNE. Le berger dit que cela porte bonheur aux épouses délaissées. Adieu, mon petit fi, fi, Figaro ; rêve à notre affaire.

FIGARO. Pour m'ouvrir l'esprit, donne un petit baiser.

SUZANNE. À mon amant [1] aujourd'hui ? Je t'en souhaite [2] ! Et qu'en dirait demain mon mari ?

Figaro l'embrasse.

SUZANNE. Eh bien ! Eh bien !

FIGARO. C'est que tu n'as pas d'idée de mon amour.

SUZANNE, *se défripant*. Quand cesserez-vous, importun, de m'en parler du matin au soir ?

FIGARO, *mystérieusement*. Quand je pourrai te le prouver du soir jusqu'au matin.

On sonne une seconde fois.

SUZANNE, *de loin, les doigts unis sur sa bouche*. Voilà votre baiser, monsieur ; je n'ai plus rien à vous.

FIGARO *court après elle*. Oh ! mais ce n'est pas ainsi que vous l'avez reçu...

Scène 2

FIGARO, *seul.*

La charmante fille ! toujours riante, verdissante, pleine de gaieté, d'esprit, d'amour et de délices ! mais sage ! (*Il marche vivement en se frottant les mains.*) Ah ! Monseigneur ! mon cher Monseigneur ! vous voulez

---

1. À l'époque, signifiait celui qui m'aime, mon fiancé. 2. Exclamation qui signifie « rien à faire ! »

m'en donner... à garder[1] ! Je cherchais aussi pourquoi
m'ayant nommé concierge, il m'emmène à son ambassade, et m'établit courrier de dépêches. J'entends,
monsieur le Comte ; trois promotions à la fois : vous,
compagnon ministre ; moi, casse-cou politique[2], et
Suzon, dame du lieu, l'ambassadrice de poche, et puis,
fouette courrier ! Pendant que je galoperais d'un côté,
vous feriez faire de l'autre à ma belle un joli chemin !
Me crottant, m'échinant pour la gloire de votre famille ; vous, daignant concourir à l'accroissement de la
mienne ! Quelle douce réciprocité ! Mais, Monseigneur, il y a de l'abus. Faire à Londres, en même
temps, les affaires de votre maître et celles de votre
valet ! représenter à la fois le Roi et moi dans une Cour
étrangère, c'est trop de moitié, c'est trop. — Pour toi,
Bazile ! fripon, mon cadet ! je veux t'apprendre à clocher devant les boiteux[3] ; je veux... Non, dissimulons
avec eux, pour les enferrer l'un par l'autre. Attention
sur la journée, monsieur Figaro ! D'abord avancer
l'heure de votre petite fête[4], pour épouser plus sûrement ; écarter une Marceline qui de vous est friande en
diable ; empocher l'or et les présents ; donner le change[5] aux petites passions de monsieur le Comte ; étriller
rondement monsieur du Bazile[6], et...

Scène 3

MARCELINE, BARTHOLO, FIGARO

FIGARO, *s'interrompt.* Héééé, voilà le gros docteur : la fête
    sera complète. Eh ! bonjour, cher docteur de mon

---

1. Me duper. Mais les points de suspension indiquent que Figaro donne
au début de l'expression un tout autre sens.   2. En tant que courrier de
dépêches du Comte, ambassadeur à Londres.   3. Expression proverbiale glosée par Beaumarchais dans ses *Notes et Réflexions* : « J'ai exercé la
méchanceté avant vous et vous ne gagnerez rien de vous jouer à votre maître » (cf. édition publiée par G. Bauër, Paris, Hachette, 1961,
p. 174).   4. Cf. acte I, scène 10 et acte II, scène 20.   5. Lancer sur
une fausse piste.   6. « Monsieur du Corbeau », avait dit le renard de la
fable.

cœur ! Est-ce ma noce avec Suzon qui vous attire au château ?

BARTHOLO, *avec dédain.* Ah ! mon cher monsieur, point du tout !

FIGARO. Cela serait bien généreux !

BARTHOLO. Certainement, et par trop sot.

FIGARO. Moi qui eus le malheur de troubler la vôtre[1] !

BARTHOLO. Avez-vous autre chose à nous dire ?

FIGARO. On n'aura pas pris soin de votre mule[2].

BARTHOLO, *en colère.* Bavard enragé ! laissez-nous !

FIGARO. Vous vous fâchez, docteur ? Les gens de votre état sont bien durs ! Pas plus de pitié des pauvres animaux... en vérité... que si c'étaient des hommes ! Adieu, Marceline : avez-vous toujours envie de plaider contre moi ?

Pour n'aimer pas, faut-il qu'on se haïsse[3] ?

Je m'en rapporte au docteur.

BARTHOLO. Qu'est-ce que c'est ?

FIGARO. Elle vous le contera de reste.

Il sort.

Scène 4

MARCELINE, BARTHOLO

BARTHOLO *le regarde aller.* Ce drôle est toujours le même ! Et à moins qu'on ne l'écorche vif, je prédis qu'il mourra dans la peau du plus fier insolent...

MARCELINE *le retourne[4].* Enfin, vous voilà donc, éternel docteur ! toujours si grave et compassé qu'on pour-

---

1. Votre fête de mariage ; dans le *Barbier*, où Bartholo espérait épouser Rosine.　2. *Le Barbier de Séville* (II, 4) ; Figaro mettait un cataplasme sur les yeux de la pauvre bête.　3. Vers tirés de *Nanine* de Voltaire (1749), III, 6.　4. Faut-il entendre : « se tourne vers lui », ou plutôt « le contourne », ou encore « l'examine à fond » ?

rait mourir en attendant vos secours, comme on
s'est marié jadis, malgré vos précautions[1].

BARTHOLO. Toujours amère et provocante ! Eh bien,
qui[2] rend donc ma présence au château si nécessaire ? Monsieur le Comte a-t-il eu quelque accident ?

MARCELINE. Non, docteur.

BARTHOLO. La Rosine, sa trompeuse Comtesse, est-
elle incommodée, Dieu merci ?

MARCELINE. Elle languit.

BARTHOLO. Et de quoi ?

MARCELINE. Son mari la néglige.

BARTHOLO, *avec joie.* Ah ! le digne époux qui me
venge !

MARCELINE. On ne sait comment définir le Comte ; il
est jaloux et libertin.

BARTHOLO. Libertin par ennui, jaloux par vanité ; cela
va sans dire.

MARCELINE. Aujourd'hui, par exemple, il marie notre
Suzanne à son Figaro, qu'il comble en faveur de
cette union...

BARTHOLO. Que Son Excellence a rendue nécessaire !

MARCELINE. Pas tout à fait ; mais dont Son Excellence
voudrait égayer en secret l'événement avec
l'épousée...

BARTHOLO. De monsieur Figaro ? C'est un marché
qu'on peut conclure avec lui.

MARCELINE. Bazile assure que non.

BARTHOLO. Cet autre maraud loge ici ? C'est une
caverne ! Eh ! qu'y fait-il ?

MARCELINE. Tout le mal dont il est capable. Mais le
pis que j'y trouve est cette ennuyeuse passion qu'il
a pour moi depuis si longtemps.

BARTHOLO. Je me serais débarrassé vingt fois de sa
poursuite.

MARCELINE. De quelle manière ?

BARTHOLO. En l'épousant.

---

1. Le sous-titre du *Barbier* est, en effet, *La Précaution inutile*.
2. Qu'est-ce qui...

MARCELINE. Railleur fade et cruel, que ne vous débar-
rassez-vous de la mienne à ce prix ? Ne le devez-vous
pas ? Où est le souvenir de vos engagements ? Qu'est
devenu celui de notre petit Emmanuel [1], ce fruit d'un
amour oublié, qui devait nous conduire à des noces ?

BARTHOLO, *ôtant son chapeau.* Est-ce pour écouter ces
sornettes que vous m'avez fait venir de Séville ? Et
cet accès d'hymen qui vous reprend si vif...

MARCELINE. Eh bien ! n'en parlons plus. Mais, si rien
n'a pu vous porter à la justice de m'épouser, aidez-
moi donc du moins à en épouser un autre.

BARTHOLO. Ah ! volontiers : parlons. Mais quel mortel
abandonné du ciel et des femmes ?...

MARCELINE. Eh ! qui pourrait-ce être, docteur, sinon
le beau, le gai, l'aimable Figaro ?

BARTHOLO. Ce fripon-là ?

MARCELINE. Jamais fâché, toujours en belle humeur ;
donnant le présent à la joie, et s'inquiétant de l'avenir tout aussi peu que du passé ; sémillant, généreux ! généreux...

BARTHOLO. Comme un voleur.

MARCELINE. Comme un seigneur. Charmant enfin :
mais c'est le plus grand monstre !

BARTHOLO. Et sa Suzanne ?

MARCELINE. Elle ne l'aurait pas, la rusée, si vous vouliez m'aider, mon petit docteur, à faire valoir un
engagement que j'ai de lui.

BARTHOLO. Le jour de son mariage ?

MARCELINE. On en rompt de plus avancés : et, si je ne
craignais d'éventer un petit secret des femmes !...

BARTHOLO. En ont-elles pour le médecin du corps ?

MARCELINE. Ah ! vous savez que je n'en ai pas pour
vous. Mon sexe est ardent, mais timide : un certain
charme a beau nous attirer vers le plaisir, la femme
la plus aventurée [2] sent en elle une voix qui lui dit :
Sois belle, si tu peux, sage si tu veux ; mais sois considérée, il le faut. Or, puisqu'il faut être au moins

---

1. Cf. acte III, scène 16.   **2.** Tentée par les aventures.

considérée, que toute femme en sent l'importance, effrayons d'abord la Suzanne sur la divulgation des offres qu'on lui fait.

BARTHOLO. Où cela mènera-t-il ?

MARCELINE. Que, la honte la prenant au collet, elle continuera de refuser le Comte, lequel, pour se venger, appuiera l'opposition que j'ai faite à son mariage : alors le mien devient certain.

BARTHOLO. Elle a raison. Parbleu ! c'est un bon tour que de faire épouser ma vieille gouvernante au coquin qui fit enlever ma jeune maîtresse[1].

MARCELINE, *vite*. Et qui croit ajouter à ses plaisirs en trompant mes espérances.

BARTHOLO, *vite*. Et qui m'a volé dans le temps[2] cent écus que j'ai sur le cœur.

MARCELINE. Ah ! quelle volupté !...

BARTHOLO. De punir un scélérat...

MARCELINE. De l'épouser, docteur, de l'épouser !

Scène 5

MARCELINE, BARTHOLO, SUZANNE

SUZANNE, *un bonnet de femme de chambre avec un large ruban[3] dans la main, une robe de femme sur le bras*. L'épouser, l'épouser ! Qui donc ? Mon Figaro ?

MARCELINE, *aigrement*. Pourquoi non ? Vous l'épousez bien !

BARTHOLO, *riant*. Le bon argument de femme en colère ! Nous parlions, belle Suzon, du bonheur qu'il aura de vous posséder.

MARCELINE. Sans compter Monseigneur, dont on ne parle pas.

---

1. « Maîtresse » est utilisé au sens classique de « femme aimée » ; la « jeune maîtresse » de Bartholo était Rosine, devenue la Comtesse Almaviva grâce aussi à l'intervention de Figaro en faveur du Comte (cf. *Le Barbier de Séville*).
2. Cf. *Le Barbier de Séville*, IV, 8.   3. Il sera intéressant de suivre jusqu'à la dernière scène de la pièce le « parcours » de ce ruban.

SUZANNE, *une révérence*. Votre servante, madame ; il y a toujours quelque chose d'amer dans vos propos.

MARCELINE, *une révérence*. Bien la vôtre, madame ; où donc est l'amertume ? N'est-il pas juste qu'un libéral seigneur partage un peu la joie qu'il procure à ses gens ?

SUZANNE. Qu'il procure ?

MARCELINE. Oui, madame.

SUZANNE. Heureusement, la jalousie de Madame est aussi connue que ses droits sur Figaro sont légers.

MARCELINE. On eût pu les rendre plus forts en les cimentant à la façon de Madame.

SUZANNE. Oh ! cette façon, madame, est celle des dames savantes.

MARCELINE. Et l'enfant ne l'est pas du tout ! Innocente comme un vieux juge !

BARTHOLO, *attirant Marceline*. Adieu, jolie fiancée de notre Figaro.

MARCELINE, *une révérence*. L'accordée secrète de Monseigneur.

SUZANNE, *une révérence*. Qui vous estime beaucoup, madame.

MARCELINE, *une révérence*. Me fera-t-elle aussi l'honneur de me chérir un peu, madame ?

SUZANNE, *une révérence*. À cet égard, Madame n'a rien à désirer.

MARCELINE, *une révérence*. C'est une si jolie personne que Madame !

SUZANNE, *une révérence*. Eh mais ! assez pour désoler madame.

MARCELINE, *une révérence*. Surtout bien respectable !

SUZANNE, *une révérence*. C'est aux duègnes à l'être.

MARCELINE, *outrée*. Aux duègnes ! aux duègnes !

BARTHOLO, *l'arrêtant*. Marceline !

MARCELINE. Allons, docteur, car je n'y tiendrais pas. Bonjour, madame.

Une révérence.

Scène 6

SUZANNE, *seule*.

Allez, madame ! allez, pédante ! je crains aussi peu
vos efforts que je méprise vos outrages. — Voyez cette
vieille sibylle[1] ! parce qu'elle a fait quelques études
et tourmente la jeunesse de Madame, elle veut tout
dominer au château ! *(Elle jette la robe qu'elle tient sur
une chaise.)* Je ne sais plus ce que je venais prendre.

Scène 7

SUZANNE, CHÉRUBIN

CHÉRUBIN, *accourant*. Ah ! Suzon, depuis deux heures
  j'épie le moment de te trouver seule. Hélas ! tu te
  maries, et moi je vais partir.
SUZANNE. Comment mon mariage éloigne-t-il du château le premier page de Monseigneur ?
CHÉRUBIN, *piteusement*. Suzanne, il me renvoie.
SUZANNE *le contrefait*. Chérubin, quelle sottise !
CHÉRUBIN. Il m'a trouvé hier au soir chez ta cousine
  Fanchette, à qui je faisais répéter son petit rôle
  d'innocente, pour la fête de ce soir : il s'est mis
  dans une fureur en me voyant ! — *Sortez*, m'a-t-il
  dit, *petit...* Je n'ose pas prononcer devant une
  femme le gros mot qu'il a dit : *sortez, et demain vous
  ne coucherez pas au château.* Si Madame, si ma belle
  marraine ne parvient pas à l'apaiser, c'est fait,
  Suzon, je suis à jamais privé du bonheur de te voir.
SUZANNE. De me voir ! moi ? c'est mon tour ! Ce n'est
  donc plus pour ma maîtresse que vous soupirez en
  secret ?
CHÉRUBIN. Ah ! Suzon, qu'elle est noble et belle ! mais
  qu'elle est imposante !
SUZANNE. C'est-à-dire que je ne le suis pas, et qu'on
  peut oser avec moi.

---

1. La sibylle est une devineresse ; « vieille sibylle », d'après le Dictionnaire
de l'Académie de 1762, désigne « figurément et familièrement... une fille
âgée qui fait parade d'esprit et de science ».

CHÉRUBIN. Tu sais trop bien, méchante, que je n'ose pas oser. Mais que tu es heureuse ! à tous moments la voir, lui parler, l'habiller le matin et la déshabiller le soir, épingle à épingle !... Ah ! Suzon ! je donnerais... Qu'est-ce que tu tiens donc là ?

SUZANNE, *raillant*. Hélas ! l'heureux bonnet et le fortuné ruban qui renferment la nuit les cheveux de cette belle marraine...

CHÉRUBIN, *vivement*. Son ruban de nuit ! donne-le-moi, mon cœur.

SUZANNE, *le retirant*. Eh ! que non pas ! — *Son cœur !* Comme il est familier donc ! Si ce n'était pas un morveux sans conséquence... *(Chérubin arrache le ruban.)* Ah ! le ruban !

CHÉRUBIN *tourne autour du grand fauteuil*. Tu diras qu'il est égaré, gâté, qu'il est perdu. Tu diras tout ce que tu voudras.

SUZANNE *tourne après lui*. Oh ! dans trois ou quatre ans, je prédis que vous serez le plus grand petit vaurien !... Rendez-vous le ruban ?

Elle veut le reprendre.

CHÉRUBIN *tire une romance de sa poche*. Laisse, ah ! laisse-le-moi, Suzon ; je te donnerai ma romance ; et pendant que le souvenir de ta belle maîtresse attristera tous mes moments, le tien y versera le seul rayon de joie qui puisse encore amuser mon cœur.

SUZANNE *arrache la romance*. Amuser votre cœur, petit scélérat ! vous croyez parler à votre Fanchette. On vous surprend chez elle, et vous soupirez pour Madame ; et vous m'en contez à moi, par-dessus le marché !

CHÉRUBIN, *exalté*. Cela est vrai, d'honneur ! Je ne sais plus ce que je suis ; mais depuis quelque temps je sens ma poitrine agitée ; mon cœur palpite au seul aspect d'une femme ; les mots *amour* et *volupté* le font tressaillir et le troublent. Enfin le besoin de dire à quelqu'un *Je vous aime*, est devenu pour moi si pressant, que je le dis tout seul, en courant dans

le parc, à ta maîtresse, à toi, aux arbres, aux nuages,
au vent qui les emporte avec mes paroles perdues.
— Hier je rencontrai Marceline...

SUZANNE, *riant.* Ah ! ah ! ah ! ah !

CHÉRUBIN. Pourquoi non ? elle est femme, elle est
fille ! Une fille ! une femme ! ah ! que ces noms sont
doux ! qu'ils sont intéressants [1] !

SUZANNE. Il devient fou.

CHÉRUBIN. Fanchette est douce ; elle m'écoute au
moins ; tu ne l'es pas, toi !

SUZANNE. C'est bien dommage ; écoutez donc Monsieur !

Elle veut arracher le ruban.

CHÉRUBIN *tourne en fuyant.* Ah ! ouiche ! on ne l'aura,
vois-tu, qu'avec ma vie. Mais si tu n'es pas contente
du prix, j'y joindrai mille baisers.

Il lui donne chasse à son tour.

SUZANNE *tourne en fuyant.* Mille soufflets, si vous appro-
chez. Je vais m'en plaindre à ma maîtresse ; et loin de
supplier pour vous, je dirai moi-même à Monseigneur : C'est bien fait, Monseigneur ; chassez-nous
ce petit voleur ; renvoyez à ses parents un petit mauvais sujet qui se donne les airs d'aimer Madame, et
qui veut toujours m'embrasser par contrecoup.

CHÉRUBIN *voit le Comte entrer : il se jette derrière le fauteuil avec effroi.* Je suis perdu !

SUZANNE. Quelle frayeur ?...

Scène 8

SUZANNE, LE COMTE, CHÉRUBIN, *caché.*

SUZANNE *aperçoit le Comte.* Ah !...

Elle s'approche du fauteuil pour masquer Chérubin.

---

1. Souvent au XVIIIe siècle et ici, « émouvants », « excitants », qui excitent
l'intérêt amoureux, le désir (terme du vocabulaire amoureux classique).

Le Comte *s'avance*. Tu es émue, Suzon ! tu parlais seule, et ton petit cœur paraît dans une agitation... bien pardonnable, au reste, un jour comme celui-ci.

Suzanne, *troublée*. Monseigneur, que me voulez-vous ? Si l'on vous trouvait avec moi...

Le Comte. Je serais désolé qu'on m'y surprît ; mais tu sais tout l'intérêt que je prends à toi. Bazile ne t'a pas laissé ignorer mon amour. Je n'ai rien qu'un instant pour t'expliquer mes vues ; écoute.

Il s'assied dans le fauteuil.

Suzanne, *vivement*. Je n'écoute rien.

Le Comte *lui prend la main*. Un seul mot. Tu sais que le Roi m'a nommé son ambassadeur à Londres. J'emmène avec moi Figaro ; je lui donne un excellent poste ; et, comme le devoir d'une femme est de suivre son mari...

Suzanne. Ah ! si j'osais parler !

Le Comte *la rapproche de lui*. Parle, parle, ma chère ; use aujourd'hui d'un droit que tu prends sur moi pour la vie.

Suzanne, *effrayée*. Je n'en veux point, Monseigneur, je n'en veux point. Quittez-moi, je vous prie.

Le Comte. Mais dis auparavant.

Suzanne, *en colère*. Je ne sais plus ce que je disais.

Le Comte. Sur le devoir des femmes.

Suzanne. . Eh bien ! lorsque Monseigneur enleva la sienne de chez le docteur, et qu'il l'épousa par amour ; lorsqu'il abolit pour elle un certain affreux droit du seigneur...

Le Comte, *gaiement*. Qui faisait bien de la peine aux filles ! Ah ! Suzette ! ce droit charmant ! Si tu venais en jaser sur la brune [1] au jardin, je mettrais un tel prix à cette légère faveur...

Bazile *parle en dehors*. Il n'est pas chez lui, Monseigneur.

---

1. Au crépuscule, d'après le sens ancien « sombre ».

Le Comte *se lève*. Quelle est cette voix ?

Suzanne. Que je suis malheureuse !

Le Comte. Sors, pour qu'on n'entre pas.

Suzanne, *troublée*. Que je vous laisse ici ?

Bazile *crie en dehors*. Monseigneur était chez Madame, il en est sorti ; je vais voir.

Le Comte. Et pas un lieu pour se cacher ! Ah ! derrière ce fauteuil... assez mal ; mais renvoie-le bien vite.

Suzanne lui barre le chemin ; il la pousse doucement, elle recule, et se met ainsi entre lui et le petit page ; mais, pendant que le Comte s'abaisse et prend sa place, Chérubin tourne et se jette effrayé sur le fauteuil à genoux et s'y blottit. Suzanne prend la robe qu'elle apportait, en couvre le page, et se met devant le fauteuil.

Scène 9

Le Comte *et* Chérubin *cachés*, Suzanne, Bazile

Bazile. N'auriez-vous pas vu Monseigneur, mademoiselle ?

Suzanne, *brusquement*. Eh ! pourquoi l'aurais-je vu ? Laissez-moi.

Bazile *s'approche*. Si vous étiez plus raisonnable, il n'y aurait rien d'étonnant à ma question. C'est Figaro qui le cherche.

Suzanne. Il cherche donc l'homme qui lui veut le plus de mal après vous ?

Le Comte, *à part*. Voyons un peu comme il me sert.

Bazile. Désirer du bien à une femme, est-ce vouloir du mal à son mari ?

Suzanne. Non, dans vos affreux principes, agent de corruption !

Bazile. Que vous demande-t-on ici que vous n'alliez prodiguer à un autre ? Grâce à la douce cérémonie, ce qu'on vous défendait hier, on vous le prescrira demain.

Suzanne. Indigne !

BAZILE. De toutes les choses sérieuses le mariage étant la plus bouffonne, j'avais pensé...

SUZANNE, *outrée*. Des horreurs ! Qui vous permet d'entrer ici ?

BAZILE. Là, là, mauvaise ! Dieu vous apaise ! Il n'en sera que ce que vous voulez : mais ne croyez pas non plus que je regarde monsieur Figaro comme l'obstacle qui nuit à Monseigneur ; et sans le petit page...

SUZANNE, *timidement*. Don Chérubin ?

BAZILE *la contrefait*. *Cherubino di amore*, qui tourne autour de vous sans cesse, et qui ce matin encore rôdait ici pour y entrer, quand je vous ai quittée. Dites que cela n'est pas vrai !

SUZANNE. Quelle imposture ! Allez-vous-en, méchant homme !

BAZILE. On est un méchant homme, parce qu'on y voit clair. N'est-ce pas pour vous aussi, cette romance dont il fait mystère ?

SUZANNE, *en colère*. Ah ! oui, pour moi !...

BAZILE. À moins qu'il ne l'ait composée pour Madame ! En effet, quand il sert à table, on dit qu'il la regarde avec des yeux !... Mais, peste, qu'il ne s'y joue pas ! Monseigneur est *brutal* sur l'article.

SUZANNE, *outrée*. Et vous bien scélérat, d'aller semant de pareils bruits pour perdre un malheureux enfant tombé dans la disgrâce de son maître.

BAZILE. L'ai-je inventé ? Je le dis, parce que tout le monde en parle.

LE COMTE *se lève*. Comment, tout le monde en parle !

SUZANNE[1]. Ah ciel !

BAZILE. Ah ! ah !

LE COMTE. Courez, Bazile, et qu'on le chasse.

BAZILE. Ah ! que je suis fâché d'être entré !

SUZANNE, *troublée*. Mon Dieu ! Mon Dieu !

LE COMTE, *à Bazile*. Elle est saisie. Asseyons-la dans ce fauteuil.

---

1. Chérubin dans le fauteuil, le Comte, Suzanne, Bazile *(note de Beaumarchais)*.

SUZANNE *le repousse vivement.* Je ne veux pas m'asseoir.
  Entrer ainsi librement, c'est indigne !

LE COMTE. Nous sommes deux avec toi, ma chère. Il
  n'y a plus le moindre danger !

BAZILE. Moi je suis désolé de m'être égayé sur le page,
  puisque vous l'entendiez. Je n'en usais ainsi que
  pour pénétrer ses sentiments ; car au fond...

LE COMTE. Cinquante pistoles, un cheval, et qu'on le
  renvoie à ses parents.

BAZILE. Monseigneur, pour un badinage ?

LE COMTE. Un petit libertin que j'ai surpris encore
  hier avec la fille du jardinier.

BAZILE. Avec Fanchette ?

LE COMTE. Et dans sa chambre.

SUZANNE, *outrée.* Où Monseigneur avait sans doute
  affaire aussi !

LE COMTE, *gaiement.* J'en aime assez la remarque.

BAZILE. Elle est d'un bon augure.

LE COMTE, *gaiement.* Mais non ; j'allais chercher ton
  oncle Antonio, mon ivrogne de jardinier, pour lui
  donner des ordres. Je frappe, on est longtemps à
  m'ouvrir ; ta cousine a l'air empêtré ; je prends un
  soupçon, je lui parle, et tout en causant j'examine.
  Il y avait derrière la porte une espèce de rideau, de
  portemanteau, de je ne sais pas quoi, qui couvrait des
  hardes ; sans faire semblant de rien, je vais doucement, doucement lever ce rideau *(pour imiter le geste,
  il lève la robe du fauteuil)*, et je vois... *(Il aperçoit le
  page.)* Ah[1] !...

BAZILE. Ah ! ah !

LE COMTE. Ce tour-ci vaut l'autre.

BAZILE. Encore mieux.

LE COMTE, *à Suzanne.* À merveille, mademoiselle ! à
  peine fiancée, vous faites de ces apprêts ? C'était
  pour recevoir mon page que vous désiriez être seule ? Et vous, monsieur, qui ne changez point de

---

1. Suzanne, Chérubin dans le fauteuil, le Comte, Bazile *(note de Beaumar-chais).*

conduite, il vous manquait de vous adresser, sans
respect pour votre marraine, à sa première camariste, à la femme de votre ami ! Mais je ne souffrirai
pas que Figaro, qu'un homme que j'estime et que
j'aime, soit victime d'une pareille tromperie. Était-
il avec vous, Bazile ?

SUZANNE, *outrée*. Il n'y a ni tromperie ni victime ; il
était là lorsque vous me parliez.

LE COMTE, *emporté*. Puisses-tu mentir en le disant !
Son plus cruel ennemi n'oserait lui souhaiter ce
malheur.

SUZANNE. Il me priait d'engager Madame à vous
demander sa grâce. Votre arrivée l'a si fort troublé,
qu'il s'est masqué de ce fauteuil.

LE COMTE, *en colère*. Ruse d'enfer ! Je m'y suis assis en
entrant.

CHÉRUBIN. Hélas ! Monseigneur, j'étais tremblant derrière.

LE COMTE. Autre fourberie ! Je viens de m'y placer
moi-même.

CHÉRUBIN. Pardon ; mais c'est alors que je me suis
blotti dedans.

LE COMTE, *plus outré*. C'est donc une couleuvre que
ce petit... serpent-là ! Il nous écoutait !

CHÉRUBIN. Au contraire, Monseigneur, j'ai fait ce que
j'ai pu pour ne rien entendre.

LE COMTE. Ô perfidie ! *(À Suzanne.)* Tu n'épouseras
pas Figaro.

BAZILE. Contenez-vous, on vient.

LE COMTE, *tirant Chérubin du fauteuil et le mettant sur
ses pieds*. Il resterait là devant toute la terre !

Scène 10

CHÉRUBIN, SUZANNE, FIGARO, LA COMTESSE,
LE COMTE, FANCHETTE, BAZILE
Beaucoup de valets, paysannes, paysans vêtus de blanc

FIGARO, *tenant une toque de femme, garnie de plumes
blanches et de rubans blancs, parle à la Comtesse*. Il

n'y a que vous, Madame, qui puissiez nous obtenir cette faveur.

La Comtesse. Vous le voyez, monsieur le Comte, ils me supposent un crédit que je n'ai point, mais comme leur demande n'est pas déraisonnable...

Le Comte, *embarrassé*. Il faudrait qu'elle le fût beaucoup...

Figaro, *bas à Suzanne*. Soutiens bien mes efforts.

Suzanne, *bas à Figaro*. Qui ne mèneront à rien.

Figaro, *bas*. Va toujours.

Le Comte, *à Figaro*. Que voulez-vous ?

Figaro. Monseigneur, vos vassaux, touchés de l'abolition d'un certain droit fâcheux que votre amour pour Madame...

Le Comte. Eh bien, ce droit n'existe plus. Que veux-tu dire ?...

Figaro, *malignement*. Qu'il est bien temps que la vertu d'un si bon maître éclate ; elle m'est d'un tel avantage aujourd'hui que je désire être le premier à la célébrer à mes noces.

Le Comte, *plus embarrassé*. Tu te moques, ami ! L'abolition d'un droit honteux n'est que l'acquit[1] d'une dette envers l'honnêteté. Un Espagnol peut vouloir conquérir la beauté par des soins ; mais en exiger le premier, le plus doux emploi, comme une servile redevance, ah ! c'est la tyrannie d'un Vandale, et non le droit avoué d'un noble Castillan.

Figaro, *tenant Suzanne par la main*. Permettez donc que cette jeune créature, de qui votre sagesse a préservé l'honneur, reçoive de votre main, publiquement, la toque virginale, ornée de plumes et de rubans blancs, symbole de la pureté de vos intentions : adoptez-en la cérémonie pour tous les mariages, et qu'un quatrain chanté en chœur rappelle à jamais le souvenir...

Le Comte, *embarrassé*. Si je ne savais pas qu'amou-

---

1. Actuellement on préfère « acquittement ».

reux, poète et musicien sont trois titres d'indulgence pour toutes les folies...

FIGARO. Joignez-vous à moi, mes amis !

TOUS ENSEMBLE. Monseigneur ! Monseigneur !

SUZANNE, *au comte*. Pourquoi fuir un éloge que vous méritez si bien ?

LE COMTE, *à part*. La perfide !

FIGARO. Regardez-la donc, Monseigneur. Jamais plus jolie fiancée ne montrera mieux la grandeur de votre sacrifice.

SUZANNE. Laisse là ma figure, et ne vantons que sa vertu.

LE COMTE, *à part*. C'est un jeu que tout ceci.

LA COMTESSE. Je me joins à eux, monsieur le Comte ; et cette cérémonie me sera toujours chère, puisqu'elle doit son motif à l'amour charmant que vous aviez pour moi.

LE COMTE. Que j'ai toujours, Madame ; et c'est à ce titre que je me rends.

TOUS ENSEMBLE. Vivat !

LE COMTE, *à part*. Je suis pris. *(Haut.)* Pour que la cérémonie eût un peu plus d'éclat, je voudrais seulement qu'on la remît à tantôt. *(À part.)* Faisons vite chercher Marceline.

FIGARO, *à Chérubin*. Eh bien, espiègle, vous n'applaudissez pas ?

SUZANNE. Il est au désespoir ; Monseigneur le renvoie.

LA COMTESSE. Ah ! monsieur, je demande sa grâce.

LE COMTE. Il ne la mérite point.

LA COMTESSE. Hélas ! il est si jeune !

LE COMTE. Pas tant que vous le croyez.

CHÉRUBIN, *tremblant*. Pardonner généreusement n'est pas le droit du seigneur auquel vous avez renoncé en épousant Madame.

LA COMTESSE. Il n'a renoncé qu'à celui qui vous affligeait tous.

SUZANNE. Si Monseigneur avait cédé le droit de pardonner, ce serait sûrement le premier qu'il voudrait racheter en secret.

Le Comte, *embarrassé.* Sans doute.

La Comtesse. Eh ! pourquoi le racheter ?

Chérubin, *au Comte.* Je fus léger dans ma conduite,
il est vrai, Monseigneur ; mais jamais la moindre
indiscrétion dans mes paroles...

Le Comte, *embarrassé.* Eh bien, c'est assez...

Figaro. Qu'entend-il[1] ?

Le Comte, *vivement.* C'est assez, c'est assez. Tout le
monde exige son pardon, je l'accorde ; et j'irai plus
loin : je lui donne une compagnie dans ma légion.

Tous ensemble. Vivat !

Le Comte. Mais c'est à condition qu'il partira sur-le-
champ pour joindre[2] en Catalogne.

Figaro. Ah ! Monseigneur, demain.

Le Comte *insiste.* Je le veux.

Chérubin. J'obéis.

Le Comte. Saluez votre marraine, et demandez sa
protection.

*Chérubin met un genou en terre devant la Comtesse, et
ne peut parler.*

La Comtesse, *émue.* Puisqu'on ne peut vous garder
seulement aujourd'hui, partez, jeune homme. Un
nouvel état vous appelle ; allez le remplir dignement. Honorez votre bienfaiteur. Souvenez-vous de
cette maison, où votre jeunesse a trouvé tant d'indulgence. Soyez soumis, honnête et brave ; nous
prendrons part à vos succès.

Chérubin se relève et retourne à sa place.

Le Comte. Vous êtes bien émue, Madame !

La Comtesse. Je ne m'en défends pas. Qui sait le sort
d'un enfant jeté dans une carrière aussi dangereuse ? Il est allié de mes parents ; et de plus, il est
mon filleul.

Le Comte, *à part.* Je vois que Bazile avait raison.

---

1. Que veut-il dire ?   **2.** Rejoindre son poste, son régiment.

(Haut.) Jeune homme, embrassez Suzanne... pour la dernière fois.

FIGARO. Pourquoi cela, Monseigneur ? Il viendra passer ses hivers. Baise-moi donc aussi, capitaine ! *(Il l'embrasse.)* Adieu, mon petit Chérubin. Tu vas mener un train de vie bien différent, mon enfant : dame ! tu ne rôderas plus tout le jour au quartier des femmes, plus d'échaudés[1], de goûters à la crème[2] ; plus de main-chaude[3] ou de colin-maillard. De bons soldats, morbleu ! basanés, mal vêtus ; un grand fusil bien lourd : tourne à droite, tourne à gauche, en avant, marche à la gloire[4], et ne va pas broncher en chemin, à moins qu'un bon coup de feu...

SUZANNE. Fi donc, l'horreur !

LA COMTESSE. Quel pronostic !

LE COMTE. Où est donc Marceline ? Il est bien singulier qu'elle ne soit pas des vôtres !

FANCHETTE. Monseigneur, elle a pris le chemin du bourg, par le petit sentier de la ferme.

LE COMTE. Et elle en reviendra ?...

BAZILE. Quand il plaira à Dieu.

FIGARO. S'il lui plaisait qu'il ne lui plût jamais...

FANCHETTE. Monsieur le docteur lui donnait le bras.

LE COMTE, *vivement*. Le docteur est ici ?

BAZILE. Elle s'en est d'abord[5] emparée...

LE COMTE, *à part*. Il ne pouvait venir plus à propos.

FANCHETTE. Elle avait l'air bien échauffée ; elle parlait tout haut en marchant, puis elle s'arrêtait, et faisait comme ça de grands bras... et monsieur le docteur lui faisait comme ça de la main, en l'apaisant : elle

---

1. Pâtisseries faites de pâte échaudée, de beurre, d'œufs et de sel.
2. Goûters. 3. Jeu où la main, placée derrière le dos, est frappée par un joueur qu'il faut identifier, et s'échauffe à force d'être frappée.
4. Voir *Notes et Réflexions* (*éd. cit.*, p. 105) : « Qu'apprennent les officiers à tourner à droite, à gauche pendant la paix, souvent pour tourner le dos pendant la guerre. » Voir aussi Voltaire. *Dictionnaire philosophique* (1764), art. *Guerre* : « (le prince) les fait tourner à droite et à gauche, et marcher à la gloire » (Paris, 1936, p. 230). 5. De prime abord.

paraissait si courroucée ! elle nommait mon cousin
Figaro.

LE COMTE *lui prend le menton.* Cousin... futur.

FANCHETTE, *montrant Chérubin.* Monseigneur, nous
avez-vous pardonné d'hier ?...

LE COMTE *interrompt.* Bonjour, bonjour, petite.

FIGARO. C'est son chien d'amour qui la berce : elle
aurait troublé notre fête.

LE COMTE, *à part.* Elle la troublera, je t'en réponds.
(Haut.) Allons, Madame, entrons. Bazile, vous
passerez chez moi.

SUZANNE, *à Figaro.* Tu me rejoindras, mon fils ?

FIGARO, *bas à Suzanne.* Est-il bien enfilé [1] ?

SUZANNE, *bas.* Charmant garçon !

Ils sortent tous.

Scène 11

CHÉRUBIN, FIGARO, BAZILE

*Pendant qu'on sort, Figaro les arrête tous deux et les
ramène.*

FIGARO. Ah çà, vous autres ! la cérémonie adoptée, ma
fête de ce soir en est la suite : il faut bravement nous
recorder [2] : ne faisons point comme ces acteurs qui
ne jouent jamais si mal que le jour où la critique est le
plus éveillée. Nous n'avons point de lendemain qui
nous excuse, nous. Sachons bien nos rôles aujour-
d'hui.

BAZILE, *malignement.* Le mien est plus difficile que tu
ne crois.

FIGARO, *faisant, sans qu'il le voie, le geste de le rosser.* Tu
es loin de savoir tout le succès qu'il te vaudra.

---

1. Trompé, berné, mystifié, enjôlé (terme emprunté au jeu de trictrac) ;
cf. aussi acte III, scène 5.   **2.** Nous entendre, nous mettre d'accord, tout
mettre au point ; terme employé par les acteurs, lors des répétitions,
comme l'indique aussi la suite du texte, répéter ; Figaro se rend compte
de la nécessité de soigner les préparatifs pour combattre les attentes du
Comte.

CHÉRUBIN. Mon ami, tu oublies que je pars.

FIGARO. Et toi, tu voudrais bien rester !

CHÉRUBIN. Ah ! si je le voudrais !

FIGARO. Il faut ruser. Point de murmure à ton départ.
Le manteau de voyage à l'épaule ; arrange ouverte-
ment ta trousse, et qu'on voie ton cheval à la grille ;
un temps de galop jusqu'à la ferme ; reviens à pied
par les derrières. Monseigneur te croira parti ; tiens-
toi seulement hors de sa vue ; je me charge de l'apaiser après la fête.

CHÉRUBIN. Mais Fanchette qui ne sait pas son rôle !

BAZILE. Que diable lui apprenez-vous donc, depuis
huit jours que vous ne la quittez pas ?

FIGARO. Tu n'as rien à faire aujourd'hui : donne-lui,
par grâce, une leçon.

BAZILE. Prenez garde, jeune homme, prenez garde !
Le père n'est pas satisfait ; la fille a été souffletée ;
elle n'étudie pas avec vous : Chérubin ! Chérubin !
vous lui causerez des chagrins ! *Tant va la cruche à
l'eau !...*

FIGARO. Ah ! voilà notre imbécile avec ses vieux proverbes ! Eh ! bien, pédant, que dit la sagesse des
nations ? *Tant va la cruche à l'eau, qu'à la fin...*

BAZILE. Elle s'emplit[1].

FIGARO, *en s'en allant.* Pas si bête, pourtant, pas si
bête !

---

1. Conclut Bazile, en déformant, comme ailleurs (V, 19), le proverbe.

ACTE II

Le théâtre représente une chambre à coucher superbe, un grand lit en alcôve, une estrade au-devant. La porte pour entrer s'ouvre et se ferme à la troisième coulisse à droite ; celle d'un cabinet, à la première coulisse à gauche. Une porte dans le fond va chez les femmes. Une fenêtre s'ouvre de l'autre côté.

Scène 1

SUZANNE, LA COMTESSE
entrent par la porte à droite

LA COMTESSE *se jette dans une bergère.* Ferme la porte, Suzanne, et conte-moi tout dans le plus grand détail.

SUZANNE. Je n'ai rien caché à Madame.

LA COMTESSE. Quoi ! Suzon, il voulait te séduire ?

SUZANNE. Oh ! que non ! Monseigneur n'y met pas tant de façon avec sa servante : il voulait m'acheter.

LA COMTESSE. Et le petit page était présent ?

SUZANNE. C'est-à-dire caché derrière le grand fauteuil. Il venait me prier de vous demander sa grâce.

LA COMTESSE. Eh, pourquoi ne pas s'adresser à moi-même ? est-ce que je l'aurais refusé, Suzon ?

SUZANNE. C'est ce que j'ai dit : mais ses regrets de partir, et surtout de quitter Madame ! *Ah ! Suzon, qu'elle est noble et belle ! mais qu'elle est imposante* [1] *!*

LA COMTESSE. Est-ce que j'ai cet air-là, Suzon ? Moi qui l'ai toujours protégé.

---

1. C'est la reproduction textuelle des paroles de Chérubin (I, 7).

SUZANNE. Puis il a vu votre ruban de nuit que je tenais : il s'est jeté dessus...

LA COMTESSE, *souriant*. Mon ruban ?... Quelle enfance[1] !

SUZANNE. J'ai voulu le lui ôter ; madame, c'était un lion ; ses yeux brillaient... Tu ne l'auras qu'avec ma vie, disait-il en forçant sa petite voix douce et grêle.

LA COMTESSE, *rêvant*. Eh bien, Suzon ?

SUZANNE. Eh bien, madame, est-ce qu'on peut faire finir ce petit démon-là ? Ma marraine par-ci, je voudrais bien par l'autre[2] et parce qu'il n'oserait seulement baiser la robe de Madame, il voudrait toujours m'embrasser, moi.

LA COMTESSE, *rêvant*. Laissons... laissons ces folies... Enfin, ma pauvre Suzanne, mon époux a fini par le dire ?...

SUZANNE. Que si je ne voulais pas l'entendre, il allait protéger Marceline.

LA COMTESSE *se lève et se promène en se servant fortement de l'éventail*. Il ne m'aime plus du tout.

SUZANNE. Pourquoi tant de jalousie ?

LA COMTESSE. Comme tous les maris, ma chère ! uniquement par orgueil[3]. Ah ! je l'ai trop aimé ! je l'ai lassé de mes tendresses et fatigué de mon amour ; voilà mon seul tort avec lui : mais je n'entends pas que cet honnête aveu te nuise, et tu épouseras Figaro. Lui seul peut nous y aider : viendra-t-il ?

SUZANNE. Dès qu'il verra partir la chasse.

LA COMTESSE, *se servant de l'éventail*. Ouvre un peu la croisée[4] sur le jardin. Il fait une chaleur ici !...

SUZANNE. C'est que Madame parle et marche avec action[5].

Elle va ouvrir la croisée du fond.

---

1. Quel enfantillage ! 2. Fusion parlée de deux tours : « par-ci, par-là » et « d'un côté, de l'autre », 3. C'était, paraît-il, la façon de l'auteur d'être jaloux (cf. *Lettres de Beaumarchais à Madame de Godeville*, éd. Maxime Formont). 4. La fenêtre (d'après la désignation des montants de métal ou de bois qui divisaient en se croisant l'ouverture d'une fenêtre). 5. Animation.

La Comtesse, *rêvant longtemps.* Sans cette constance à me fuir... Les hommes sont bien coupables !

Suzanne *crie de la fenêtre.* Ah ! voilà Monseigneur qui traverse à cheval le grand potager, suivi de Pédrille, avec deux, trois, quatre lévriers.

La Comtesse. Nous avons du temps devant nous. *(Elle s'assied.)* On frappe, Suzon ?

Suzanne. *court ouvrir en chantant.* Ah ! c'est mon Figaro ! ah ! c'est mon Figaro !

Scène 2

Figaro, Suzanne, La Comtesse, *assise*

Suzanne. Mon cher ami, viens donc ! Madame est dans une impatience !...

Figaro. Et toi, ma petite Suzanne ? — Madame n'en doit prendre aucune. Au fait, de quoi s'agit-il ? d'une misère. Monsieur le Comte trouve notre jeune femme aimable, il voudrait en faire sa maîtresse ; et c'est bien naturel.

Suzanne. Naturel ?

Figaro. Puis il m'a nommé courrier de dépêches, et Suzon conseiller d'ambassade. Il n'y a pas là d'étourderie.

Suzanne. Tu finiras ?

Figaro. Et parce que Suzanne, ma fiancée, n'accepte pas le diplôme, il va favoriser les vues de Marceline. Quoi de plus simple encore ? Se venger de ceux qui nuisent à nos projets en renversant les leurs, c'est ce que chacun fait, ce que nous allons faire nous-mêmes. Eh bien, voilà tout pourtant.

La Comtesse. Pouvez-vous, Figaro, traiter si légèrement un dessein qui nous coûte à tous le bonheur ?

Figaro. Qui dit cela, Madame ?

Suzanne. Au lieu de t'affliger de nos chagrins...

Figaro. N'est-ce pas assez que je m'en occupe ? Or, pour agir aussi méthodiquement que lui, tempérons d'abord son ardeur de nos[1] possessions, en l'inquiétant sur les siennes.

---

1. Mes.

LA COMTESSE. C'est bien dit ; mais comment ?

FIGARO. C'est déjà fait, madame ; un faux avis donné
sur vous...

LA COMTESSE. Sur moi ! La tête vous tourne !

FIGARO. Oh ! c'est à lui qu'elle doit tourner.

LA COMTESSE. Un homme aussi jaloux !...

FIGARO. Tant mieux ; pour tirer parti des gens de ce
caractère, il ne faut qu'un peu leur fouetter le sang ;
c'est ce que les femmes entendent si bien ! Puis les
tient-on fâchés tout rouge, avec un brin d'intrigue on
les mène où l'on veut, par le nez, dans le Guadalqui-
vir. Je vous [1] ai fait rendre à Bazile un billet inconnu [2]
lequel avertit Monseigneur qu'un galant doit chercher à vous voir aujourd'hui pendant le bal.

LA COMTESSE. Et vous vous jouez ainsi de la vérité sur
le compte d'une femme d'honneur !...

FIGARO. Il y en a peu, madame, avec qui je l'eusse osé,
crainte de rencontrer juste.

LA COMTESSE. Il faudra que je l'en remercie !

FIGARO. Mais, dites-moi s'il n'est pas charmant de lui
avoir taillé ses morceaux [3] de la journée, de façon
qu'il passe à rôder, à jurer après sa dame, le temps
qu'il destinait à se complaire avec la nôtre ? Il est
déjà tout dérouté : galopera-t-il celle-ci ? surveil-
lera-t-il celle-là ? Dans son trouble d'esprit, tenez,
tenez, le voilà qui court la plaine, et force un lièvre
qui n'en peut mais. L'heure du mariage arrive en
poste [4], il n'aura pas pris de parti contre, et jamais
il n'osera s'y opposer devant Madame.

SUZANNE. Non ; mais Marceline, le bel esprit, osera le
faire, elle.

FIGARO. Brrrr ! Cela m'inquiète bien, ma foi ! Tu feras
dire à Monseigneur que tu te rendras sur la brune
au jardin.

SUZANNE. Tu comptes sur celui-là [5] ?

FIGARO. Oh dame ! écoutez donc, les gens qui ne veu-

---

1. Explétif.   2. Anonyme.   3. Lui avoir imposé ce qu'il doit faire
dans les différents moments de la journée.   4. À toute vitesse, rapidement.   5. Sur cela.

lent rien faire de rien n'avancent rien et ne sont
bons à rien. Voilà mon mot.

SUZANNE. Il est joli !

LA COMTESSE. Comme son idée. Vous consentiriez
qu'elle s'y rendît ?

FIGARO. Point du tout. Je fais endosser un habit de
Suzanne à quelqu'un : surpris par nous au rendez-
vous, le Comte pourra-t-il s'en dédire ?

SUZANNE. À qui mes habits ?

FIGARO. Chérubin.

LA COMTESSE. Il est parti.

FIGARO. Non pas pour moi. Veut-on me laisser faire ?

SUZANNE. On peut s'en fier à lui pour mener une
intrigue.

FIGARO. Deux, trois, quatre à la fois ; bien embrouil-
lées, qui se croisent. J'étais né pour être courtisan.

SUZANNE. On dit que c'est un métier si difficile !

FIGARO. Recevoir, prendre et demander, voilà le secret
en trois mots [1].

LA COMTESSE. Il a tant d'assurance qu'il finit par m'en
inspirer.

FIGARO. C'est mon dessein.

SUZANNE. Tu disais donc ?

FIGARO. Que pendant l'absence de Monseigneur je
vais vous envoyer le Chérubin ; coiffez-le, habillez-
le ; je le renferme et l'endoctrine ; et puis dansez,
Monseigneur.

Il sort.

Scène 3

SUZANNE, LA COMTESSE, *assise*

LA COMTESSE, *tenant sa boîte à mouches*. Mon Dieu,
Suzon, comme je suis faite !... Ce jeune homme qui
va venir !...

---

1. Voilà celle qui semble être la philosophie de vie de Figaro ; il s'agit, par
contre, d'une satire sévère des courtisans.

SUZANNE. Madame ne veut donc pas qu'il en réchappe ?

LA COMTESSE *rêve devant sa petite glace*. Moi ?... Tu verras comme je vais le gronder.

SUZANNE. Faisons-lui chanter sa romance.

Elle la met sur la Comtesse

LA COMTESSE. Mais c'est qu'en vérité mes cheveux sont dans un désordre...

SUZANNE, *riant*. Je n'ai qu'à reprendre ces deux boucles, Madame le grondera bien mieux.

LA COMTESSE, *revenant à elle*. Qu'est-ce que vous dites donc, mademoiselle ?

Scène 4

CHÉRUBIN, *l'air honteux*, SUZANNE, LA COMTESSE, *assise*

SUZANNE. Entrez, monsieur l'officier ; on est visible.

CHÉRUBIN *avance en tremblant*. Ah ! que ce nom m'afflige, madame ! il m'apprend qu'il faut quitter les lieux... une marraine si... bonne !...

SUZANNE. Et si belle !

CHÉRUBIN, *avec un soupir*. Ah ! oui.

SUZANNE *le contrefait. Ah ! oui*. Le bon jeune homme ! avec ses longues paupières hypocrites. Allons, bel oiseau bleu [1], chantez la romance à Madame.

LA COMTESSE *la déplie*. De qui... dit-on qu'elle est ?

SUZANNE. Voyez la rougeur du coupable : en a-t-il un pied [2] sur les joues ?

CHÉRUBIN. Est-ce qu'il est défendu... de chérir ?...

SUZANNE *lui met le poing sous le nez*. Je dirai tout, vaurien !

LA COMTESSE. Là... chante-t-il ?

CHÉRUBIN. Oh ! madame, je suis si tremblant !...

SUZANNE, *en riant*. Et gnian, gnian, gnian, gnian,

---

1. Chérubin, qui va chanter la romance à la Comtesse avec l'habileté d'un oiseau, a un manteau bleu sur l'épaule (cf. la notice intitulée *Caractères et habillements de la pièce*). **2.** Une couche épaisse d'un pied.

gnian, gnian, gnian ; dès que[1] Madame le veut,
modeste auteur ! Je vais l'accompagner.

LA COMTESSE. Prends ma guitare.

*La Comtesse assise tient le papier pour suivre. Suzanne est
derrière son fauteuil, et prélude, en regardant la musique
par-dessus sa maîtresse. Le petit page est devant elle, les
yeux baissés*[2]. *Ce tableau est juste la belle estampe, d'après
Vanloo, appelée* « La Conversation espagnole[3] ».

ROMANCE[4]

air : *Marlbroug s'en va-t-en guerre*

— PREMIER COUPLET —

Mon coursier hors d'haleine,
(Que mon cœur, mon cœur a de peine !)
J'errais de plaine en plaine,
Au gré du destrier.

— DEUXIÈME COUPLET —

Au gré du destrier,
Sans varlet, n'écuyer ;
Là près d'une fontaine[5],
(Que mon cœur, mon cœur a de peine !)
Songeant à ma marraine.
Sentais mes pleurs couler.

---

1. Puisque, étant donné que...   2. Chérubin, la Comtesse, Suzanne
(*note de Beaumarchais*).   3. *La Conversation espagnole*, tableau de Carle
Van Loo (1755), appartint à Mme Geoffrin ; la gravure a été ciselée en
1769 par J. Beauvarlet. La Bibliothèque Nationale de Paris en possède un
exemplaire. Chérubin. La Comtesse, Suzanne (*note de Beaumarchais*).   4. Chanson sur un sujet tendre et touchant ; la « chanson de
Marlbrough » est, plus précisément, une sorte de romance de funérailles,
qui, selon les uns date de 1722, année de la mort du duc de Marlbrough,
selon les autres, de 1709, après la bataille de Malplaquet (guerre de Succession d'Espagne), dans laquelle on crut que le général, allié d'Eugène de
Savoie contre la France défendue par les troupes du maréchal de Villars,
avait trouvé la mort.   5. Au spectacle, on a commencé la romance à ce
vers, en disant : *Auprès* d'une fontaine (*note de Beaumarchais*).

— TROISIÈME COUPLET —

Sentais mes pleurs couler,
Prêt à me désoler,
Je gravais sur un frêne,
(Que mon cœur, mon cœur a de peine !)
Sa lettre sans la mienne ;
Le roi vint à passer.

— QUATRIÈME COUPLET —

Le roi vint à passer,
Ses barons, son clergier.
Beau page, dit la reine,
(Que mon cœur, mon cœur a de peine !)
Qui vous met à la gêne ?
Qui vous fait tant plorer ?

— CINQUIÈME COUPLET —

Qui vous fait tant plorer ?
Nous faut le déclarer.
Madame et souveraine,
(Que mon cœur, mon cœur a de peine !)
J'avais une marraine,
Que toujours adorai[1].

— SIXIÈME COUPLET —

Que toujours adorai ;
Je sens que j'en mourrai.
Beau page, dit la reine,
(Que mon cœur, mon cœur a de peine !)
N'est-il qu'une marraine ?
Je vous en servirai.

— SEPTIÈME COUPLET —

Je vous en servirai ;
Mon page vous ferai ;
Puis à ma jeune Hélène,

---

1. Ici la Comtesse arrête le page en fermant le papier. Le reste ne se chante
pas au théâtre *(note de Beaumarchais)*.

(Que mon cœur, mon cœur a de peine !)
 Fille d'un capitaine,
 Un jour vous marierai.

— HUITIÈME COUPLET —

 Un jour vous marierai,
 Nenni, n'en faut parler !
 Je veux, traînant ma chaîne,
(Que mon cœur, mon cœur a de peine !)
 Mourir de cette peine
 Mais non m'en consoler [1].

La Comtesse. Il y a de la naïveté [2]... du sentiment
même.

Suzanne *va poser la guitare sur un fauteuil* [3]. Oh ! pour
du sentiment, c'est un jeune homme qui... Ah çà,
monsieur l'officier, vous a-t-on dit que pour égayer
la soirée nous voulons savoir d'avance si un de mes
habits vous ira passablement ?

La Comtesse. J'ai peur que non.

Suzanne *se mesure avec lui*. Il est de ma grandeur.
Ôtons d'abord le manteau.

Elle le détache.

La Comtesse. Et si quelqu'un entrait ?

Suzanne. Est-ce que nous faisons du mal donc ? Je
vais fermer la porte *(elle court)* ; mais c'est la coiffure que je veux voir.

La Comtesse. Sur ma toilette, une baigneuse [4] à moi.

*Suzanne entre dans le cabinet dont la porte est au bord
du théâtre.*

---

1. La *Romance* est écrite en « style marotique » ; elle retient quelques mots
du français du XVIᵉ siècle comme *destrier, varlet, écuyer, clergier, plorer*, etc.,
et sous-entend le pronom sujet (personnel : je, et impersonnel : il).
2. Mais aussi du naturel. 3. Chérubin, Suzanne, la Comtesse *(note de
Beaumarchais)*. 4. Se dit encore d'un peignoir pour le bain, de plis semblables à ceux des anciens bonnets de femme plissés aux bords rabattus.

Scène 5

CHÉRUBIN, LA COMTESSE, *assise*

LA COMTESSE. Jusqu'à l'instant du bal le Comte igno-
rera que vous soyez au château. Nous lui dirons
après que le temps d'expédier votre brevet [1] nous a
fait naître l'idée...

CHÉRUBIN *le lui montrant.* Hélas ! madame, le voici !
Bazile me l'a remis de sa part.

LA COMTESSE. Déjà ? L'on a craint d'y perdre une
minute. *(Elle lit.)* Ils se sont tant pressés, qu'ils ont
oublié d'y mettre son cachet.

Elle le lui rend.

Scène 6

CHÉRUBIN, LA COMTESSE, SUZANNE

SUZANNE *entre avec un grand bonnet.* Le cachet, à quoi ?

LA COMTESSE. À son brevet.

SUZANNE. Déjà ?

LA COMTESSE. C'est ce que je disais. Est-ce là ma baigneuse ?

SUZANNE *s'assied près de la Comtesse* [2]. Et la plus belle
de toutes. *(Elle chante avec des épingles dans sa
bouche.)*

> *Tournez-vous donc envers ici,*
> *Jean de Lyra, mon bel ami* [3].

Chérubin se met à genoux. Elle le coiffe.

Madame, il est charmant !

---

1. Le revêtir de toutes les formes nécessaires pour le rendre valable, et en
particulier lui mettre le cachet d'authentification du Comte, dont il va être
question plus loin.   **2.** Chérubin, Suzanne, la Comtesse *(note de Beaumarchais).*   **3.** J.-P. de Beaumarchais, dans son édition du *Théâtre de
Beaumarchais, op. cit.*, p. 447, note 75, affirme : « Sans doute sur l'air *Tour-
nez-vous par ici de l'Infante de Zamora*, de Nicolas Framery (1781) sur une
musique de Paesiello », mais il n'indique pas les sources de cette infor-
mation.

La Comtesse. Arrange son collet d'un air un peu plus
féminin.

Suzanne *l'arrange.* Là... Mais voyez donc ce morveux,
comme il est joli en fille ! j'en suis jalouse, moi !
(Elle lui prend le menton.) Voulez-vous bien n'être
pas joli comme ça ?

La Comtesse. Qu'elle est folle ! il faut relever la
manche, afin que l'amadis [1] prenne mieux... *(Elle
le retrousse.)* Qu'est-ce qu'il a donc au bras ? Un
ruban !

Suzanne. Et un ruban à vous. Je suis bien aise que
Madame l'ait vu. Je lui avais dit que je le dirais,
déjà ! Oh ! si Monseigneur n'était pas venu, j'aurais
bien repris le ruban ; car je suis presque aussi forte
que lui.

La Comtesse. Il y a du sang !

Elle détache le ruban.

Chérubin, *honteux.* Ce matin, comptant partir, j'ar-
rangeais la gourmette de mon cheval ; il a donné de
la tête, et la bossette m'a effleuré le bras.

La Comtesse. On n'a jamais mis un ruban [2]...

Suzanne. Et surtout un ruban volé. — Voyons donc
ce que la bossette... la courbette... la cornette du
cheval... Je n'entends rien à tous ces noms-là.
— Ah ! qu'il a le bras blanc ; c'est comme une femme ! plus blanc que le mien ! Regardez donc,
madame !

Elle les compare.

La Comtesse, *d'un ton glacé.* Occupez-vous plutôt de
m'avoir du taffetas gommé dans ma toilette.

Suzanne lui pousse la tête en riant ; il tombe sur les

---

1. Manche collante et se boutonnant au poignet (voir *Grand Larousse ency-
clopédique*, t. I, p. 317), ainsi nommée parce qu'elle apparut pour la première fois dans *Amadis*, opéra de Quinault et de Lulli (1684). La Comtesse
retrousse la manche de la chemise de Chérubin, afin que « prenne mieux »
celle de la robe qu'elle veut lui mettre. **2.** Comme pansement.

deux mains. Elle entre dans le cabinet au bord du théâtre.

Scène 7

CHÉRUBIN, *à genoux,* LA COMTESSE, *assise*

LA COMTESSE *reste un moment sans parler, les yeux sur son ruban. Chérubin la dévore de ses regards.* Pour mon ruban, monsieur... comme c'est celui dont la couleur m'agrée le plus... j'étais fort en colère de l'avoir perdu.

Scène 8

CHÉRUBIN, *à genoux,* LA COMTESSE, *assise,* SUZANNE

SUZANNE, *revenant.* Et la ligature à son bras ?

Elle remet à la Comtesse du taffetas gommé et des ciseaux.

LA COMTESSE. En allant lui chercher tes hardes, prends le ruban d'un autre bonnet.

Suzanne sort par la porte du fond, en emportant le manteau du page.

Scène 9

CHÉRUBIN, *à genoux,* LA COMTESSE, *assise*

CHÉRUBIN, *les yeux baissés.* Celui qui m'est ôté m'aurait guéri en moins de rien.

LA COMTESSE. Par quelle vertu ? *(Lui montrant le taffetas.)* Ceci vaut mieux.

CHÉRUBIN, *hésitant.* Quand un ruban... a serré la tête... ou touché la peau d'une personne...

LA COMTESSE, *coupant la phrase.* ... Étrangère, il devient bon pour les blessures ? J'ignorais cette propriété. Pour l'éprouver, je garde celui-ci qui vous a serré le bras. À la première égratignure... de mes femmes, j'en ferai l'essai.

CHÉRUBIN, *pénétré.* Vous le gardez, et moi je pars.

LA COMTESSE. Non pour toujours.

CHÉRUBIN. Je suis si malheureux !

LA COMTESSE, *émue.* Il pleure à présent ! C'est ce vilain Figaro avec son pronostic[1] !

CHÉRUBIN, *exalté.* Ah ! je voudrais toucher au terme qu'il m'a prédit ! Sûr de mourir à l'instant, peut-être ma bouche oserait...

LA COMTESSE *l'interrompt et lui essuie les yeux avec son mouchoir.* Taisez-vous, taisez-vous, enfant ! Il n'y a pas un brin de raison dans tout ce que vous dites. *(On frappe à la porte ; elle élève la voix.)* Qui frappe ainsi chez moi ?

Scène 10

CHÉRUBIN, LA COMTESSE, LE COMTE, *en dehors*

LE COMTE, *en dehors.* Pourquoi donc enfermée ?

LA COMTESSE, *troublée, se lève.* C'est mon époux ! grands dieux ! *(À Chérubin qui s'est levé aussi.)* Vous, sans manteau, le col et les bras nus ! seul avec moi ! cet air de désordre, un billet reçu, sa jalousie !...

LE COMTE, *en dehors.* Vous n'ouvrez pas ?

LA COMTESSE. C'est que... je suis seule.

LE COMTE, *en dehors.* Seule ! Avec qui parlez-vous donc ?

LA COMTESSE, *cherchant.* ... Avec vous sans doute.

CHÉRUBIN, *à part.* Après les scènes d'hier et de ce matin[2], il me tuerait sur la place !

Il court au cabinet de toilette, y entre, et tire la porte sur lui.

---

1. Cf. acte I, scène 10.   2. Cf. acte I, scènes 7 et 9.

Scène 11

LA COMTESSE, *seule,*
en ôte la clef, et court ouvrir au Comte

Ah ! quelle faute ! quelle faute !

Scène 12

LE COMTE, LA COMTESSE

LE COMTE, *un peu sévère*. Vous n'êtes pas dans l'usage de vous enfermer !

LA COMTESSE, *troublée*. Je... je chiffonnais... oui, je chiffonnais avec Suzanne ; elle est passée un moment chez elle.

LE COMTE *l'examine*. Vous avez l'air et le ton bien altérés !

LA COMTESSE. Cela n'est pas étonnant... pas étonnant du tout... je vous assure... nous parlions de vous... Elle est passée, comme je vous dis...

LE COMTE. Vous parliez de moi !... Je suis ramené par l'inquiétude ; en montant à cheval, un billet qu'on m'a remis, mais auquel je n'ajoute aucune foi, m'a... pourtant agité.

LA COMTESSE. Comment, monsieur ?... quel billet ?

LE COMTE. Il faut avouer, madame, que vous ou moi sommes entourés d'êtres... bien méchants ! On me donne avis que, dans la journée, quelqu'un que je crois absent doit chercher à vous entretenir.

LA COMTESSE. Quel que soit cet audacieux, il faudra qu'il pénètre ici ; car mon projet est de ne pas quitter ma chambre de tout le jour.

LE COMTE. Ce soir, pour la noce de Suzanne ?

LA COMTESSE. Pour rien au monde ; je suis très incommodée.

LE COMTE. Heureusement le docteur est ici. *(Le page fait tomber une chaise dans le cabinet.)* Quel bruit entends-je ?

LA COMTESSE, *plus troublée*. Du bruit ?

LE COMTE. On a fait tomber un meuble.

La Comtesse. Je... je n'ai rien entendu, pour moi.

Le Comte. Il faut que vous soyez furieusement préoccupée !

La Comtesse. Préoccupée ! de quoi ?

Le Comte. Il y a quelqu'un dans ce cabinet, madame.

La Comtesse. Eh... qui voulez-vous qu'il y ait, monsieur ?

Le Comte. C'est moi qui vous le demande ; j'arrive.

La Comtesse. Eh mais... Suzanne apparemment qui
range.

Le Comte. Vous avez dit qu'elle était passée chez elle !

La Comtesse. Passée... ou entrée là ; je ne sais lequel.

Le Comte. Si c'est Suzanne, d'où vient le trouble où
je vous vois ?

La Comtesse. Du trouble pour ma camariste ?

Le Comte. Pour votre camariste, je ne sais ; mais pour
du trouble, assurément.

La Comtesse. Assurément, monsieur, cette fille vous
trouble et vous occupe beaucoup plus que moi.

Le Comte, *en colère*. Elle m'occupe à tel point,
madame, que je veux la voir à l'instant.

La Comtesse. Je crois, en effet, que vous le voulez
souvent : mais voilà bien les soupçons les moins
fondés...

Scène 13

Le Comte, La Comtesse, Suzanne,
entre avec des hardes et pousse la porte du fond

Le Comte. Ils en seront plus aisés à détruire. *(Il parle
au cabinet.)* Sortez, Suzon, je vous l'ordonne !

Suzanne s'arrête auprès de l'alcôve dans le fond.

La Comtesse. Elle est presque nue, monsieur ; vient-
on troubler ainsi des femmes dans leur retraite ?
Elle essayait des hardes que je lui donne en la
mariant ; elle s'est enfuie quand elle vous a
entendu.

Le Comte. Si elle craint tant de se montrer, au moins

elle peut parler. *(Il se tourne vers la porte du cabinet.)* Répondez-moi, Suzanne ; êtes-vous dans ce cabinet ?

Suzanne, restée au fond, se jette dans l'alcôve et s'y cache.

La Comtesse, *vivement, tournée vers le cabinet.* Suzon, je vous défends de répondre. *(Au comte.)* On n'a jamais poussé si loin la tyrannie !

Le Comte *s'avance vers le cabinet.* Oh ! bien, puisqu'elle ne parle pas, vêtue ou non, je la verrai.

La Comtesse *se met au-devant.* Partout ailleurs je ne puis l'empêcher... mais j'espère aussi que chez moi...

Le Comte. Et moi j'espère savoir dans un moment[1] quelle est cette Suzanne mystérieuse. Vous demander la clef serait, je le vois, inutile ; mais il est un moyen sûr de jeter en dedans cette légère porte. Holà ! quelqu'un !

La Comtesse. Attirer vos gens, et faire un scandale public d'un soupçon qui nous rendrait la fable du château ?

Le Comte. Fort bien, madame. En effet, j'y suffirai ; je vais à l'instant prendre chez moi ce qu'il faut... *(Il marche pour sortir, et revient.)* Mais, pour que tout reste au même état, voudrez-vous bien m'accompagner sans scandale et sans bruit, puisqu'il[2] vous déplaît tant ?... Une chose aussi simple, apparemment, ne me sera pas refusée !

La Comtesse, *troublée.* Eh ! monsieur, qui songe à vous contrarier ?

Le Comte. Ah ! j'oubliais la porte qui va chez vos femmes ; il faut que je la ferme aussi, pour que vous soyez pleinement justifiée.

Il va fermer la porte du fond et en ôte la clef.

La Comtesse, *à part.* Ô ciel ! étourderie funeste !

---

1. Dans un instant, très vite. 2. Puisque cela.

Le Comte, *revenant à elle.* Maintenant que cette
chambre est close, acceptez mon bras, je vous prie ;
(il élève la voix) et quant à la Suzanne du cabinet,
il faudra qu'elle ait la bonté de m'attendre ; et le
moindre mal qui puisse lui arriver à mon retour...
La Comtesse. En vérité, monsieur, voilà bien la plus
odieuse aventure...

Le Comte l'emmène et ferme la porte à la clef.

Scène 14

Suzanne, Chérubin

Suzanne *sort de l'alcôve, accourt vers le cabinet et parle à
travers la serrure.* Ouvrez, Chérubin, ouvrez vite,
c'est Suzanne ; ouvrez et sortez.
Chérubin *sort*[1]. Ah ! Suzon, quelle horrible scène !
Suzanne. Sortez, vous n'avez pas une minute.
Chérubin, *effrayé.* Eh, par où sortir ?
Suzanne. Je n'en sais rien, mais sortez.
Chérubin. S'il n'y a pas d'issue ?
Suzanne. Après la rencontre de tantôt[2], il vous écra-
serait, et nous serions perdues. — Courez conter à
Figaro...
Chérubin. La fenêtre du jardin n'est peut-être pas
bien haute.

Il court y regarder.

Suzanne, *avec effroi.* Un grand étage ! impossible !
Ah ! ma pauvre maîtresse ! Et mon mariage, ô ciel !
Chérubin *revient.* Elle donne sur la melonnière ;
quitte à gâter une couche ou deux.
Suzanne *le retient et s'écrie.* Il va se tuer !
Chérubin, *exalté.* Dans un gouffre allumé, Suzon !
oui, je m'y jetterais plutôt que de lui nuire... Et ce
baiser va me porter bonheur.

Il l'embrasse et court sauter par la fenêtre.

---

1. Chérubin, Suzanne *(note de Beaumarchais).*   **2.** Cf. acte I, scène 9.

Scène 15

SUZANNE, *seule, un cri de frayeur*

Ah !... *(Elle tombe assise un moment. Elle va péniblement regarder à la fenêtre et revient.)* Il est déjà bien loin. Oh ! le petit garnement ! Aussi leste que joli ! Si celui-là manque de femmes... Prenons sa place au plus tôt. *(En entrant dans le cabinet.)* Vous pouvez à présent, monsieur le Comte, rompre la cloison, si cela vous amuse ; au diantre [1] qui répond un mot !

Elle s'y enferme.

Scène 16

LE COMTE, LA COMTESSE *rentrent dans la chambre*

LE COMTE, *une pince à la main qu'il jette sur le fauteuil.* Tout est bien comme je l'ai laissé. Madame, en m'exposant à briser cette porte, réfléchissez aux suites : encore une fois, voulez-vous l'ouvrir ?

LA COMTESSE. Eh ! monsieur, quelle horrible rumeur peut altérer ainsi les égards entre deux époux ? Si l'amour vous dominait au point de vous inspirer ces fureurs, malgré leur déraison, je les excuserais ; j'oublierais peut-être, en faveur du motif, ce qu'elles ont d'offensant pour moi. Mais la seule vanité peut-elle jeter dans ces excès un galant homme ?

LE COMTE. Amour ou vanité, vous ouvrirez la porte ; ou je vais à l'instant...

LA COMTESSE, *au devant.* Arrêtez, monsieur, je vous prie ! Me croyez-vous capable de manquer à ce que je me dois ?

LE COMTE. Tout ce qu'il vous plaira, madame ; mais je verrai qui est dans ce cabinet.

LA COMTESSE, *effrayée.* Eh bien, monsieur, vous le verrez. Écoutez-moi... tranquillement.

---

1. Au diable... !

LE COMTE. Ce n'est donc pas Suzanne ?

LA COMTESSE, *timidement*. Au moins n'est-ce pas non plus une personne... dont vous deviez rien redouter... Nous disposions une plaisanterie... bien innocente, en vérité, pour ce soir ; et je vous jure...

LE COMTE. Et vous me jurez ?...

LA COMTESSE. Que nous n'avions pas plus dessein de vous offenser l'un que l'autre.

LE COMTE, *vite*. L'un que l'autre ? C'est un homme.

LA COMTESSE. Un enfant, monsieur.

LE COMTE. Eh ! qui donc ?

LA COMTESSE. À peine osé-je le nommer !

LE COMTE, *furieux*. Je le tuerai.

LA COMTESSE. Grands dieux !

LE COMTE. Parlez donc !

LA COMTESSE. Ce jeune... Chérubin...

LE COMTE. Chérubin ! l'insolent ! Voilà mes soupçons et le billet[1] expliqués.

LA COMTESSE, *joignant les mains*. Ah ! monsieur ! gardez de penser...

LE COMTE, *frappant du pied, à part*. Je trouverai partout ce maudit page ! *(Haut.)* Allons, madame, ouvrez ; je sais tout maintenant. Vous n'auriez pas été si émue, en le congédiant ce matin ; il serait parti quand je l'ai ordonné ; vous n'auriez pas mis tant de fausseté dans votre conte de Suzanne[2], il ne se serait pas si soigneusement caché, s'il n'y avait rien de criminel.

LA COMTESSE. Il a craint de vous irriter en se montrant.

LE COMTE, *hors de lui, et criant tourné vers le cabinet*. Sors donc, petit malheureux !

LA COMTESSE *le prend à bras-le-corps, en l'éloignant*. Ah ! monsieur, monsieur, votre colère me fait trembler pour lui. N'en croyez pas un injuste soupçon, de grâce ! et que le désordre où vous l'allez trouver...

LE COMTE. Du désordre !

---

1. Cf. acte II, scène 12.   **2.** Cf. acte II, scènes 11 et 12.

La Comtesse. Hélas, oui ! Prêt à s'habiller en femme, une coiffure à moi sur la tête, en veste et sans manteau, le col ouvert, les bras nus : il allait essayer...

Le Comte. Et vous vouliez garder votre chambre ! Indigne épouse ! ah ? vous la garderez... longtemps ; mais il faut avant que j'en chasse un insolent, de manière à ne plus le rencontrer nulle part.

La Comtesse *se jette à genoux, les bras élevés.* Monsieur le Comte, épargnez un enfant ; je ne me consolerais pas d'avoir causé...

Le Comte. Vos frayeurs aggravent son crime.

La Comtesse. Il n'est pas coupable, il partait : c'est moi qui l'ai fait appeler.

Le Comte, *furieux.* Levez-vous. Ôtez-vous... Tu es bien audacieuse d'oser me parler pour un autre !

La Comtesse. Eh bien ! je m'ôterai, monsieur, je me lèverai ; je vous remettrai même la clef du cabinet : mais, au nom de votre amour...

Le Comte. De mon amour, perfide !

La Comtesse *se lève et lui présente la clef.* Promettez-moi que vous laisserez aller cet enfant sans lui faire aucun mal ; et puisse, après, tout votre courroux tomber sur moi, si je ne vous convaincs pas...

Le Comte, *prenant la clef.* Je n'écoute plus rien.

La Comtesse *se jette sur une bergère, un mouchoir sur les yeux.* Ô ciel ! il va périr !

Le Comte *ouvre la porte et recule.* C'est Suzanne !

Scène 17

La Comtesse, Le Comte, Suzanne

Suzanne *sort en riant. Je le tuerai, je le tuerai !* Tuez-le donc, ce méchant page.

Le Comte, *à part.* Ah ! quelle école[1] ! *(Regardant la Comtesse qui est restée stupéfaite.)* Et vous aussi, vous

---

1. Au sens usuel : le Comte se rend compte qu'il a reçu une leçon. Mais une *école* est aussi, au jeu de trictrac, une faute commise par un joueur ; au figuré, une sottise, une erreur, une fausse manœuvre.

jouez l'étonnement ?... Mais peut-être elle n'y est pas
seule.

Il entre.

Scène 18

La Comtesse, *assise*, Suzanne

Suzanne *accourt à sa maîtresse.* Remettez-vous, madame ; il est bien loin ; il a fait un saut...
La Comtesse. Ah ! Suzon ! je suis morte !

Scène 19

La Comtesse, *assise*, Suzanne, Le Comte

Le Comte *sort du cabinet d'un air confus. Après un court
silence.* Il n'y a personne, et pour le coup j'ai tort.
— Madame... vous jouez fort bien la comédie.
Suzanne, *gaiement.* Et moi, Monseigneur ?

*La Comtesse, son mouchoir sur la bouche, pour se
remettre, ne parle pas* [1].

Le Comte *s'approche.* Quoi ! madame, vous plaisan-
tiez ?
La Comtesse, *se remettant un peu.* Eh pourquoi non,
monsieur ?
Le Comte. Quel affreux badinage ! et par quel motif,
je vous prie... ?
La Comtesse. Vos folies méritent-elles de la pitié ?
Le Comte. Nommer folies ce qui touche à l'honneur !
La Comtesse, *assurant son ton par degrés.* Me suis-je unie
à vous pour être éternellement dévouée [2] à l'abandon
et à la jalousie, que vous seul osez concilier ?
Le Comte. Ah ! madame, c'est sans ménagement.
Suzanne. Madame n'avait qu'à vous laisser appeler
les gens.

---

1. Suzanne, la Comtesse *assise*, le Comte *(note de Beaumarchais).*
2. Vouée.

LE COMTE. Tu as raison, et c'est à moi de m'humi-
lier... Pardon, je suis d'une confusion !...

SUZANNE. Avouez, monseigneur, que vous la méritez
un peu !

LE COMTE. Pourquoi donc ne sortais-tu pas lorsque je
t'appelais ? Mauvaise !

SUZANNE. Je me rhabillais de mon mieux, à grand ren-
fort d'épingles ; et Madame, qui me le défendait,
avait bien ses raisons pour le faire.

LE COMTE. Au lieu de rappeler mes torts, aide-moi
plutôt à l'apaiser.

LA COMTESSE. Non, monsieur ; un pareil outrage ne se
couvre point[1]. Je vais me retirer aux Ursulines[2], et
je vois trop qu'il en est temps.

LE COMTE. Le pourriez-vous sans quelques regrets ?

SUZANNE. Je suis sûre, moi, que le jour du départ serait
la veille des larmes.

LA COMTESSE. Eh ! quand cela serait, Suzon ? j'aime
mieux le regretter que d'avoir la bassesse de lui pardonner ; il m'a trop offensée.

LE COMTE. Rosine !...

LA COMTESSE. Je ne la suis plus, cette Rosine que vous
avez tant poursuivie[3]. Je suis la pauvre comtesse
Almaviva, la triste femme délaissée, que vous n'aimez
plus.

SUZANNE. Madame !

LE COMTE, *suppliant*. Par pitié !

LA COMTESSE. Vous n'en aviez aucune pour moi.

LE COMTE. Mais aussi ce billet... Il m'a tourné le
sang !

LA COMTESSE. Je n'avais pas consenti qu'on l'écrivît.

LE COMTE. Vous le saviez ?

LA COMTESSE. C'est cet étourdi de Figaro...

LE COMTE. Il en était ?

LA COMTESSE. ... qui l'a remis à Bazile.

LE COMTE. Qui m'a dit le tenir d'un paysan. Ô perfide

---

1. Ne peut s'excuser, ne se répare point.   **2.** Cf. note 1, p. 87.
3. « Courtisée » (cf. *Le Barbier de Séville*).

chanteur, lame à deux tranchants ! C'est toi qui payeras pour tout le monde.

LA COMTESSE. Vous demandez pour vous un pardon que vous refusez aux autres : voilà bien les hommes ! Ah ! si jamais je consentais à pardonner en faveur de l'erreur[1] où vous a jeté ce billet, j'exigerais que l'amnistie fût générale.

LE COMTE. Eh bien, de tout mon cœur, Comtesse. Mais comment réparer une faute aussi humiliante ?

LA COMTESSE *se lève*. Elle l'était pour tous deux.

LE COMTE. Ah ! dites pour moi seul. — Mais je suis encore à concevoir comment les femmes prennent si vite et si juste l'air et le ton des circonstances. Vous rougissiez, vous pleuriez, votre visage était défait... D'honneur, il l'est encore.

LA COMTESSE, *s'efforçant de sourire*. Je rougissais... du ressentiment de vos soupçons. Mais les hommes sont-ils assez délicats pour distinguer l'indignation d'une âme honnête outragée, d'avec la confusion qui naît d'une accusation méritée ?

LE COMTE, *souriant*. Et ce page en désordre, en veste et presque nu...

LA COMTESSE, *montrant Suzanne*. Vous le voyez devant vous. N'aimez-vous pas mieux l'avoir trouvé que l'autre ? En général vous ne haïssez pas de rencontrer celui-ci.

LE COMTE, *riant plus fort*. Et ces prières, ces larmes feintes...

LA COMTESSE. Vous me faites rire, et j'en ai peu d'envie.

LE COMTE. Nous croyons valoir quelque chose en politique, et nous ne sommes que des enfants. C'est vous, c'est vous, madame, que le Roi devrait envoyer en ambassade à Londres ! Il faut que votre sexe ait fait une étude bien réfléchie de l'art de se composer, pour réussir à ce point !

LA COMTESSE. C'est toujours vous qui nous y forcez.

---

1. En considération de ...

Suzanne. Laissez-nous prisonniers sur parole, et vous verrez si nous sommes gens d'honneur.

La Comtesse. Brisons là, monsieur le Comte. J'ai peut-être été trop loin ; mais mon indulgence en un cas aussi grave doit au moins m'obtenir la vôtre.

Le Comte. Mais vous répéterez que vous me pardonnez.

La Comtesse. Est-ce que je l'ai dit, Suzon ?

Suzanne. Je ne l'ai pas entendu, madame.

Le Comte. Eh bien ! que ce mot vous échappe.

La Comtesse. Le méritez-vous donc, ingrat ?

Le Comte. Oui, par mon repentir.

Suzanne. Soupçonner un homme dans le cabinet de Madame !

Le Comte. Elle m'en a si sévèrement puni !

Suzanne. Ne pas s'en fier à elle, quand elle dit que c'est sa camariste !

Le Comte. Rosine, êtes-vous donc implacable ?

La Comtesse. Ah ! Suzon, que je suis faible ! quel exemple je te donne ! *(Tendant la main au Comte.)* On ne croira plus à la colère des femmes.

Suzanne. Bon, madame, avec eux ne faut-il pas toujours en venir là ?

Le Comte baise ardemment la main de sa femme.

Scène 20

Suzanne, Figaro, La Comtesse, Le Comte

Figaro, *arrivant tout essoufflé.* On disait Madame incommodée. Je suis vite accouru... je vois avec joie qu'il n'en est rien.

Le Comte, *sèchement.* Vous êtes fort attentif[1].

Figaro. Et c'est mon devoir. Mais puisqu'il n'en est rien, Monseigneur, tous vos jeunes vassaux des deux sexes sont en bas avec les violons et les cornemuses, attendant, pour m'accompagner, l'instant où vous permettrez que je mène ma fiancée...

---

1. Plein d'attentions.

Le Comte. Et qui surveillera la Comtesse au château ?

Figaro. La veiller ! elle n'est pas malade.

Le Comte. Non ; mais cet homme absent qui doit l'entretenir ?

Figaro. Quel homme absent ?

Le Comte. L'homme du billet que vous avez remis à Bazile.

Figaro. Qui dit cela ?

Le Comte. Quand je ne le saurais pas d'ailleurs, fripon, ta physionomie qui t'accuse me prouverait déjà que tu mens.

Figaro. S'il est ainsi, ce n'est pas moi qui mens, c'est ma physionomie.

Suzanne. Va, mon pauvre Figaro, n'use pas ton éloquence en défaites [1], nous avons tout dit.

Figaro. Et quoi dit ? Vous me traitez comme un Bazile !

Suzanne. Que tu avais écrit le billet de tantôt pour faire accroire à Monseigneur, quand il entrerait, que le petit page était dans ce cabinet, où je me suis enfermée.

Le Comte. Qu'as-tu à répondre ?

La Comtesse. Il n'y a plus rien à cacher, Figaro ; le badinage est consommé.

Figaro, *cherchant à deviner*. Le badinage... est consommé ?

Le Comte. Oui, consommé. Que dis-tu là-dessus ?

Figaro. Moi ! je dis... que je voudrais bien qu'on en pût dire autant de mon mariage ; et si vous l'ordonnez...

Le Comte. Tu conviens donc enfin du billet ?

Figaro. Puisque Madame le veut, que Suzanne le veut, que vous le voulez vous-même, il faut bien que je le veuille aussi ; mais à votre place, en vérité, Monseigneur, je ne croirais pas un mot de tout ce que nous vous disons.

---

1. En mauvaises excuses.

LE COMTE. Toujours mentir contre l'évidence ! À la fin, cela m'irrite.

LA COMTESSE, *en riant.* Eh ! ce pauvre garçon ! pourquoi voulez-vous, monsieur, qu'il dise une fois la vérité ?

FIGARO, *bas à Suzanne.* Je l'avertis de son danger ; c'est tout ce qu'un honnête homme peut faire.

SUZANNE, *bas.* As-tu vu le petit page ?

FIGARO, *bas.* Encore tout froissé.

SUZANNE, *bas.* Ah ! pécaïre [1] !

LA COMTESSE. Allons, monsieur le Comte, ils brûlent de s'unir : leur impatience est naturelle ! Entrons pour la cérémonie.

LE COMTE, *à part.* Et Marceline, Marceline... *(Haut.)* Je voudrais être... au moins vêtu [2].

LA COMTESSE. Pour nos gens ! Est-ce que je le suis ?

Scène 21

FIGARO, SUZANNE, LA COMTESSE, LE COMTE, ANTONIO

ANTONIO, *demi-gris, tenant un pot de giroflées écrasées.* Monseigneur ! Monseigneur !

LE COMTE. Que me veux-tu, Antonio ?

ANTONIO. Faites donc une fois [3] griller les croisées qui donnent sur mes couches. On jette toutes sortes de choses par ces fenêtres : et tout à l'heure encore on vient d'en jeter un homme.

LE COMTE. Par ces fenêtres ?

ANTONIO. Regardez comme on arrange mes giroflées !

SUZANNE, *bas à Figaro.* Alerte, Figaro, alerte !

FIGARO. Monseigneur, il est gris dès le matin.

ANTONIO. Vous n'y êtes pas. C'est un petit reste

---

1. Pauvre (exclamation méridionale).   2. Propos inattendu pour un mariage de serviteurs. Il s'agit plutôt d'une manœuvre dilatoire pensée par le Comte. Cf. aussi acte III, scène 14.   3. Une fois pour toutes, une bonne fois.

d'hier. Voilà comme on fait des jugements... ténébreux [1].

LE COMTE, *avec feu.* Cet homme ! cet homme ! où est-
il ?

ANTONIO. Où il est ?

LE COMTE. Oui.

ANTONIO. C'est ce que je dis. Il faut me le trouver,
déjà. Je suis votre domestique ; il n'y a que moi qui
prends soin de votre jardin ; il y tombe un homme ;
et vous sentez... que ma réputation en est effleurée.

SUZANNE, *bas à Figaro.* Détourne, détourne !

FIGARO. Tu boiras donc toujours ?

ANTONIO. Et si je ne buvais pas, je deviendrais enragé.

LA COMTESSE. Mais en prendre ainsi sans besoin...

ANTONIO. Boire sans soif et faire l'amour en tout
temps, madame, il n'y a que ça qui nous distingue
des autres bêtes.

LE COMTE, *vivement.* Réponds-moi donc, ou je vais te
chasser.

ANTONIO. Est-ce que je m'en irais ?

LE COMTE. Comment donc ?

ANTONIO, *se touchant le front.* Si vous n'avez pas assez
de ça pour garder un bon domestique, je ne suis
pas assez bête, moi, pour renvoyer un si bon maître.

LE COMTE *le secoue avec colère.* On a, dis-tu, jeté un
homme par cette fenêtre ?

ANTONIO. Oui, mon Excellence ; tout à l'heure, en
veste blanche, et qui s'est enfui, jarni [2], courant...

LE COMTE, *impatienté.* Après ?

ANTONIO. J'ai bien voulu courir après ; mais je me suis
donné, contre la grille, une si fière gourde [3] à la
main, que je ne peux plus remuer ni pied, ni patte,
de ce doigt-là.

Levant le doigt.

LE COMTE. Au moins, tu reconnaîtrais l'homme ?

---

1. Antonio veut dire « téméraires ».   2. Abréviation pour *jarnibleu* (altération du juron *je renie Dieu !*).   3. Probablement une bosse, un coup
qui engourdit. Le mot n'est pas dans les dictionnaires de l'époque.

ANTONIO. Oh ! que oui-dà ! si je l'avais vu pourtant !

SUZANNE, *bas à Figaro*. Il ne l'a pas vu.

FIGARO. Voilà bien du train pour un pot de fleurs !
combien te faut-il, pleurard, avec ta giroflée ? Il est
inutile de chercher, Monseigneur, c'est moi qui ai
sauté.

LE COMTE. Comment, c'est vous !

ANTONIO. *Combien te faut-il, pleurard ?* Votre corps a
donc bien grandi depuis ce temps-là ; car je vous ai
trouvé beaucoup plus moindre[1], et plus fluet !

FIGARO. Certainement ; quand on saute, on se pelo-
tonne...

ANTONIO. M'est avis que c'était plutôt... qui dirait, le
gringalet de page.

LE COMTE. Chérubin, tu veux dire ?

FIGARO. Oui, revenu tout exprès, avec son cheval, de
la porte de Séville, où peut-être il est déjà.

ANTONIO. Oh ! non, je ne dis pas ça, je ne dis pas ça ;
je n'ai pas vu sauter de cheval, car je le dirais de
même.

LE COMTE. Quelle patience !

FIGARO. J'étais dans la chambre des femmes, en veste
blanche : il fait un chaud !... J'attendais là ma Suzannette, quand j'ai ouï tout à coup la voix de Monseigneur et le grand bruit qui se faisait ! je ne sais quelle
crainte m'a saisi à l'occasion de ce billet ; et, s'il faut
avouer ma bêtise, j'ai sauté sans réflexion sur les
couches, où je me suis même un peu foulé le pied
droit.

Il frotte son pied.

ANTONIO. Puisque c'est vous, il est juste de vous rendre ce brimborion de papier qui a coulé de votre
veste, en tombant.

LE COMTE *se jette dessus*. Donne-le-moi.

Il ouvre le papier et le referme.

---

1. Pléonasme typique du langage des paysans.

FIGARO, *à part.* Je suis pris.

LE COMTE, *à Figaro.* La frayeur ne vous aura pas fait
oublier ce que contient ce papier, ni comment il se
trouvait dans votre poche ?

FIGARO, *embarrassé, fouille dans ses poches et en tire des
papiers.* Non sûrement... Mais c'est que j'en ai
tant. Il faut répondre à tout... *(Il regarde un des
papiers.)* Ceci ? Ah ! c'est une lettre de Marceline,
en quatre pages ; elle est belle !... Ne serait-ce pas
la requête de ce pauvre braconnier en prison ?...
Non, la voici... J'avais l'état des meubles du petit
château dans l'autre poche...

Le Comte rouvre le papier qu'il tient.

LA COMTESSE, *bas à Suzanne.* Ah ! dieux ! Suzon, c'est
le brevet d'officier.

SUZANNE, *bas à Figaro.* Tout est perdu, c'est le brevet.

LE COMTE *replie le papier.* Eh bien ! l'homme aux expédients, vous ne devinez pas ?

ANTONIO, *s'approchant de Figaro*[1]. Monseigneur dit si
vous ne devinez pas ?

FIGARO *le repousse.* Fi donc, vilain[2], qui me parle dans
le nez !

LE COMTE. Vous ne vous rappelez pas ce que ce peut
être ?

FIGARO. A, a, a, ah ! *povero !* ce sera le brevet de ce
malheureux enfant, qu'il m'avait remis, et que j'ai
oublié de lui rendre. O, o, o, oh ! étourdi que je
suis ! que fera-t-il sans son brevet ? Il faut courir...

LE COMTE. Pourquoi vous l'aurait-il remis ?

FIGARO, *embarrassé.* Il... désirait qu'on y fît quelque
chose.

LE COMTE *regarde son papier.* Il n'y manque rien.

LA COMTESSE, *bas à Suzanne.* Le cachet.

SUZANNE, *bas à Figaro.* Le cachet manque.

LE COMTE, *à Figaro.* Vous ne répondez pas ?

---

1. Antonio, Figaro, Suzanne, la Comtesse, le Comte *(note de Beaumarchais).*   **2.** Rustre.

FIGARO. C'est... qu'en effet, il y manque peu de chose. Il dit que c'est l'usage.

LE COMTE. L'usage ! l'usage ! l'usage de quoi ?

FIGARO. D'y apposer le sceau de vos armes. Peut-être aussi que cela ne valait pas la peine.

LE COMTE *rouvre le papier et le chiffonne de colère*. Allons, il est écrit que je ne saurai rien. *(À part.)* C'est ce Figaro qui les mène, et je ne m'en vengerais pas !

Il veut sortir avec dépit.

FIGARO, *l'arrêtant*. Vous sortez sans ordonner mon mariage ?

Scène 22

BAZILE, BARTHOLO, MARCELINE, FIGARO, LE COMTE, GRIPE-SOLEIL, LA COMTESSE, SUZANNE, ANTONIO : *valets du Comte, ses vassaux*[1]

MARCELINE, *au Comte*. Ne l'ordonnez pas, Monseigneur ! Avant de lui faire grâce[2], vous nous devez justice. Il a des engagements avec moi.

LE COMTE, *à part*. Voilà ma vengeance arrivée.

FIGARO. Des engagements ! De quelle nature ? Expliquez-vous.

MARCELINE. Oui, je m'expliquerai, malhonnête !

La Comtesse s'assied sur une bergère. Suzanne est derrière elle.

LE COMTE. De quoi s'agit-il, Marceline ?

MARCELINE. D'une obligation de mariage.

FIGARO. Un billet, voilà tout, pour de l'argent prêté.

MARCELINE, *au Comte*. Sous condition de m'épouser. Vous êtes un grand seigneur, le premier juge de la province...

---

1. Familiarité de type féodal ; les vassaux entrent en masse dans la chambre de la Comtesse, comme les courtisans au lever du Roi.
2. Lui accorder ce qu'il désire.

Le Comte. Présentez-vous au tribunal, j'y rendrai justice à tout le monde.

Bazile, *montrant Marceline*. En ce cas, Votre Grandeur permet que je fasse aussi valoir mes droits sur Marceline ?

Le Comte, *à part*. Ah ! voilà mon fripon du billet.

Figaro. Autre fou de la même espèce !

Le Comte, *en colère, à Bazile*. Vos droits ! vos droits ! Il vous convient bien de parler devant moi, maître sot !

Antonio, *frappant dans sa main*. Il ne l'a, ma foi, pas manqué du premier coup : c'est son nom.

Le Comte. Marceline, on suspendra tout jusqu'à l'examen de vos titres, qui se fera publiquement dans la grand-salle d'audience. Honnête Bazile, agent fidèle et sûr, allez au bourg chercher les gens du siège.

Bazile. Pour son affaire ?

Le Comte. Et vous m'amènerez le paysan du billet.

Bazile. Est-ce que je le connais ?

Le Comte. Vous résistez ?

Bazile. Je ne suis pas entré au château pour en faire les commissions.

Le Comte. Quoi donc ?

Bazile. Homme à talent sur l'orgue du village, je montre le clavecin à Madame, à chanter à ses femmes, la mandoline aux pages, et mon emploi surtout est d'amuser votre compagnie avec ma guitare, quand il vous plaît me l'ordonner.

Gripe-Soleil *s'avance*. J'irai bien, Monsigneu, si cela vous plaira.

Le Comte. Quel est ton nom et ton emploi ?

Gripe-Soleil. Je suis Gripe-Soleil, mon bon signeu ; le petit patouriau des chèvres, commandé pour le feu d'artifice. C'est fête aujourd'hui dans le troupiau ; et je sais ous-ce-qu'est toute l'enragée boutique à procès du pays.

Le Comte. Ton zèle me plaît ; vas-y : mais vous *(à Bazile)*, accompagnez monsieur en jouant de la gui-

tare, et chantant pour l'amuser en chemin. Il est de
ma compagnie.

GRIPE-SOLEIL, *joyeux.* Oh ! moi, je suis de la ?...

Suzanne l'apaise de la main, en lui montrant la Comtesse.

BAZILE, *surpris.* Que j'accompagne Gripe-Soleil en
jouant ?...

LE COMTE. C'est votre emploi. Partez ou je vous
chasse.

Il sort.

Scène 23

LES ACTEURS PRÉCÉDENTS, *excepté* LE COMTE

BAZILE, *à lui-même.* Ah ! je n'irai pas lutter contre le
pot de fer, moi qui ne suis...

FIGARO. Qu'une cruche.

BAZILE, *à part.* Au lieu d'aider à leur mariage, je m'en
vais assurer le mien avec Marceline. *(À Figaro.)* Ne
conclus rien, crois-moi, que je ne sois de retour.

Il va prendre la guitare sur le fauteuil du fond.

FIGARO *le suit.* Conclure ! oh ! va, ne crains rien ;
quand même tu ne reviendrais jamais... Tu n'as pas
l'air en train de chanter, veux-tu que je commence ?... Allons, gai, haut la-mi-la[1] pour ma fiancée.

*Il se met en marche à reculons, danse en chantant la
séguedille[2] suivante ; Bazile accompagne ; et tout le
monde le suit.*

— SÉGUEDILLE : *Air noté*

Je préfère à richesse
La sagesse

---

1. Notes musicales qui équivalent ici à une invitation à jouer : *Musique !*
2. Chanson espagnole à trois temps, avec une ritournelle (espagnol *segui-
dilla,* diminutif de *seguida,* « suite »).

De ma Suzon,
Zon, zon, zon,
Zon, zon, zon,
Zon, zon, zon,
Zon, zon, zon.
Aussi sa gentillesse
Est maîtresse
De ma raison,
Zon, zon, zon,
Zon, zon, zon,
Zon, zon, zon,
Zon, zon, zon.

Le bruit s'éloigne, on n'entend pas le reste.

Scène 24

SUZANNE, LA COMTESSE

LA COMTESSE, *dans sa bergère*. Vous voyez, Suzanne, la
jolie scène que votre étourdi m'a value avec son
billet.

SUZANNE. Ah, madame, quand je suis rentrée du cabinet, si vous aviez vu votre visage ! Il s'est terni tout
à coup : mais ce n'a été qu'un nuage ; et par degrés
vous êtes devenue rouge, rouge, rouge !

LA COMTESSE. Il a donc sauté par la fenêtre ?

SUZANNE. Sans hésiter, le charmant enfant ! Léger...
comme une abeille !

LA COMTESSE. Ah ! ce fatal jardinier ! Tout cela m'a
remuée au point... que je ne pouvais rassembler
deux idées.

SUZANNE. Ah ! madame, au contraire ; et c'est là que
j'ai vu combien l'usage du grand monde donne
d'aisance aux dames comme il faut, pour mentir
sans qu'il y paraisse.

LA COMTESSE. Crois-tu que le Comte en soit la dupe ?
Et s'il trouvait cet enfant au château !

SUZANNE. Je vais recommander de le cacher si bien...

LA COMTESSE. Il faut qu'il parte. Après ce qui vient

d'arriver, vous croyez bien que je ne suis pas tentée
de l'envoyer au jardin à votre place.

SUZANNE. Il est certain que je n'irai pas non plus. Voilà
donc mon mariage encore une fois...

LA COMTESSE *se lève.* Attends... au lieu d'un autre, ou
de toi, si j'y allais moi-même !

SUZANNE. Vous, madame ?

LA COMTESSE. Il n'y aurait personne d'exposé... Le
Comte alors ne pourrait nier... Avoir puni sa jalousie, et lui prouver son infidélité, cela serait...
Allons : le bonheur d'un premier hasard[1] m'enhar-
dit à tenter le second. Fais-lui savoir promptement
que tu te rendras au jardin. Mais surtout que personne...

SUZANNE. Ah ! Figaro.

LA COMTESSE. Non, non. Il voudrait mettre ici du
sien... Mon masque de velours et ma canne ; que
j'aille y rêver sur la terrasse.

Suzanne entre dans le cabinet de toilette.

Scène 25

LA COMTESSE, *seule*

Il est assez effronté, mon petit projet ! *(Elle se
retourne.)* Ah ! le ruban ! mon joli ruban ! je t'oubliais ! *(Elle le prend sur sa bergère et le roule.)* Tu ne
me quitteras plus... Tu me rappelleras la scène où
ce malheureux enfant... Ah ! monsieur le Comte,
qu'avez-vous fait ? et moi, que fais-je en ce moment ?

---

1. L'issue heureuse d'une première aventure périlleuse. Désormais, ce sont
les femmes qui mèneront le jeu et la Comtesse aura un rôle prééminent.

Scène 26

La Comtesse, Suzanne

La Comtesse met furtivement le ruban dans son sein.

Suzanne. Voici la canne et votre loup[1].

La Comtesse. Souviens-toi que je t'ai défendu d'en dire un mot à Figaro.

Suzanne, *avec joie*. Madame, il est charmant votre projet ! je viens d'y réfléchir. Il rapproche tout, termine tout, embrasse tout ; et, quelque chose qui arrive, mon mariage est maintenant certain.

Elle baise la main de sa maîtresse. Elles sortent.

Pendant l'entracte, des valets arrangent la salle d'audience : on apporte les deux banquettes à dossier des avocats, que l'on place aux deux côtés du théâtre, de façon que le passage soit libre par-derrière. On pose une estrade à deux marches dans le milieu du théâtre, vers le fond, sur laquelle on place le fauteuil du Comte. On met la table du greffier et son tabouret de côté sur le devant, et des sièges pour Brid'oison et d'autres juges, des deux côtés de l'estrade du Comte.

---

1. Masque, souvent carré, de velours noir qui couvrait tout le visage, et que la Comtesse portait, comme toutes les dames de l'époque, pour se préserver du hâle.

ACTE III

Le théâtre représente une salle du château appelée salle du trône et servant de salle d'audience, ayant sur le côté une impériale[1] en dais, et dessous, le portrait du Roi.

Scène 1

LE COMTE, PÉDRILLE, *en veste et botté, tenant un paquet cacheté*

LE COMTE, *vite*. M'as-tu bien entendu ?
PÉDRILLE. Excellence, oui.

Il sort.

Scène 2

LE COMTE, *seul, criant*

Pédrille !

Scène 3

LE COMTE, PÉDRILLE, *revient*

PÉDRILLE. Excellence ?
LE COMTE. On ne t'a pas vu ?
PÉDRILLE. Âme qui vive.

---

1. Se disait du dessus d'un carrosse ou d'un lit. Ici le mot indique plus largement le dessus du dais en serge « impériale » (étoffe de laine fine), drapée à la manière d'une couronne « impériale », qui protège et sacralise le portrait du souverain. Le Comte, en effet, va juger au nom du roi.

LE COMTE. Prenez le cheval barbe[1].

PÉDRILLE. Il est à la grille du potager, tout sellé.

LE COMTE. Ferme[2], d'un trait, jusqu'à Séville.

PÉDRILLE. Il n'y a que trois lieues, elles sont bonnes[3].

LE COMTE. En descendant, sachez si le page est arrivé.

PÉDRILLE. Dans l'hôtel ?

LE COMTE. Oui ; surtout depuis quel temps.

PÉDRILLE. J'entends[4].

LE COMTE. Remets-lui son brevet, et reviens vite.

PÉDRILLE. Et s'il n'y était pas ?

LE COMTE. Revenez plus vite, et m'en[5] rendez compte. Allez.

Scène 4

LE COMTE, *seul, marche en rêvant*

J'ai fait une gaucherie[6] en éloignant Bazile !... la colère n'est bonne à rien. — Ce billet remis par lui, qui m'avertit d'une entreprise sur la Comtesse ; la camariste enfermée quand j'arrive ; la maîtresse affectée d'une terreur fausse ou vraie ; un homme qui saute par la fenêtre, et l'autre après qui avoue... ou qui prétend que c'est lui... Le fil m'échappe. Il y a là-dedans une obscurité... Des libertés chez[7] mes vassaux, qu'importe à gens de cette étoffe ? Mais la Comtesse ! si quelque insolent attentait... Où m'égaré-je ? En vérité, quand la tête se monte, l'imagination la mieux réglée devient folle comme un rêve ! — Elle s'amusait : ces ris étouffés, cette joie mal éteinte[8] ! — Elle se respecte ; et mon honneur... où diable on l'a placé ! De l'autre part, où suis-je ? cette friponne de Suzanne a-t-elle trahi mon secret ?...

---

1. De l'italien *barbero*, le mot indique un cheval d'Afrique du Nord, provenant en particulier de la « Barbarie » ; on dit aussi *berbère*. **2.** Adverbe : sans fléchir, au galop ventre à terre. **3.** Faciles à parcourir. **4.** Je comprends. **5.** Place régulière du régime à l'époque classique, après un second impératif (cf. Corneille, *Le Cid*, v. 290 : « Va, cours, vole et nous venge »). **6.** Maladresse. **7.** Des libertés que mes vassaux prennent avec la morale. **8.** Cf. acte II, scène 19.

Comme il n'est pas encore le sien... Qui donc m'en-
chaîne à cette fantaisie ? j'ai voulu vingt fois y renon-
cer... Étrange effet de l'irrésolution ! si je la voulais
sans débat, je la désirerais mille fois moins. — Ce
Figaro se fait bien attendre ! il faut le sonder adroite-
ment *(Figaro paraît dans le fond, il s'arrête)* et tâcher,
dans la conversation que je vais avoir avec lui, de
démêler d'une manière détournée s'il est instruit ou
non de mon amour pour Suzanne.

Scène 5

Le Comte, Figaro

Figaro, *à part.* Nous y voilà.

Le Comte. ... S'il en sait par elle un seul mot...

Figaro, *à part.* Je m'en suis douté.

Le Comte. ... Je lui fais épouser la vieille.

Figaro, *à part.* Les amours de monsieur Bazile ?

Le Comte. ... Et voyons ce que nous ferons de la
jeune.

Figaro, *à part.* Ah ! ma femme, s'il vous plaît.

Le Comte *se retourne.* Hein ? quoi ? qu'est-ce que
c'est ?

Figaro *s'avance.* Moi, qui me rends à vos ordres.

Le Comte. Et pourquoi ces mots ?...

Figaro. Je n'ai rien dit.

Le Comte *répète. Ma femme, s'il vous plaît ?*

Figaro. C'est... la fin d'une réponse que je faisais :
allez le dire à ma femme, s'il vous plaît.

Le Comte *se promène. Sa femme !.* ... Je voudrais bien
savoir quelle affaire peut arrêter Monsieur, quand
je le fais appeler ?

Figaro, *feignant d'assurer son habillement.* Je m'étais
sali sur ces couches en tombant [1], je me changeais.

Le Comte. Fallait-il une heure ?

Figaro. Il faut le temps.

---

1. Cf. acte II, scène 21.

LE COMTE. Les domestiques ici... sont plus longs à s'habiller que les maîtres !

FIGARO. C'est qu'ils n'ont point de valets pour les y aider.

LE COMTE. ... Je n'ai pas trop compris ce qui vous avait forcé tantôt de courir un danger inutile, en vous jetant...

FIGARO. Un danger ! on dirait que je me suis engouffré tout vivant...

LE COMTE. Essayez de me donner le change en feignant de le prendre [1], insidieux valet ! Vous entendez fort bien que ce n'est pas le danger qui m'inquiète, mais le motif.

FIGARO. Sur un faux avis, vous arrivez furieux, renversant tout, comme le torrent de la Morena [2] ; vous cherchez un homme, il vous le faut, ou vous allez briser les portes, enfoncer les cloisons ! Je me trouve là par hasard : qui sait dans votre emportement si...

LE COMTE, *interrompant.* Vous pouviez fuir par l'escalier.

FIGARO. Et vous, me prendre au corridor [3] !

LE COMTE, *en colère.* Au corridor ! *(À part.)* Je m'emporte, et nuis à ce que je veux savoir.

FIGARO, *à part.* Voyons-le venir, et jouons serré.

LE COMTE, *radouci.* Ce n'est pas ce que je voulais dire ; laissons cela. J'avais... oui, j'avais quelque envie de t'emmener à Londres, courrier de dépêches [4]... mais, toutes réflexions faites...

FIGARO. Monseigneur a changé d'avis ?

LE COMTE. Premièrement, tu ne sais pas l'anglais.

---

1. Essayez de me tromper en feignant de vous tromper vous-même (sur le sens de ma question).   **2.** La Sierra Morena marque la chute du plateau des monts Ibériques sur la plaine de l'Andalousie. Touche de couleur locale pour rappeler au lecteur que l'action se passe en Espagne !   **3.** De l'italien *corridore*, passage étroit et couvert mettant en communication plusieurs pièces d'un même étage (« couloir », « passage »).   **4.** Cf. acte I, scène 2.

FIGARO. Je sais *God-dam*[1].

LE COMTE. Je n'entends pas[2].

FIGARO. Je dis que je sais *God-dam*.

LE COMTE. Eh bien ?

FIGARO. Diable ! c'est une belle langue que l'anglais ! il en faut peu pour aller loin. Avec *God-dam*, en Angleterre[3], on ne manque de rien nulle part. — Voulez-vous tâter d'un bon poulet gras ? entrez dans une taverne, et faites seulement ce geste au garçon. (*Il tourne la broche*[4].) *God-dam !* on vous apporte un pied de bœuf salé, sans pain. C'est admirable. Aimez-vous à boire un coup d'excellent bourgogne ou de clairet[5] ? rien que celui-ci. *(Il débouche une bouteille.)* *God-dam !* on vous sert un pot de bière, en bel étain, la mousse aux bords. Quelle satisfaction ! Rencontrez-vous une de ces jolies personnes qui vont trottant menu, les yeux baissés, coudes en arrière, et tortillant un peu des hanches : mettez mignardement tous les doigts unis sur la bouche. Ah ! *God-dam !* elle vous sangle[6] un soufflet de crocheteur[7]. preuve qu'elle entend. Les Anglais, à la vérité, ajoutent par-ci, par-là, quelques autres mots en conversant ; mais il est bien aisé de voir que *God-dam* est le fond de la langue ; et si Monseigneur n'a pas d'autre motif de me laisser en Espagne...

LE COMTE, *à part*. Il veut venir à Londres ; elle n'a pas parlé.

---

1. Ce juron était connu depuis longtemps en France. C'est déjà à cause de cette expression que les soldats de Jeanne d'Arc appelaient les Anglais les « Godons ». Dans le manuscrit du *Barbier de Séville* en cinq actes appartenant aux archives de la famille de Beaumarchais, et normalement indiqué par (F), lors d'une interpolation ajoutée en 1775, on trouve une première tirade de « Goddam » utilisée par Figaro (I, 2).   2. Comme ailleurs : je ne comprends pas.   3. La véracité de cette peinture ironique, qui figurait déjà dans une des premières versions du *Barbier de Séville* (I, 1), est faite d'après nature et attestée par l'abbé Prévost (cf. *Mémoires d'un homme de qualité*).   4. Beaumarchais devance la conception « moderne » de la mise en scène et de l'importance du geste ; à ce propos cf., en particulier, la notice sur le *Placement des acteurs*, les didascalies de l'acte IV, scène 9, etc.   5. Clairet : ici le vin de Bordeaux, opposé au bourgogne. 6. Frapper comme avec une sangle, un fouet.   7. Portefaix.

Figaro, *à part.* Il croit que je ne sais rien ; travaillons-le un peu dans son genre.

Le Comte. Quel motif avait la Comtesse pour me jouer un pareil tour ?

Figaro. Ma foi, Monseigneur, vous le savez mieux que moi.

Le Comte. Je la préviens sur tout[1], et la comble de présents.

Figaro. Vous lui donnez, mais vous êtes infidèle. Sait-on gré du superflu à qui nous prive du nécessaire ?

Le Comte. ... Autrefois tu me disais tout.

Figaro. Et maintenant je ne vous cache rien.

Le Comte. Combien la Comtesse t'a-t-elle donné pour cette belle association ?

Figaro. Combien me donnâtes-vous pour la tirer des mains du docteur ? Tenez, Monseigneur, n'humilions pas l'homme qui nous sert bien, crainte d'en faire un mauvais valet.

Le Comte. Pourquoi faut-il qu'il y ait toujours du louche en ce que tu fais ?

Figaro. C'est qu'on en voit partout quand on cherche des torts.

Le Comte. Une réputation détestable !

Figaro. Et si je vaux mieux qu'elle ? Y a-t-il beaucoup de seigneurs qui puissent en dire autant ?

Le Comte. Cent fois je t'ai vu marcher à la fortune, et jamais aller droit.

Figaro. Comment voulez-vous ? la foule est là : chacun veut courir : on se presse, on pousse, on coudoie, on renverse, arrive qui peut ; le reste est écrasé. Aussi c'est fait ; pour moi, j'y renonce.

Le Comte. À la fortune ? *(À part.)* Voici du neuf.

Figaro, *à part.* À mon tour maintenant. *(Haut).* Votre Excellence m'a gratifié de la conciergerie du château ; c'est un fort joli sort : à la vérité, je ne serai

---

1. Je préviens tous ses désirs.

pas le courrier étrenné[1] des nouvelles intéressantes ; mais, en revanche, heureux avec ma femme au fond de l'Andalousie...

LE COMTE. Qui t'empêcherait de l'emmener à Londres ?

FIGARO. Il faudrait la quitter si souvent que j'aurais bientôt du mariage par-dessus la tête.

LE COMTE. Avec du caractère et de l'esprit, tu pourrais un jour t'avancer dans les bureaux.

FIGARO. De l'esprit pour s'avancer ? Monseigneur se rit du mien. Médiocre et rampant[2], et l'on arrive à tout.

LE COMTE. ... Il ne faudrait qu'étudier un peu sous moi la politique.

FIGARO. Je la sais.

LE COMTE. Comme l'anglais, le fond de la langue !

FIGARO. Oui, s'il y avait ici de quoi se vanter. Mais feindre d'ignorer ce qu'on sait, de savoir tout ce qu'on ignore ; d'entendre ce qu'on ne comprend pas, de ne point ouïr ce qu'on entend[3] ; surtout de pouvoir au-delà de ses forces ; avoir souvent pour grand secret de cacher qu'il n'y en a point ; s'enfermer pour tailler des plumes, et paraître profond quand on n'est, comme on dit, que vide et creux ; jouer bien ou mal un personnage, répandre des espions et pensionner des traîtres ; amollir des cachets, intercepter des lettres, et tâcher d'ennoblir la pauvreté des moyens par l'importance des objets : voilà toute la politique, ou je meure[4].

LE COMTE. Et ! c'est l'intrigue que tu définis !

FIGARO. La politique, l'intrigue, volontiers ; mais, comme je les crois un peu germaines[5], en fasse qui

---

1. La fonction de Figaro n'est pas celle de « portier », mais d'intendant, de conservateur... qui a l'« étrenne » des nouvelles, la primeur des nouvelles, c'est-à-dire qui les sait le premier.   **2.** Ici perce la critique sociale de l'auteur ; ce mot deviendra proverbial.   **3.** Dans ce cas, double sens : *entendre* et *comprendre*.   **4.** Que je meure, si ce n'est pas la vérité.   **5.** Sœurs, cousines, finalement proches, parentes.

voudra ! *J'aime mieux ma mie, ô gué !* comme dit la chanson du bon Roi[1].

Le Comte, *à part.* Il veut rester. J'entends... Suzanne m'a trahi.

Figaro, *à part.* Je l'enfile[2], et le paye en sa monnaie.

Le Comte. Ainsi tu espères gagner ton procès contre Marceline ?

Figaro. Me feriez-vous un crime de refuser une vieille fille, quand Votre Excellence se permet de nous souffler toutes les jeunes !

Le Comte, *raillant.* Au tribunal le magistrat s'oublie, et ne voit plus que l'ordonnance[3].

Figaro. Indulgente aux grands, dure aux petits[4]...

Le Comte. Crois-tu donc que je plaisante ?

Figaro. Eh ! qui le sait, Monseigneur ? *Tempo è galant' uomo*[5], dit l'italien ; il dit toujours la vérité[6] : c'est lui qui m'apprendra qui me veut du mal ou du bien.

Le Comte, *à part.* Je vois qu'on lui a tout dit ; il épousera la duègne.

Figaro, *à part.* Il a joué au fin avec moi, qu'a-t-il appris ?

Scène 6

Le Comte, Un laquais, Figaro

Le Laquais, *annonçant.* Dom Gusman Brid'oison.

Le Comte. Brid'oison ?

Figaro. Eh ! sans doute. C'est le juge ordinaire, le lieutenant du siège, votre prud'homme[7].

---

1. Cf. *Le Misanthrope*, I, 2. Roi Henri.   2. Voir la note à l'avant-dernière réplique de l'acte I, scène 10 ; « je le trompe ».   3. La loi.   4. Attaque de l'auteur contre la partialité de la justice ; cette attaque lui a valu de violentes critiques.   5. « Le temps est honnête homme. » Proverbe italien, dont le sens est d'ailleurs tout de suite après expliqué par Figaro.   6. La phrase signifie : « Qu'on finit par tout savoir ».   7. Ce terme est en contradiction avec les précédents, le prud'-homme n'étant qu'un expert dont on prenait avis ou garantie dans une affaire, mais qui n'avait pas qualité pour juger. Ici, le mot veut indiquer donc ironiquement plutôt un homme qui possède de la prud'homie (anc.), de l'honnêteté, qualité morale dont Brid'oison est complètement dépourvu.

Le Comte. Qu'il attende.

Le laquais sort.

Scène 7

Le Comte, Figaro

Figaro *reste un moment à regarder le Comte qui rêve*[1]. ...
Est-ce là ce que Monseigneur voulait ?

Le Comte, *revenant à lui*. Moi ?... je disais d'arranger
ce salon pour l'audience publique.

Figaro. Hé ! qu'est-ce qu'il manque ? Le grand fauteuil pour vous, de bonnes chaises aux prud'-
hommes, le tabouret du greffier, deux banquettes
aux avocats, le plancher pour le beau monde et la
canaille derrière. Je vais renvoyer les frotteurs.

Il sort.

Scène 8

Le Comte, *seul*

Le maraud m'embarrassait ! en disputant[2], il prend
son avantage ; il vous serre, vous enveloppe... Ah ! friponne et fripon, vous vous entendez pour me jouer !
Soyez amis, soyez amants, soyez ce qu'il vous plaira,
j'y consens ; mais parbleu, pour époux...

Scène 9

Suzanne, Le Comte

Suzanne, *essoufflée*. Monseigneur... pardon, Monseigneur.

Le Comte, *avec humeur*. Qu'est-ce qu'il y a, mademoiselle ?

Suzanne. Vous êtes en colère !

---

1. Qui réfléchit.   **2.** Au cours de la discussion.

LE COMTE. Vous voulez quelque chose apparemment ?

SUZANNE, *timidement*. C'est que ma maîtresse a ses vapeurs. J'accourais vous prier de nous prêter votre flacon d'éther. Je l'aurais rapporté dans l'instant.

LE COMTE *le lui donne*. Non, non, gardez-le pour vous-même. Il ne tardera pas à vous être utile.

SUZANNE. Est-ce que les femmes de mon état ont des vapeurs, donc ? C'est un mal de condition, qu'on ne prend que dans les boudoirs.

LE COMTE. Une fiancée bien éprise, et qui perd son futur...

SUZANNE. En payant Marceline avec la dot que vous m'avez promise...

LE COMTE. Que je vous ai promise, moi ?

SUZANNE, *baissant les yeux*. Monseigneur, j'avais cru l'entendre.

LE COMTE. Oui, si vous consentiez à m'entendre vous-même.

SUZANNE, *les yeux baissés*. Et n'est-ce pas mon devoir d'écouter Son Excellence ?

LE COMTE. Pourquoi donc, cruelle fille, ne me l'avoir pas dit plus tôt ?

SUZANNE. Est-il jamais trop tard pour dire la vérité ?

LE COMTE. Tu te rendrais sur la brune[1] au jardin ?

SUZANNE. Est-ce que je ne m'y promène pas tous les soirs ?

LE COMTE. Tu m'as traité ce matin[2] si durement !

SUZANNE. Ce matin ? — Et le page[3] derrière le fauteuil ?

LE COMTE. Elle a raison, je l'oubliais... Mais pourquoi ce refus obstiné quand Bazile, de ma part[4] ?...

SUZANNE. Quelle nécessité qu'un Bazile... ?

LE COMTE. Elle a toujours raison. Cependant il y a un certain Figaro à qui je crains bien que vous n'ayez tout dit !

---

1. Cf. note 1, p. 112.   **2.** Cf. acte I, scène 8.   **3.** Devant lequel elle feint n'avoir évidemment pu parler.   **4.** Cf. acte I, scène 9.

SUZANNE. Dame ! oui, je lui dis tout... hors ce qu'il faut lui taire.

LE COMTE, *en riant.* Ah ! charmante ! Et tu me le promets ? Si tu manquais à ta parole, entendons-nous, mon cœur : point de rendez-vous, point de dot, point de mariage.

SUZANNE, *faisant la révérence.* Mais aussi point de mariage, point de droit du seigneur [1], Monseigneur.

LE COMTE. Où prend-elle ce qu'elle dit ? d'honneur j'en raffolerai ! Mais ta maîtresse attend le flacon...

SUZANNE, *riant et rendant le flacon.* Aurais-je pu vous parler sans un prétexte ?

LE COMTE *veut l'embrasser.* Délicieuse créature !

SUZANNE *s'échappe.* Voilà du monde.

LE COMTE, *à part.* Elle est à moi.

Il s'enfuit.

SUZANNE. Allons vite rendre compte à Madame.

Scène 10

SUZANNE, FIGARO

FIGARO. Suzanne, Suzanne ! où cours-tu donc si vite en quittant Monseigneur ?

SUZANNE. Plaide à présent, si tu le veux ; tu viens de gagner ton procès.

Elle s'enfuit.

FIGARO *la suit.* Ah ! mais, dis donc...

Scène 11

LE COMTE *rentre seul*

Tu viens de gagner ton procès ! — Je donnais là dans un bon piège ! Ô mes chers insolents ! je vous punirai de façon... Un bon arrêt... bien juste... Mais s'il allait payer la duègne... Avec quoi ?... S'il payait... Eeeeh !

---

1. Cf. acte I, scène 1.

n'ai-je pas le fier Antonio, dont le noble orgueil[1]
dédaigne en Figaro un inconnu pour sa nièce[2]. En
caressant cette manie... Pourquoi non ? dans le vaste
champ de l'intrigue il faut savoir tout cultiver, jusqu'à
la vanité d'un sot[3]... *(Il appelle.)* Anto...

Il voit entrer Marceline, etc. Il sort.

Scène 12

BARTHOLO, MARCELINE, BRID'OISON

MARCELINE, *à Brid'oison*. Monsieur, écoutez mon
affaire.

BRID'OISON, *en robe, et bégayant un peu.* Eh bien ! par-
lons-en verbalement.

BARTHOLO. C'est une promesse de mariage.

MARCELINE. Accompagnée d'un prêt d'argent.

BRID'OISON. J'en-entends, et caetera, le reste.

MARCELINE. Non, monsieur, point d'*et caetera*.

BRID'OISON. J'en-entends : vous avez la somme ?

MARCELINE. Non, monsieur ; c'est moi qui l'ai prêtée.

BRID'OISON. J'en-entends bien, vou-ous redemandez
l'argent ?

MARCELINE. Non, monsieur ; je demande qu'il
m'épouse.

BRID'OISON. Eh ! mais j'en-entends fort bien ; et lui
veu-eut-il vous épouser ?

MARCELINE. Non, monsieur ; voilà tout le procès !

BRID'OISON. Croyez-vous que je ne l'en-entende pas, le
procès ?

MARCELINE. Non, monsieur. *(À Bartholo.)* Où
sommes-nous ? *(À Brid'oison.)* Quoi ! c'est vous qui
nous jugerez[4] ?

---

1. Deux épithètes, qui, rapportées à Antonio, sont manifestement ironiques. **2.** La fille de sa sœur, c'est-à-dire Suzanne (III, 18, avant-dernière réplique d'Antonio). **3.** D'Antonio, jardinier ivrogne du château ;
image de circonstance, mais aussi critique sévère de la « politique » du
Comte. **4.** Autre attaque de l'auteur contre un système judiciaire corrompu.

BRID'OISON. Est-ce que j'ai a-acheté ma charge pour autre chose ?

MARCELINE, *en soupirant.* C'est un grand abus que de les vendre !

BRID'OISON. Oui ; l'on-on ferait mieux de nous les donner pour rien. Contre qui plai-aidez-vous ?

Scène 13

BARTHOLO, MARCELINE, BRID'OISON,
FIGARO *rentre en se frottant les mains*

MARCELINE, *montrant Figaro.* Monsieur, contre ce malhonnête homme.

FIGARO, *très gaiement, à Marceline.* Je vous gêne peut-être. — Monseigneur revient dans l'instant, monsieur le conseiller.

BRID'OISON. J'ai vu ce ga-arçon-là quelque part.

FIGARO. Chez Madame votre femme, à Séville, pour la servir, monsieur le conseiller.

BRID'OISON. Dan-ans quel temps ?

FIGARO. Un peu moins d'un an avant la naissance de monsieur votre fils le cadet, qui est un bien joli enfant, je m'en vante [1].

BRID'OISON. Oui, c'est le plus jo-oli de tous. On dit que tu-u fais ici des tiennes ?

FIGARO. Monsieur est bien bon. Ce n'est là qu'une misère.

BRID'OISON. Une promesse de mariage ! A-ah ! le pauvre benêt !

FIGARO. Monsieur...

BRID'OISON. A-t-il vu mon-on secrétaire, ce bon garçon ?

FIGARO. N'est-ce pas Double-Main, le greffier ?

BRID'OISON. Oui ; c'è-est qu'il mange à deux râteliers.

FIGARO. Manger ! je suis garant qu'il dévore. Oh ! que

---

1. Figaro se vantait déjà, dans les mêmes termes, d'une fortune semblable dans *Le Barbier de Séville* en cinq actes. (Cf. E.J. Arnould, *La Genèse du Barbier de Séville*, Dublin et Paris, Minard, 1965, p. 413 ; dernière scène.) Le mari dupé était alors l'alcade.

oui, je l'ai vu pour l'extrait et pour le supplément
d'extrait[1] ; comme cela se pratique, au reste.

BRID'OISON. On-on doit remplir les formes.

FIGARO. Assurément, monsieur ; si le fond des procès
appartient aux plaideurs, on sait bien que la forme
est le patrimoine des tribunaux.

BRID'OISON. Ce garçon-là n'è-est pas si niais que je
l'avais cru d'abord. Eh bien, l'ami, puisque tu en
sais tant, nou-ous aurons soin de ton affaire.

FIGARO. Monsieur, je m'en rapporte à votre équité,
quoique vous soyez de notre Justice.

BRID'OISON. Hein ?... Oui, je suis de la-a Justice. Mais
si tu dois, et que tu-u ne payes pas ?...

FIGARO. Alors Monsieur voit bien que c'est comme si
je ne devais pas.

BRID'OISON. San-ans doute. — Hé ! mais qu'est-ce
donc qu'il dit ?

Scène 14

BARTHOLO, MARCELINE, LE COMTE, BRID'OISON,
FIGARO, UN HUISSIER

L'HUISSIER[2], *précédant le Comte, crie.* Monseigneur,
messieurs.

LE COMTE. En robe ici, seigneur Brid'oison ! Ce n'est
qu'une affaire domestique : l'habit de ville était
trop bon.

BRID'OISON. C'è-est vous qui l'êtes, monsieur le
Comte. Mais je ne vais jamais san-ans elle, parce
que la forme, voyez-vous, la forme ! Tel rit d'un
juge en habit court, qui-i tremble au seul aspect
d'un procureur en robe. La forme, la-a forme !

LE COMTE, *à l'huissier.* Faites entrer l'audience[3].

L'HUISSIER *va ouvrir en glapissant.* L'audience !

---

1. « Abrégé, sommaire, analyse d'un procès » (Dictionnaire de l'Académie) ; cf. aussi Molière, *Les Fourberies de Scapin* (II, 8).   2. Il représentait, dit-on, un certain Lachet que l'auteur avait connu à la capitanerie
de La Varenne, au Louvre.   3. L'ensemble des auditeurs, plaignants et
public.

Scène 15

LES ACTEURS PRÉCÉDENTS, ANTONIO, LES VALETS DU CHÂTEAU, LES PAYSANS ET PAYSANNES *en habits de fête* ; LE COMTE *s'assied sur le grand fauteuil* ; BRID'OISON, *sur une chaise à côté* ; LE GREFFIER, *sur le tabouret derrière sa table* ; LES JUGES, LES AVOCATS, *sur les banquettes* ; MARCELINE, *à côté de* BARTHOLO ; FIGARO, *sur l'autre banquette* ; LES PAYSANS ET VALETS, *debout derrière*

BRID'OISON, *à Double-Main.* Double-Main, a-appelez les causes.

DOUBLE-MAIN *lit un papier.* « Noble, très noble, infiniment noble, *don Pedro George, hidalgo*[1], *baron de Los Altos, y Montes Fieros, y Otros Montes* ; contre *Alonzo Calderon*, jeune auteur dramatique. Il est question d'une comédie mort-née, que chacun désavoue et rejette sur l'autre. »

LE COMTE. Ils ont raison tous les deux. Hors de cour. S'ils font ensemble un autre ouvrage, pour qu'il marque un peu dans le grand monde, ordonné que le noble y mettra son nom, le poète[2] son talent.

DOUBLE-MAIN *lit un autre papier.* « *André Petrutchio*, laboureur ; contre le receveur de la province. » Il s'agit d'un forcement arbitraire[3].

LE COMTE. L'affaire n'est pas de mon ressort. Je servirai mieux mes vassaux en les protégeant près du Roi. Passez.

DOUBLE-MAIN *en prend un troisième. Bartholo et Figaro se lèvent.* « *Barbe-Agar-Raab-Madeleine-Nicole-Marceline de Verte-Allure*, fille majeure *(Marceline se lève et salue.)* ; contre *Figaro*... » Nom de baptême en blanc ?

---

1. Noble espagnol, descendant d'une ancienne famille chrétienne, figurant au plus bas degré de la noblesse.   2. Exemple d'une autre claire injustice.
3. Augmentation injustifiée des redevances, saisie injustifiée. Il s'agissait de l'exercice de droit en vertu duquel l'Administration prétendait faire payer au laboureur des impôts supérieurs à ceux qu'il avait payés ; le forcement de recette était donc arbitraire et constituait un abus.

FIGARO. Anonyme.

BRID'OISON. A-anonyme ! Què-el patron est-ce là ?

FIGARO. C'est le mien.

DOUBLE-MAIN *écrit*. Contre anonyme *Figaro*. Qualités ?

FIGARO. Gentilhomme.

LE COMTE. Vous êtes gentilhomme ?

Le greffier écrit.

FIGARO. Si le Ciel l'eût voulu, je serais fils d'un prince.

LE COMTE, *au greffier*. Allez.

L'HUISSIER, *glapissant*. Silence ! messieurs.

DOUBLE-MAIN *lit*. « ... Pour cause d'opposition faite au mariage dudit *Figaro* par ladite *de Verte-Allure*. Le docteur *Bartholo* plaidant pour la demanderesse, et ledit *Figaro* pour lui-même[1], si la cour le permet, contre le vœu de l'usage et la jurisprudence du siège. »

FIGARO. L'usage, maître Double-Main, est souvent un abus. Le client un peu instruit sait toujours mieux sa cause que certains avocats, qui, suant à froid, criant à tue-tête, et connaissant tout, hors le fait, s'embarrassent aussi peu de ruiner le plaideur que d'ennuyer l'auditoire et d'endormir messieurs : plus boursouflés après que s'ils eussent composé l'*Oratio pro Murena*[2]. Moi, je dirai le fait en peu de mots. Messieurs...

DOUBLE-MAIN. En voilà beaucoup d'inutiles, car vous n'êtes pas demandeur, et n'avez que la défense[3]. Avancez, docteur, et lisez la promesse.

FIGARO. Oui, promesse !

BARTHOLO, *mettant ses lunettes*. Elle est précise.

BRID'OISON. I-il faut la voir.

DOUBLE-MAIN. Silence donc, messieurs !

---

1. C'est ce que Beaumarchais avait fait devant le Parlement d'Aix, où avait été transporté son procès contre le comte de La Blanche. **2.** L'un des plus célèbres plaidoyers de Cicéron, homme politique et orateur latin (106-43 av. J.-C.). **3.** Dans ces débats fantaisistes, c'est la seule observation qui ait une valeur juridique.

L'Huissier, *glapissant.* Silence !

Bartholo *lit.* « *Je soussigné reconnais avoir reçu de
damoiselle, etc. Marceline de Verte-Allure, dans le château d'Aguas-Frescas, la somme de deux mille* piastres
fortes [1] *cordonnées* [2], *laquelle somme je lui rendrai à sa
réquisition, dans ce château ; et je l'épouserai, par forme
de reconnaissance, etc.* Signé *Figaro,* tout court. »
Mes conclusions sont au payement du billet et à
l'exécution de la promesse, avec dépens. *(Il plaide.)*
Messieurs... jamais cause plus intéressante ne fut
soumise au jugement de la cour ; et, depuis
Alexandre le Grand, qui promit mariage à la belle
Thalestris...

Le Comte, *interrompant.* Avant d'aller plus loin, avocat, convient-on de la validité du titre ?

Brid'oison, *à Figaro.* Qu'oppo... qu'opposez-vous à
cette lecture ?

Figaro. Qu'il y a, messieurs, malice, erreur ou distraction dans la manière dont on a lu la pièce, car
il n'est pas dit dans l'écrit : « *laquelle somme je lui
rendrai, ET je l'épouserai* », mais « *laquelle somme je
lui rendrai, OU je l'épouserai* » ; ce qui est bien différent.

Le Comte. Y a-t-il ET dans l'acte, ou bien OU ?

Bartholo. Il y a ET.

Figaro. Il y a OU.

Brid'oison. Dou-ouble-Main, lisez vous-même.

Double-Main, *prenant le papier.* Et c'est le plus sûr ;
car souvent les parties déguisent en lisant. *(Il lit.)*
« E, e, e, *Damoiselle* e, e, e, *de Verte-Allure,* e, e, e,
Ha ! *laquelle somme je lui rendrai à sa réquisition, dans
ce château...* ET... OU... ET... OU... » Le mot est
si mal écrit... il y a un pâté.

---

1. La *piastre forte* valait 5,70 francs-or.   2. Dont l'effigie est entourée
d'un « cordon », d'un « petit bord façonné » (Dictionnaire de l'Académie),
d'une gravure circulaire sur la tranche de métal.

BRID'OISON. Un pâ-âté ? je sais ce que c'est[1].

BARTHOLO, *plaidant.* Je soutiens, moi, que c'est la conjonction copulative ET qui lie les membres corrélatifs de la phrase ; je payerai la demoiselle, ET je l'épouserai.

FIGARO, *plaidant.* Je soutiens, moi, que c'est la conjonction alternative OU qui sépare lesdits membres ; je payerai la donzelle[2], OU je l'épouserai. À pédant, pédant et demi. Qu'il s'avise de parler latin, j'y suis grec[3] ; je l'extermine.

LE COMTE. Comment juger pareille question ?

BARTHOLO. Pour la trancher, messieurs, et ne plus chicaner sur un mot, nous passons[4] qu'il y ait OU.

FIGARO. J'en demande acte.

BARTHOLO. Et nous y adhérons. Un si mauvais refuge ne sauvera pas le coupable. Examinons le titre en ce sens. *(Il lit.)* « *Laquelle somme je lui rendrai dans ce château où je l'épouserai.* » C'est ainsi qu'on dirait, messieurs : « *Vous vous ferez saigner dans ce lit* où *vous resterez chaudement* » ; c'est dans lequel. « *Il prendra deux gros*[5] *de rhubarbe* où *vous mêlerez un peu de tamarin* » ; dans lesquels on mêlera. Ainsi « *château* où *je l'épouserai* », messieurs, c'est « *château dans lequel...* »

FIGARO. Point du tout : la phrase est dans le sens de celle-ci : « ou *la maladie vous tuera*, ou *ce sera le médecin*[6] », ou bien *le médecin* ; c'est incontestable. Autre exemple : « ou *vous n'écrirez rien qui plaise*, ou

---

1. Et Beaumarchais aussi, qui, dans le procès intenté par les parents de sa première femme, avait été accusé d'avoir falsifié le testament pour toucher l'héritage. La même accusation avait été portée contre l'auteur par le comte de La Blanche, héritier du financier Pâris-Duverney, à propos du testament de celui-ci.   **2.** De l'italien *donzella,* « demoiselle ».   **3.** Le grec est une langue encore plus subtile que le latin : j'y suis fort habile, plus habile que Bartholo qui parle « latin ».   **4.** Nous concédons.   **5.** Le « gros », c'est-à-dire le huitième de l'once ; monnaie ainsi désignée à cause de l'épaisseur de la pièce, qui servait en particulier à peser les plantes médicinales. La *rhubarbe* et le *tamarin* ont des vertus laxatives.   **6.** En tirant ses exemples de cette profession, qui est d'ailleurs la sienne, Bartholo suggère ce trait satirique, naturel dans la « Maison de Molière ».

les sots vous dénigreront » ; ou bien *les sots* ; le sens est
clair ; car, audit cas, *sots* ou *méchants* sont le sub-
stantif qui gouverne. Maître Bartholo croit-il donc
que j'aie oublié ma syntaxe ? Ainsi, je la payerai
dans ce château, *virgule, ou* je l'épouserai...

BARTHOLO, *vite.* Sans virgule.

FIGARO, *vite.* Elle y est. C'est, *virgule,* messieurs, ou
bien je l'épouserai.

BARTHOLO, *regardant le papier, vite.* Sans virgule, messieurs.

FIGARO, *vite.* Elle y était, messieurs. D'ailleurs,
l'homme qui épouse est-il tenu de rembourser ?

BARTHOLO, *vite.* Oui ; nous nous marions séparés de
biens.

FIGARO, *vite.* Et nous de corps, dès que mariage n'est
pas quittance[1].

Les juges se lèvent et opinent tout bas.

BARTHOLO. Plaisant acquittement[2] !

DOUBLE-MAIN. Silence, messieurs !

L'HUISSIER, *glapissant.* Silence !

BARTHOLO. Un pareil fripon appelle cela payer ses
dettes !

FIGARO. Est-ce votre cause, avocat, que vous plaidez ?

BARTHOLO. Je défends cette demoiselle.

FIGARO. Continuez à déraisonner, mais cessez d'inju-
rier[3]. Lorsque, craignant l'emportement des plaideurs, les tribunaux ont toléré qu'on appelât des
tiers, ils n'ont pas entendu que ces défenseurs
modérés deviendraient impunément des insolents
privilégiés. C'est dégrader le plus noble institut[4].

Les juges continuent d'opiner bas.

---

1. Puisque, du moment que le mariage ne supprime pas la dette.
2. Plaisante façon de s'acquitter !   3. Ici l'auteur fait probablement
allusion aux calomnies que s'étaient permises contre lui les avocats de ses
adversaires.   4. La plus noble institution. Beaumarchais a souvent
confirmé son respect pour la magistrature ; ce qu'il attaque ce sont les abus,
la partialité, la corruption de certains juges.

ANTONIO, *à Marceline, montrant les juges.* Qu'ont-ils tant à balbucifier [1] ?

MARCELINE. On a corrompu le grand juge ; il corrompt l'autre, et je perds mon procès [2].

BARTHOLO, *bas, d'un ton sombre.* J'en ai peur.

FIGARO, *gaiement.* Courage, Marceline !

DOUBLE-MAIN *se lève ; à Marceline.* Ah ! c'est trop fort ! je vous dénonce ; et, pour l'honneur du tribunal, je demande qu'avant faire droit sur l'autre affaire, il soit prononcé sur celle-ci.

LE COMTE *s'assied.* Non, greffier, je ne prononcerai point sur mon injure personnelle [3], un juge espagnol [4] n'aura point à rougir d'un excès digne au plus des tribunaux asiatiques : c'est assez des autres abus ! J'en vais corriger un second, en vous motivant mon arrêt [5] : tout juge qui s'y refuse est un grand ennemi des lois. Que peut requérir la demanderesse ? mariage à défaut de payement ; les deux ensemble impliqueraient [6].

DOUBLE-MAIN. Silence, messieurs !

L'HUISSIER, *glapissant.* Silence.

LE COMTE. Que nous répond le défendeur ? qu'il veut garder sa personne ; à lui permis.

FIGARO, *avec joie.* J'ai gagné !

LE COMTE. Mais comme le texte dit : « *Laquelle somme je payerai à sa première réquisition,* ou *bien j'épouserai, etc.* », la cour condamne le défendeur à payer deux mille piastres fortes à la demanderesse, ou bien à l'épouser dans le jour.

---

1. Allongement comique de « balbutier ».   **2.** Encore une allusion à l'« affaire » Goëzman, et à mainte autre...   **3.** De corruption ; nouvelle allusion très précise : les juges de Beaumarchais et de Goëzman, égaux de ce dernier, avaient été influencés par lui contre l'écrivain. Il est intéressant de constater que le Comte joue ici le rôle de redresseur de torts.   **4.** La couleur espagnole ne saurait faire illusion sur les intentions satiriques de l'auteur.   **5.** C'est justement ce qui n'avait pas eu lieu dans l'arrêt de blâme porté contre Beaumarchais, à la grande indignation de celui-ci et de l'opinion publique.   **6.** La formule complète serait : « impliqueraient contradiction », seraient contradictoires, incompatibles.

Il se lève.

FIGARO, *stupéfait.* J'ai perdu.

ANTONIO, *avec joie.* Superbe arrêt !

FIGARO. En quoi superbe ?

ANTONIO. En ce que tu n'es plus mon neveu. Grand
merci, Monseigneur.

L'HUISSIER, *glapissant.* Passez, messieurs.

Le peuple sort.

ANTONIO. Je m'en vas tout conter à ma nièce.

Il sort.

Scène 16

LE COMTE, *allant de côté et d'autre ;* MARCELINE,
BARTHOLO, FIGARO, BRID'OISON

MARCELINE *s'assied.* Ah ! je respire !

FIGARO. Et moi, j'étouffe.

LE COMTE, *à part.* Au moins je suis vengé, cela
soulage.

FIGARO, *à part.* Et ce Bazile qui devait s'opposer au
mariage de Marceline, voyez comme il revient !
— *(Au Comte qui sort.)* Monseigneur, vous nous
quittez ?

LE COMTE. Tout est jugé.

FIGARO, *à Brid'oison.* C'est ce gros enflé de
conseiller...

BRID'OISON. Moi, gros-os enflé !

FIGARO. Sans doute. Et je ne l'épouserai pas : je suis
gentilhomme, une fois [1].

Le Comte s'arrête.

BARTHOLO. Vous l'épouserez.

FIGARO. Sans l'aveu de mes nobles parents ?

---

1. Une fois pour toutes ! que cela soit clair ! L'expression marque une
valeur temporelle forte.

BARTHOLO. Nommez-les, montrez-les.

FIGARO. Qu'on me donne un peu de temps : je suis bien près de les revoir ; il y a quinze ans[1] que je les cherche.

BARTHOLO. Le fat[2] ! c'est quelque enfant trouvé !

FIGARO. Enfant perdu, docteur, ou plutôt enfant volé.

LE COMTE *revient*. *Volé, perdu*, la preuve ? Il crierait qu'on lui fait injure[3] !

FIGARO. Monseigneur, quand les langes à dentelles, tapis brodés et joyaux d'or trouvés sur moi par les brigands n'indiqueraient pas ma haute naissance, la précaution qu'on avait prise de me faire des marques distinctives témoignerait assez combien j'étais un fils précieux : et cet hiéroglyphe à mon bras...

Il veut se dépouiller le bras droit.

MARCELINE, *se levant vivement*. Une spatule[4] à ton bras droit ?

FIGARO. D'où savez-vous que je dois l'avoir ?

MARCELINE. Dieux ! c'est lui !

FIGARO. Oui, c'est moi.

BARTHOLO, *à Marceline*. Et qui ? lui !

MARCELINE, *vivement*. C'est Emmanuel[5].

BARTHOLO, *à Figaro*. Tu fus enlevé par des bohémiens ?

FIGARO, *exalté*. Tout près d'un château. Bon docteur, si vous me rendez à ma noble famille, mettez un prix à ce service ; des monceaux d'or n'arrêteront pas mes illustres parents.

BARTHOLO, *montrant Marceline*. Voilà ta mère.

FIGARO. ... Nourrice ?

---

1. Cf. la *Lettre modérée sur la chute et la critique du Barbier*, précédant le texte du *Barbier de Séville*.   **2.** Le sot prétentieux !   **3.** Si on ne l'écoutait pas.   **4.** « Instrument de chirurgie rond par un bout et plat par l'autre » (Dictionnaire de l'Académie) ; le mot indique aussi un oiseau échassier, dont le bec est en forme de spatule ; ici, dessin en forme de spatule, fait, justement, à l'aide d'une spatule.   **5.** Fils de Marceline, ancienne gouvernante de Bartholo et de celui-ci, enlevé par les brigands (I, 4).

BARTHOLO. Ta propre mère.

LE COMTE. Sa mère !

FIGARO. Expliquez-vous.

MARCELINE, *montrant Bartholo*. Voilà ton père[1].

FIGARO, *désolé*. Oooh ! aïe de moi !

MARCELINE. Est-ce que la nature ne te l'a pas dit mille fois ?

FIGARO. Jamais.

LE COMTE, *à part*. Sa mère !

BRID'OISON. C'est clair, i-il ne l'épousera pas.

☞ BARTHOLO[2]. Ni moi non plus.

MARCELINE. Ni vous ! Et votre fils ? Vous m'aviez juré...

BARTHOLO. J'étais fou. Si pareils souvenirs engageaient, on serait tenu d'épouser tout le monde.

BRID'OISON. E-et si l'on y regardait de si près, personne n'épouserait personne.

BARTHOLO. Des fautes si connues ! une jeunesse déplorable.

MARCELINE, *s'échauffant par degrés*. Oui, déplorable, et plus qu'on ne croit ! Je n'entends pas nier mes fautes ; ce jour les a trop bien prouvées ! mais qu'il est dur de les expier après trente ans d'une vie modeste ! J'étais née, moi, pour être sage, et je la suis devenue sitôt qu'on m'a permis d'user de ma raison. Mais dans l'âge des illusions, de l'inexpérience et des besoins, où les séducteurs nous assiègent pendant que la misère nous poignarde, que peut opposer une enfant à tant d'ennemis rassemblés ? Tel nous juge ici sévèrement, qui, peut-être, en sa vie a perdu dix infortunées !

---

1. Voilà la « reconnaissance » !, forme dramatique typique du mélodrame, avatar du drame bourgeois.   **2.** Ce qui suit, enfermé entre ces deux index, a été retranché par les Comédiens-Français aux représentations de Paris *(note de Beaumarchais)*. Sur ce passage, voir la *Préface*, pp. 74-77, mais rétabli dès la première édition, tant l'auteur tenait à cette profession de foi féministe, si intéressante à divers titres. Sur ce sujet, voir *La Nouvelle Colonie* de Marivaux et *La Femme au* XVIIIᵉ *siècle* des frères Goncourt.

FIGARO. Les plus coupables sont les moins généreux ;
c'est la règle.

MARCELINE, *vivement*. Hommes plus qu'ingrats, qui flétrissez par le mépris les jouets de vos passions, vos
victimes ! c'est vous qu'il faut punir des erreurs de
notre jeunesse ; vous et vos magistrats, si vains [1] du
droit de nous juger, et qui nous laissent enlever, par
leur coupable négligence, tout honnête moyen de
subsister. Est-il un seul état [2] pour les malheureuses
filles ? Elles avaient un droit naturel à toute la parure
des femmes : on y laisse former mille ouvriers de
l'autre sexe.

FIGARO, *en colère*. Ils font broder jusqu'aux soldats [3] !

MARCELINE, *exaltée*. Dans les rangs même plus élevés,
les femmes n'obtiennent de vous qu'une considération dérisoire ; leurrées de respects apparents, dans
une servitude réelle ; traitées en mineures pour nos
biens, punies en majeures pour nos fautes ! Ah !
sous tous les aspects, votre conduite avec nous fait
horreur ou pitié !

FIGARO. Elle a raison !

LE COMTE, *à part*. Que trop raison !

BRID'OISON. Elle a, mon-on Dieu, raison [4] !

MARCELINE. Mais que nous font, mon fils, les refus
d'un homme injuste ? Ne regarde pas d'où tu viens,
vois où tu vas : cela seul importe à chacun. Dans
quelques mois ta fiancée ne dépendra plus que
d'elle-même ; elle t'acceptera, j'en réponds. Vis
entre une épouse, une mère tendre qui te chériront
à qui mieux mieux. Sois indulgent pour elles, heureux pour toi, mon fils ; gai, libre et bon pour tout
le monde ; il ne manquera rien à ta mère.

FIGARO. Tu parles d'or, maman, et je me tiens à ton
avis. Qu'on est sot, en effet ! Il y a des mille et mille

---

1. Qui tirent vanité de... ; pourrait signifier aussi « fiers ».   2. Métier,
situation, condition sociale.   3. Hommes en général. Figaro souligne,
par là, la concurrence que les hommes exercent envers les femmes, les
réduisant à la misère et, même, à la prostitution.   4. Seul Bartholo n'approuve pas, et pour cause.

ans que le monde roule, et dans cet océan de durée,
où j'ai par hasard attrapé quelques chétifs trente
ans qui ne reviendront plus, j'irais me tourmenter
pour savoir à qui je les dois ! Tant pis pour qui s'en
inquiète. Passer ainsi la vie à chamailler, c'est peser
sur le collier sans relâche, comme les malheureux
chevaux de la remonte des fleuves, qui ne reposent
pas même quand ils s'arrêtent, et qui tirent toujours, quoiqu'ils cessent de marcher. Nous attendrons. ✎

Le Comte. Sot événement qui me dérange !

Brid'oison, *à Figaro.* Et la noblesse, et le château ?
Vous impo-osez à la justice[1] !

Figaro. Elle allait me faire faire une belle sottise, la
justice ! Après que j'ai manqué, pour ces maudits
cent écus[2], d'assommer vingt fois Monsieur[3], qui
se trouve aujourd'hui mon père ! Mais puisque le
ciel a sauvé ma vertu de ces dangers, mon père,
agréez mes excuses ; ... et vous, ma mère, embrassez-moi... le plus maternellement que vous pourrez.

Marceline lui saute au cou.

Scène 17

Bartholo, Figaro, Marceline, Brid'oison,
Suzanne, Antonio, Le Comte

Suzanne, *accourant, une bourse à la main.* Monseigneur,
arrêtez ; qu'on ne les marie pas : je viens payer
madame avec la dot que ma maîtresse me donne.

Le Comte, *à part.* Au diable la maîtresse ! Il semble
que tout conspire...

Il sort.

---

1. Vous cherchez à tromper. Figaro s'était précédemment vanté de sa
« haute naissance », et avait prétendu avoir été enlevé « près d'un château ».
Brid'oison n'a rien oublié...   **2.** Cf. note 2, p. 107.   **3.** Rappel du
Barbier, acte II, scènes 5 et 7.

Scène 18

BARTHOLO, ANTONIO, SUZANNE, FIGARO, MARCELINE, BRID'OISON

ANTONIO, *voyant Figaro embrasser sa mère, dit à Suzanne.* Ah ! oui, payer ! Tiens, tiens.

SUZANNE *se retourne.* J'en vois assez : sortons, mon oncle.

FIGARO, *l'arrêtant.* Non, s'il vous plaît ! Que vois-tu donc ?

SUZANNE. Ma bêtise et ta lâcheté.

FIGARO. Pas plus de l'une que de l'autre.

SUZANNE, *en colère.* Et que tu l'épouses à gré [1], puisque tu la caresses.

FIGARO, *gaiement.* Je la caresse, mais je ne l'épouse pas.

Suzanne veut sortir, Figaro la retient.

SUZANNE *lui donne un soufflet.* Vous êtes bien insolent d'oser me retenir !

FIGARO, *à la compagnie.* C'est-il ça de l'amour ! Avant de nous quitter, je t'en supplie, envisage bien cette chère femme-là.

SUZANNE. Je la regarde.

FIGARO. Et tu la trouves ?...

SUZANNE. Affreuse.

FIGARO. Et vive la jalousie ! elle ne vous marchande [2] pas.

MARCELINE, *les bras ouverts.* Embrasse ta mère, ma jolie Suzannette. Le méchant qui te tourmente est mon fils.

SUZANNE *court à elle.* Vous, sa mère !

Elles restent dans les bras l'une de l'autre.

ANTONIO. C'est donc de tout à l'heure ?

FIGARO. ... Que je le sais.

MARCELINE, *exaltée.* Non, mon cœur entraîné vers lui

---

1. Avec plaisir.   2. Elle ne vous épargne pas.

ne se trompait que de motif ; c'était le sang qui me
parlait.

FIGARO. Et moi le bon sens, ma mère, qui me servait
d'instinct quand je vous refusais ; car j'étais loin de
vous haïr, témoin l'argent...

MARCELINE *lui remet un papier*. Il est à toi : reprends
ton billet[1], c'est ta dot.

SUZANNE *lui jette la bourse*. Prends encore celle-ci.

FIGARO. Grand merci.

MARCELINE, *exaltée*. Fille assez malheureuse, j'allais
devenir la plus misérable des femmes, et je suis la
plus fortunée des mères ! Embrassez-moi, mes
deux enfants ; j'unis dans vous toutes mes tendresses. Heureuse autant que je puis l'être, ah ! mes
enfants, combien je vais aimer !

FIGARO, *attendri, avec vivacité*. Arrête donc, chère
mère ! arrête donc ! voudrais-tu voir se fondre en
eau mes yeux noyés des premières larmes que je
connaisse ? Elles sont de joie, au moins. Mais
quelle stupidité ! j'ai manqué d'en être honteux : je
les sentais couler entre mes doigts : regarde ; *(il
montre ses doigts écartés)* et je les retenais bêtement !
Va te promener, la honte ! je veux rire et pleurer
en même temps ; on ne sent pas deux fois ce que
j'éprouve.

Il embrasse sa mère d'un côté, Suzanne de l'autre[2].

MARCELINE. Ô mon ami !

SUZANNE. Mon cher ami !

BRID'OISON, *s'essuyant les yeux d'un mouchoir*. Eh bien !
moi, je suis donc bê-ête aussi !

FIGARO, *exalté*. Chagrin, c'est maintenant que je puis
te défier ! Atteins-moi, si tu l'oses, entre ces deux
femmes chéries.

ANTONIO, *à Figaro*. Pas tant de cajoleries, s'il vous
plaît. En fait de mariage dans les familles, celui des

---

1. La promesse de mariage qui liait Figaro à Marceline (III, 15).
2. Bartholo, Antonio, Suzanne, Figaro, Marceline, Brid'oison *(note de
Beaumarchais)*.

parents va devant, savez. Les vôtres se baillent-ils
la main ?

BARTHOLO. Ma main ! puisse-t-elle se dessécher et
tomber, si jamais je la donne à la mère d'un tel
drôle !

ANTONIO, *à Bartholo.* Vous n'êtes donc qu'un père
marâtre ? *(À Figaro.)* En ce cas, not' galant, plus
de parole.

SUZANNE. Ah ! mon oncle...

ANTONIO. Irai-je donner l'enfant de not' sœur à sti qui
n'est l'enfant de personne ?

BRID'OISON. Est-ce que cela-a se peut, imbécile ? on-
on est toujours l'enfant de quelqu'un.

ANTONIO. Tarare [1] !... Il ne l'aura jamais.

Il sort.

Scène 19

BARTHOLO, SUZANNE, FIGARO, MARCELINE,
BRID'OISON

BARTHOLO, *à Figaro.* Et cherche à présent qui t'adopte.

Il veut sortir.

MARCELINE, *courant prendre Bartholo à bras-le-corps, le
ramène.* Arrêtez, docteur, ne sortez pas !

FIGARO, *à part.* Non, tous les sots d'Andalousie sont,
je crois, déchaînés contre mon pauvre mariage.

SUZANNE, *à Bartholo* [2]. Bon petit papa, c'est votre fils.

MARCELINE, *à Bartholo.* De l'esprit, des talents, de la
figure.

FIGARO, *à Bartholo.* Et qui ne vous a pas coûté une
obole.

BARTHOLO. Et les cent écus qu'il m'a pris ?

MARCELINE, *le caressant.* Nous aurons tant de soin de
vous, papa !

---

1. Interjection dont on se sert pour marquer qu'on se moque de ce qu'on
entend dire.   **2.** Suzanne, Bartholo, Marceline, Figaro, Brid'oison *(note
de Beaumarchais).*

S<small>UZANNE</small>, *le caressant*. Nous vous aimerons tant, petit
  papa !

B<small>ARTHOLO</small>, *attendri*. Papa ! bon papa ! petit papa !
  Voilà que je suis plus bête encore que monsieur,
  moi. *(Montrant Brid'oison.)* Je me laisse aller
  comme un enfant. *(Marceline et Suzanne l'embras-
  sent.)* Oh ! non, je n'ai pas dit oui. *(Il se retourne.)*
  Qu'est donc devenu Monseigneur ?

F<small>IGARO</small>. Courons le joindre ; arrachons-lui son dernier
  mot. S'il machinait quelque autre intrigue, il faudrait tout recommencer.

T<small>OUS ENSEMBLE</small>. Courons, courons.

  Ils entraînent Bartholo dehors.

Scène 20

B<small>RID'OISON</small>, *seul*

  Plus bê-ête encore que monsieur ! On peut se dire
à soi-même ces-es sortes de choses-là, mais... I-ils ne
sont pas polis du tout dan-ans cet endroit-ci.

  Il sort.

ACTE IV

Le théâtre représente une galerie ornée de candélabres, de lustres allumés, de fleurs, de guirlandes, en un mot, préparée pour donner une fête. Sur le devant, à droite, est une table avec une écritoire, un fauteuil derrière.

Scène 1

FIGARO, SUZANNE

FIGARO, *la tenant à bras-le-corps.* Eh bien ! amour, es-tu contente ? Elle a converti son docteur, cette fine langue dorée de ma mère ! Malgré sa répugnance, il l'épouse, et ton bourru d'oncle est bridé ; il n'y a que Monseigneur qui rage, car enfin notre hymen va devenir le prix[1] du leur. Ris donc un peu de ce bon résultat.

SUZANNE. As-tu rien vu de plus étrange ?

FIGARO. Ou plutôt d'aussi gai. Nous ne voulions qu'une dot arrachée à l'Excellence ; en voilà deux dans nos mains, qui ne sortent pas des siennes. Une rivale acharnée te poursuivait ; j'étais tourmenté par une furie ; tout cela s'est changé, pour nous, dans *la plus bonne* des mères. Hier, j'étais comme seul au monde, et voilà que j'ai tous mes parents ; pas si magnifiques, il est vrai, que je me les étais galonnés[2] ; mais assez bien pour nous, qui n'avons pas la vanité des riches.

SUZANNE. Aucune des choses que tu avais disposées, que nous attendions, mon ami, n'est pourtant arrivée !

---

1. L'heureuse conséquence.   2. Parents couverts de galons, importants.

FIGARO. Le hasard[1] a mieux fait que nous tous, ma petite. Ainsi va le monde ; on travaille, on projette, on arrange d'un côté ; la fortune accomplit de l'autre : et depuis l'affamé conquérant qui voudrait avaler la terre, jusqu'au paisible aveugle qui se laisse mener par son chien, tous sont le jouet de ses caprices ; encore l'aveugle au chien est-il souvent mieux conduit, moins trompé dans ses vues que l'autre aveugle avec son entourage. — Pour cet aimable aveugle qu'on nomme Amour...

Il la reprend tendrement à bras-le-corps.

SUZANNE. Ah ! c'est le seul qui m'intéresse !

FIGARO. Permets donc que, prenant l'emploi de la Folie[2], je sois le bon chien qui le mène à ta jolie mignonne porte ; et nous voilà logés pour la vie.

SUZANNE, *riant.* L'Amour et toi ?

FIGARO. Moi et l'Amour.

SUZANNE. Et vous ne chercherez pas d'autre gîte ?

FIGARO. Si tu m'y prends, je veux bien que mille millions de galants...

SUZANNE. Tu vas exagérer : dis ta bonne vérité.

FIGARO. Ma vérité la plus vraie !

SUZANNE. Fi donc, vilain ! en a-t-on plusieurs ?

FIGARO. Oh ! que oui[3]. Depuis qu'on a remarqué qu'avec le temps vieilles folies deviennent sagesse, et qu'anciens petits mensonges assez mal plantés ont produit de grosses, grosses vérités, on en a de mille espèces. Et celles qu'on sait, sans oser les divulguer : car toute vérité n'est pas bonne à dire ; et celles qu'on vante, sans y ajouter foi : car toute

---

1. Beaumarchais est, en effet, convaincu, que le hasard, dans cette pièce, comme dans la vie, est le grand maître. Pour confirmation de cette position il suffit de rappeler une phrase de l'auteur à ce propos : « En vérité je ris sur l'oreiller quand je pense comme les choses de ce monde s'engrènent, comme les chemins de la fortune sont bizarres. »   **2.** Pour avoir aveuglé l'Amour, la Folie fut condamnée à lui servir de guide. Voir La Fontaine, *L'Amour et la Folie* (*Fables*, XII, 14).   **3.** La tirade qui suit convient bien au personnage, assez subtil et compliqué, mais aussi à l'auteur, dont elle résume les expériences sentimentales et diplomatiques.

vérité n'est pas bonne à croire ; et les serments pas-
sionnés, les menaces des mères, les protestations
des buveurs, les promesses des gens en place, le
dernier mot de nos marchands, cela ne finit pas. Il
n'y a que mon amour pour Suzon qui soit une
vérité de bon aloi[1].

SUZANNE. J'aime ta joie, parce qu'elle est folle ; elle
annonce que tu es heureux. Parlons du rendez-vous
du Comte.

FIGARO. Ou plutôt n'en parlons jamais[2] ; il a failli me
coûter Suzanne.

SUZANNE. Tu ne veux donc plus qu'il ait lieu ?

FIGARO. Si vous m'aimez, Suzon, votre parole d'honneur sur ce point : qu'il s'y morfonde ; et c'est sa
punition.

SUZANNE. Il m'en a plus coûté de l'accorder que je n'ai
de peine à le rompre : il n'en sera plus question.

FIGARO. Ta bonne vérité ?

SUZANNE. Je ne suis pas comme vous autres savants,
moi ! je n'en ai qu'une.

FIGARO. Et tu m'aimeras un peu ?

SUZANNE. Beaucoup.

FIGARO. Ce n'est guère.

SUZANNE. Et comment ?

FIGARO. En fait d'amour, vois-tu, trop n'est même pas
assez.

SUZANNE. Je n'entends[3] pas toutes ces finesses, mais
je n'aimerai que mon mari.

FIGARO. Tiens parole, et tu feras une belle exception
à l'usage.

Il veut l'embrasser.

---

1. Ancien : alliage, combinaison, mélange.
complot entre la Comtesse et Suzanne (IV, 3).
comme presque partout dans la pièce.

2. Il sera de la sorte écarté du
3. « Je ne comprends pas »,

Scène 2

FIGARO, SUZANNE, LA COMTESSE

LA COMTESSE. Ah ! j'avais raison de le dire ; en quelque endroit qu'ils soient, croyez qu'ils sont ensemble. Allons donc, Figaro, c'est voler l'avenir, le mariage et vous-même, que d'usurper un tête-à-tête. On vous attend, on s'impatiente.

FIGARO. Il est vrai, madame, je m'oublie. Je vais leur montrer mon excuse.

Il veut emmener Suzanne.

LA COMTESSE *la retient*. Elle vous suit.

Scène 3

SUZANNE, LA COMTESSE

LA COMTESSE. As-tu ce qu'il nous faut pour troquer de vêtement ?

SUZANNE. Il ne faut rien, madame ; le rendez-vous ne tiendra pas.

LA COMTESSE. Ah ! vous changez d'avis ?

SUZANNE. C'est Figaro.

LA COMTESSE. Vous me trompez.

SUZANNE. Bonté divine !

LA COMTESSE. Figaro n'est pas homme à laisser échapper une dot.

SUZANNE. Madame ! eh, que croyez-vous donc ?

LA COMTESSE. Qu'enfin, d'accord avec le Comte, il vous fâche à présent de m'avoir confié ses projets. Je vous sais par cœur. Laissez-moi.

Elle veut sortir.

SUZANNE *se jette à genoux*. Au nom du ciel, espoir de tous ! Vous ne savez pas, madame, le mal que vous faites à Suzanne ! Après vos bontés continuelles et la dot que vous me donnez !...

LA COMTESSE *la relève*. Eh mais... je ne sais ce que je dis ! En me cédant ta place au jardin, tu n'y vas pas, mon cœur ; tu tiens parole à ton mari, tu m'aides à ramener le mien.

SUZANNE. Comme vous m'avez affligée !

LA COMTESSE. C'est que je ne suis qu'une étourdie. *(Elle la baise au front.)* Où est ton rendez-vous ?

SUZANNE *lui baise la main.* Le mot de jardin m'a seul frappée.

LA COMTESSE, *montrant la table.* Prends cette plume, et fixons un endroit.

SUZANNE. Lui écrire !

LA COMTESSE. Il le faut.

SUZANNE. Madame ! au moins c'est vous...

LA COMTESSE. Je mets tout sur mon compte.

Suzanne s'assied, la Comtesse dicte.

Chanson nouvelle, sur l'air... « Qu'il fera beau ce soir sous les grands marronniers... Qu'il fera beau ce soir... »

SUZANNE *écrit.* « Sous les grands marronniers... » Après ?

LA COMTESSE. Crains-tu qu'il ne t'entende[1] pas ?

SUZANNE *relit.* C'est juste. *(Elle plie le billet.)* Avec quoi cacheter ?

LA COMTESSE. Une épingle, dépêche : elle servira de réponse. Écris sur le revers : *Renvoyez-moi le cachet.*

SUZANNE *écrit en riant.* Ah ! le cachet !... Celui-ci, madame, est plus gai que celui du brevet[2].

LA COMTESSE, *avec un souvenir douloureux.* Ah !

SUZANNE *cherche sur elle.* Je n'ai pas d'épingle, à présent !

LA COMTESSE *détache sa lévite*[3]. Prends celle-ci. *(Le ruban*[4] *du page tombe de son sein à terre.)* Ah ! mon ruban !

SUZANNE *le ramasse.* C'est celui du petit voleur ! Vous avez eu la cruauté ?...

---

1. Comprenne.   2. Cf. acte II, scènes 5 et 20 et acte III, scène 3.   3. Cf. *Caractères et habillements de la pièce.*   4. Pour le destinataire du ruban, cf. la scène suivante et l'acte V, scène 19.

La Comtesse. Fallait-il le laisser à son bras[1] ? C'eût été joli ! Donnez donc !

Suzanne. Madame ne le portera plus, taché du sang de ce jeune homme.

La Comtesse *le reprend.* Excellent pour Fanchette. Le premier bouquet qu'elle m'apportera...

Scène 4

Une jeune bergère, Chérubin, *en fille*, Fanchette *et beaucoup de jeunes filles habillées comme elle, et tenant des bouquets*, La Comtesse, Suzanne

Fanchette. Madame, ce sont les filles du bourg qui viennent vous présenter des fleurs.

La Comtesse, *serrant vite son ruban.* Elles sont charmantes. Je me reproche, mes belles petites, de ne pas vous connaître toutes. *(Montrant Chérubin.)* Quelle est cette aimable enfant qui a l'air si modeste ?

Une Bergère. C'est une cousine à moi, madame, qui n'est ici que pour la noce.

La Comtesse. Elle est jolie. Ne pouvant porter vingt bouquets, faisons honneur à l'étrangère. *(Elle prend le bouquet de Chérubin, et le baise au front.)* Elle en rougit ! *(À Suzanne.)* Ne trouves-tu pas, Suzon... qu'elle ressemble à quelqu'un ?

Suzanne. À s'y méprendre, en vérité.

Chérubin, *à part, les mains sur son cœur.* Ah ! ce baiser-là m'a été bien loin !

Scène 5

Les jeunes filles, Chérubin *au milieu d'elles*, Fanchette, Antonio, Le Comte, La Comtesse, Suzanne

Antonio. Moi je vous dis, Monseigneur, qu'il y est ; elles l'ont habillé chez ma fille ; toutes ses hardes y

---

1. Cf. acte II, scène 6.

sont encore, et voilà son chapeau d'ordonnance[1]
que j'ai retiré du paquet. *(Il s'avance et regardant
toutes les filles, il reconnaît Chérubin, lui enlève son
bonnet de femme, ce qui fait retomber ses longs cheveux
en cadenette[2]. Il lui met sur la tête le chapeau d'ordonnance et dit :)* Eh parguenne[3], v'là notre officier !

LA COMTESSE *recule*. Ah ciel !

SUZANNE. Ce friponneau !

ANTONIO. Quand je disais là-haut que c'était lui !...

LE COMTE, *en colère*. Eh bien, madame ?

LA COMTESSE. Eh bien, monsieur ! vous me voyez plus
surprise que vous et, pour le moins, aussi fâchée.

LE COMTE. Oui ; mais tantôt, ce matin[4] ?

LA COMTESSE. Je serais coupable, en effet, si je dissi-
mulais encore. Il était descendu chez moi. Nous
entamions le badinage que ces enfants viennent
d'achever ; vous nous avez surprises l'habillant :
votre premier mouvement est si vif ! il s'est sauvé,
je me suis troublée ; l'effroi général a fait le reste.

LE COMTE, *avec dépit, à Chérubin*. Pourquoi n'êtes-
vous pas parti ?

CHÉRUBIN, *ôtant son chapeau brusquement*. Monseigneur...

LE COMTE. Je punirai ta désobéissance.

FANCHETTE, *étourdiment*. Ah, Monseigneur, entendez-
moi[5] ! Toutes les fois que vous venez m'embrasser,
vous savez bien que vous dites toujours : *Si tu veux
m'aimer, petite Fanchette, je te donnerai ce que tu
voudras.*

LE COMTE, *rougissant*. Moi ! j'ai dit cela ?

FANCHETTE. Oui, Monseigneur. Au lieu de punir Chérubin, donnez-le-moi en mariage, et je vous aimerai
à la folie.

---

1. Réglementaire, d'uniforme.   2. En tresses ; longue tresse de cheveux
qu'on portait de chaque côté de la tête dans certains corps de troupe à la
manière d'Honoré d'Albert, sire de Cadenet, qui avait mis à la mode cette
coiffure — mais une tresse seulement et du côté gauche — sous Louis XIII.
3. Juron paysan, corruption de « pardieu », « parbleu ».   4. Cf. acte II,
scènes 10 à 16.   5. Écoutez-moi.

Le Comte, *à part*. Être ensorcelé par un page !

La Comtesse. Eh bien, monsieur, à votre tour ! L'aveu
de cet enfant aussi naïf que le mien atteste enfin
deux vérités : que c'est toujours sans le vouloir si je
cause des inquiétudes, pendant que vous épuisez
tout pour augmenter et justifier les miennes.

Antonio. Vous aussi, Monseigneur ? Dame ! je vous la
redresserai comme feu sa mère, qui est morte... Ce
n'est pas pour la conséquence ; mais c'est que
Madame sait bien que les petites filles, quand elles
sont grandes...

Le Comte, *déconcerté*, *à part*. Il y a un mauvais génie
qui tourne tout ici contre moi !

Scène 6

Les jeunes filles, Chérubin, Antonio, Figaro, Le Comte, La Comtesse, Suzanne

Figaro. Monseigneur, si vous retenez nos filles, on ne
pourra commencer ni la fête, ni la danse.

Le Comte. Vous, danser ! vous n'y pensez pas. Après
votre chute[1] de ce matin, qui vous a foulé le pied
droit !

Figaro, *remuant la jambe*. Je souffre encore un peu ;
ce n'est rien. *(Aux jeunes filles.)* Allons, mes belles,
allons !

Le Comte *le retourne*. Vous avez été fort heureux que
ces couches ne fussent que du terreau bien doux !

Figaro. Très heureux, sans doute ; autrement...

Antonio *le retourne*. Puis il s'est pelotonné en tombant
jusqu'en bas.

Figaro. Un plus adroit, n'est-ce pas, serait resté en
l'air ? *(Aux jeunes filles.)* Venez-vous, mesdemoi-
selles ?

Antonio *le retourne*. Et, pendant ce temps, le petit
page galopait sur son cheval à Séville ?

Figaro. Galopait, ou marchait au pas...

---

1. Cf. acte II, scène 21.

Le Comte *le retourne.* Et vous aviez son brevet dans la poche ?

Figaro, *un peu étonné.* Assurément ; mais quelle enquête ? *(Aux jeunes filles.)* Allons donc, jeunes filles !

Antonio, *attirant Chérubin par le bras.* En voici une qui prétend que mon neveu futur n'est qu'un menteur.

Figaro, *surpris.* Chérubin !... *(À part.)* Peste du petit fat !

Antonio. Y es-tu maintenant ?

Figaro, *cherchant.* J'y suis... j'y suis... Hé ! qu'est-ce qu'il chante ?

Le Comte, *sèchement.* Il ne chante pas ; il dit que c'est lui qui a sauté sur les giroflées.

Figaro, *rêvant.* Ah ! s'il le dit... cela se peut. Je ne dispute pas de ce que j'ignore.

Le Comte. Ainsi vous et lui ?...

Figaro. Pourquoi non ? la rage de sauter peut gagner : voyez les moutons de Panurge [1] ; et quand vous êtes en colère, il n'y a personne qui n'aime mieux risquer...

Le Comte. Comment, deux à la fois ?

Figaro. On aurait sauté deux douzaines. Et qu'est-ce que cela fait, Monseigneur, dès qu'il n'y a personne de blessé ? *(Aux jeunes filles.)* Ah çà, voulez-vous venir, ou non ?

Le Comte, *outré.* Jouons-nous une comédie ?

On entend un prélude de fanfare.

Figaro. Voilà le signal de la marche. À vos postes, les belles, à vos postes ! Allons, Suzanne, donne-moi le bras.

Tous s'enfuient ; Chérubin reste seul, la tête baissée.

---

1. Rabelais, *Pantagruel* (*Quart Livre*, chapitres VI, VII, VIII) où on lit l'épisode des moutons de Panurge ; sur le bateau qui le transporte vers l'oracle de la « Dive Bouteille », Panurge, qui veut se venger du marchand de moutons Dindenault, réussit à obtenir de celui-ci qu'il lui vende une de ses bêtes. Panurge jette alors celle-ci à la mer : les autres moutons la suivent, en entraînant dans la noyade le marchand.

Scène 7

CHÉRUBIN, LE COMTE, LA COMTESSE

LE COMTE, *regardant aller Figaro.* En voit-on de plus audacieux ? *(Au page.)* Pour vous, monsieur le sournois, qui faites le honteux, allez vous rhabiller bien vite, et que je ne vous rencontre nulle part de la soirée.

LA COMTESSE. Il va bien s'ennuyer.

CHÉRUBIN, *étourdiment.* M'ennuyer ! j'emporte à mon front [1] du bonheur pour plus de cent années de prison.

Il met son chapeau et s'enfuit.

Scène 8

LE COMTE, LA COMTESSE

La Comtesse s'évente fortement sans parler.

LE COMTE. Qu'a-t-il au front de si heureux ?

LA COMTESSE, *avec embarras.* Son... premier chapeau d'officier, sans doute ; aux enfants tout sert de hochet.

Elle veut sortir.

LE COMTE. Vous ne nous restez pas, Comtesse ?

LA COMTESSE. Vous savez que je ne me porte pas bien [2].

LE COMTE. Un instant pour votre protégée, ou je vous croirais en colère.

LA COMTESSE. Voici les deux noces, asseyons-nous donc pour les recevoir.

LE COMTE, *à part.* La noce ! Il faut souffrir de ce qu'on ne peut empêcher.

Le Comte et la Comtesse s'assoient vers un des côtés de la galerie.

---

1. Cf. acte III, scène 4.   2. Cf. acte II, scène 12.

Scène 9

LE COMTE, LA COMTESSE, *assis* ;
l'on joue les Folies d'Espagne d'un mouvement de marche (Symphonie notée)

MARCHE

LES GARDES-CHASSE, *fusil sur l'épaule.*

L'ALGUAZIL. LES PRUD'HOMMES. BRID'OISON.

LES PAYSANS ET PAYSANNES *en habits de fête.*

DEUX JEUNES FILLES, *portant la toque virginale à plumes blanches.*

DEUX AUTRES, *le voile blanc.*

DEUX AUTRES, *les gants et le bouquet de côté.*

ANTONIO *donne la main à* SUZANNE, *comme étant celui qui la marie à* FIGARO.

D'AUTRES JEUNES FILLES *portent une autre toque, un autre voile, un autre bouquet blanc, semblables aux premiers, pour* MARCELINE.

FIGARO *donne la main à* MARCELINE, *comme celui qui doit la remettre au* DOCTEUR[1], *lequel ferme la marche, un gros bouquet au côté. Les jeunes filles, en passant devant le Comte, remettent à ses valets tous les ajustements destinés à* SUZANNE *et à* MARCELINE.

LES PAYSANS ET PAYSANNES *s'étant rangés sur deux colonnes à chaque côté du salon, on danse une reprise du fandango[2] (air noté) avec des castagnettes ; puis on joue la ritournelle du duo, pendant laquelle* ANTONIO *conduit* SUZANNE *au* COMTE ; *elle se met à genoux devant lui.*

Pendant que le COMTE *lui pose la toque, le voile, et lui donne le bouquet, deux jeunes filles chantent le duo suivant (air noté) :*

---

1. Qui a donc accepté d'épouser Marceline, ce qui rend peu inquiétantes et même inutiles les réclamations de Bazile (scène 10).   2. Danse espagnole à trois temps, que deux danseurs exécutent au son de la guitare, en marquant le mouvement avec les castagnettes.

Jeune épouse, chantez les bienfaits et la gloire
D'un maître qui renonce aux droits qu'il eut sur
vous :
Préférant au plaisir la plus noble victoire,
Il vous rend chaste et pure aux mains de votre
époux.

SUZANNE *est à genoux, et, pendant les derniers vers du
duo, elle tire le* COMTE *par son manteau et lui montre
le billet qu'elle tient : puis elle porte la main qu'elle a
du côté des spectateurs à sa tête, où le* COMTE *a l'air
d'ajuster sa toque ; elle lui donne le billet.*

LE COMTE *le met furtivement dans son sein ; on achève de
chanter le duo : la fiancée se relève, et lui fait une
grande révérence.*

FIGARO *vient la recevoir des mains du* COMTE, *et se retire
avec elle à l'autre côté du salon, près de* MARCELINE.
*(On danse une autre reprise du fandango pendant ce
temps.)*

LE COMTE, *pressé de lire ce qu'il a reçu, s'avance au bord
du théâtre et tire le papier de son sein ; mais en le sortant
il fait le geste d'un homme qui s'est cruellement piqué le
doigt ; il le secoue, le presse, le suce, et regardant le
papier cacheté d'une épingle, il dit :*

LE COMTE *(Pendant qu'il parle, ainsi que Figaro, l'or-
chestre joue pianissimo.)* Diantre soit des femmes,
qui fourrent des épingles partout !

Il la jette à terre, puis il lit le billet et le baise.

FIGARO, *qui a tout vu, dit à sa mère et à Suzanne :* C'est
un billet doux, qu'une fillette aura glissé dans sa
main en passant. Il était cacheté d'une épingle, qui
l'a outrageusement piqué.

*La danse reprend : le Comte qui a lu le billet le retour-
ne ; il y voit l'invitation de renvoyer le cachet pour
réponse. Il cherche à terre, et retrouve enfin l'épingle
qu'il attache à sa manche.*

FIGARO, *à Suzanne et à Marceline.* D'un objet aimé
tout est cher. Le voilà qui ramasse l'épingle. Ah !
c'est une drôle de tête !

*Pendant ce temps, Suzanne a des signes d'intelligence
avec la Comtesse. La danse finit ; la ritournelle du duo
recommence.*
*Figaro conduit Marceline au Comte, ainsi qu'on a
conduit Suzanne ; à l'instant où le Comte prend la
toque, et où l'on va chanter le duo, on est interrompu
par les cris suivants :*

L'HUISSIER, *criant à la porte.* Arrêtez donc, messieurs !
vous ne pouvez entrer tous... Ici les gardes ! les
gardes !

Les gardes vont vite à cette porte.

LE COMTE, *se levant.* Qu'est-ce qu'il y a ?

L'HUISSIER. Monseigneur, c'est monsieur Bazile
entouré d'un village entier, parce qu'il chante en
marchant [1].

LE COMTE. Qu'il entre seul.

LA COMTESSE. Ordonnez-moi de me retirer.

LE COMTE. Je n'oublie pas votre complaisance.

LA COMTESSE. Suzanne !... Elle reviendra. *(À part, à
Suzanne.)* Allons changer d'habits.

Elle sort avec Suzanne.

MARCELINE. Il n'arrive jamais que pour nuire.

FIGARO. Ah ! je m'en vais vous le faire déchanter [2].

---

1. Cf. acte II, scène 22.   **2.** Rabattre de ses prétentions, de ses espérances.

Scène 10

Tous les acteurs précédents,
excepté la Comtesse et Suzanne ;
Bazile *tenant sa guitare* ; Gripe-Soleil

Bazile *entre en chantant sur l'air du vaudeville*[1] *de la fin.*
(Air noté.)

> Cœurs sensibles, cœurs fidèles,
> Qui blâmez l'amour léger,
> Cessez vos plaintes cruelles :
> Est-ce un crime de changer ?
> Si l'Amour porte des ailes,
> N'est-ce pas pour voltiger ?
> N'est-ce pas pour voltiger ?
> N'est-ce pas pour voltiger ?

Figaro *s'avance à lui.* Oui, c'est pour cela justement qu'il a des ailes au dos. Notre ami, qu'entendez-vous par cette musique.

Bazile, *montrant Gripe-Soleil.* Qu'après avoir prouvé mon obéissance à Monseigneur en amusant Monsieur, qui est de sa compagnie[2], je pourrai à mon tour réclamer sa justice.

Gripe-Soleil. Bah ! Monseigneu, il ne m'a pas amusé du tout : avec leux guenilles d'ariettes[3].

Le Comte. Enfin que demandez-vous, Bazile ?

Bazile. Ce qui m'appartient, Monseigneur, la main de Marceline ; et je viens m'opposer...

Figaro *s'approche.* Y a-t-il longtemps que Monsieur n'a vu la figure d'un fou ?

Bazile. Monsieur, en ce moment même.

---

1. Autrefois, chanson gaie, d'abord bachique, puis satirique de circonstance, chantée sur des airs à la mode ; la comédie à vaudevilles apparaît dans la première moitié du XVIIIe siècle, tandis que la comédie à ariettes (dont la musique est originale) apparaît dans la seconde moitié du siècle. Aujourd'hui se dit, par extension, de toute comédie légère, mêlée de musique, fondée sur l'intrigue et le quiproquo.   2. Bazile reprend les paroles mêmes du Comte (II, 22).   3. Air d'un caractère léger.

FIGARO. Puisque mes yeux vous servent si bien de miroir, étudiez-y l'effet de ma prédiction. Si vous faites mine seulement d'approximer[1] Madame...

BARTHOLO, *en riant*. Eh pourquoi ? Laisse-le parler.

BRID'OISON *s'avance entre deux*. Fau-aut-il que deux amis ?...

FIGARO. Nous, amis !

BAZILE. Quelle erreur !

FIGARO, *vite*. Parce qu'il fait de plats airs de chapelle ?

BAZILE, *vite*. Et lui, des vers comme un journal ?

FIGARO, *vite*. Un musicien de guinguette !

BAZILE, *vite*. Un postillon de gazette[2].

FIGARO, *vite*. Cuistre d'oratorio !

BAZILE, *vite*. Jockey diplomatique[3] !

LE COMTE, *assis*. Insolents tous les deux !

BAZILE. Il me manque[4] en toute occasion.

FIGARO. C'est bien dit, si cela se pouvait !

BAZILE. Disant partout que je ne suis qu'un sot.

FIGARO. Vous me prenez donc pour un écho ?

BAZILE. Tandis qu'il n'est pas un chanteur que mon talent n'ait fait briller.

FIGARO. Brailler.

BAZILE. Il le répète !

FIGARO. Et pourquoi non, si cela est vrai ? Es-tu un prince, pour qu'on te flagorne ? Souffre la vérité, coquin, puisque tu n'as pas de quoi gratifier un menteur ; ou si tu la crains de notre part, pourquoi viens-tu troubler nos noces ?

BAZILE, *à Marceline*. M'avez-vous promis, oui ou non,

---

1. Ce verbe, employé d'ordinaire dans le langage scientifique, fait figure ici de néologisme et signifie « approcher de très près ».   2. « Postillon », valet qui monte sur l'un des chevaux de devant d'un attelage ; le mot annonce les fonctions de courrier de dépêches que le Comte voulait attribuer à Figaro ; « gazette » rappelle, par contre, les anciennes activités journalistiques et littéraires de Figaro (cf. aussi le « monologue » de l'acte V, scène 3).   3. Professionnel qui monte les chevaux de course ; se rappeler, en outre, que le Comte, nommé ambassadeur en Angleterre, voulait faire de Figaro son courrier de dépêches.   4. La phrase devrait sous-entendre : de respect.

si, dans quatre ans, vous n'étiez pas pourvue, de
me donner la préférence ?

MARCELINE. À quelle condition l'ai-je promis ?

BAZILE. Que si vous retrouviez un certain fils perdu,
je l'adopterais par complaisance.

TOUS ENSEMBLE. Il est trouvé.

BAZILE. Qu'à cela ne tienne !

TOUS ENSEMBLE, *montrant Figaro*. Et le voici.

BAZILE, *reculant de frayeur*. J'ai vu le diable !

BRID'OISON, *à Bazile*. Et vou-ous renoncez à sa chère
mère ?

BAZILE. Qu'y aurait-il de plus fâcheux que d'être cru
le père d'un garnement ?

FIGARO. D'en être cru le fils ; tu te moques de moi !

BAZILE, *montrant Figaro*. Dès que Monsieur est quelque
chose ici, je déclare, moi, que je n'y suis plus de rien.

Il sort.

Scène 11

LES ACTEURS PRÉCÉDENTS, *excepté* BAZILE

BARTHOLO, *riant*. Ah ! ah ! ah ! ah !

FIGARO, *sautant de joie*. Donc à la fin j'aurai ma
femme !

LE COMTE, *à part*. Moi, ma maîtresse.

Il se lève.

BRID'OISON, *à Marceline*. Et tou-out le monde est
satisfait.

LE COMTE. Qu'on dresse les deux contrats ; j'y
signerai.

TOUS ENSEMBLE. Vivat !

Ils sortent.

LE COMTE. J'ai besoin d'une heure de retraite.

Il veut sortir avec les autres.

Scène 12

Gripe-Soleil, Figaro, Marceline, Le Comte

Gripe-Soleil, *à Figaro.* Et moi, je vais aider à ranger[1]
le feu d'artifice sous les grands marronniers,
comme on l'a dit.

Le Comte *revient en courant.* Quel sot a donné un tel
ordre ?

Figaro. Où est le mal ?

Le Comte, *vivement.* Et la Comtesse qui est incommodée[2], d'où le verra-t-elle, l'artifice ? C'est sur la
terrasse qu'il le faut, vis-à-vis son appartement.

Figaro. Tu l'entends, Gripe-Soleil ? la terrasse.

Le Comte. Sous les grands marronniers ! belle idée !
(En s'en allant, à part.) Ils allaient incendier mon
rendez-vous !

Scène 13

Figaro, Marceline

Figaro. Quel excès d'attention pour sa femme !

Il veut sortir.

Marceline *l'arrête.* Deux mots, mon fils. Je veux
m'acquitter avec toi[3] : un sentiment mal dirigé
m'avait rendue injuste envers ta charmante femme ;
je la supposais d'accord avec le Comte, quoique
j'eusse appris de Bazile qu'elle l'avait toujours
rebuté[4].

Figaro. Vous connaissiez mal votre fils de le croire
ébranlé par ces impulsions féminines. Je puis défier
la plus rusée de m'en faire accroire.

Marceline. Il est toujours heureux de le penser, mon
fils ; la jalousie...

Figaro. ... N'est qu'un sot enfant de l'orgueil, ou c'est
la maladie d'un fou. Oh ! j'ai là-dessus, ma mère,

---

1. Disposer.   2. Cf., encore une fois, acte IV, scène 8 et acte II,
scène 12.   3. Libérer ma conscience à ton égard.   4. Repoussé avec
rudesse.

une philosophie... imperturbable ; et si Suzanne doit me tromper un jour, je le lui pardonne d'avance[1] ; elle aura longtemps travaillé[2]...

Il se retourne et aperçoit Fanchette qui cherche de côté et d'autre.

Scène 14

FIGARO, FANCHETTE, MARCELINE

FIGARO. Eeeh !... ma petite cousine qui nous écoute !

FANCHETTE. Oh ! pour ça, non : on dit que c'est malhonnête.

FIGARO. Il est vrai ; mais comme cela est utile, on fait aller souvent l'un pour l'autre.

FANCHETTE. Je regardais si quelqu'un était là.

FIGARO. Déjà dissimulée, friponne ! vous savez bien qu'il n'y peut être.

FANCHETTE. Et qui donc ?

FIGARO. Chérubin.

FANCHETTE. Ce n'est pas lui que je cherche, car je sais fort bien où il est ; c'est ma cousine Suzanne.

FIGARO. Et que lui veut ma petite cousine ?

FANCHETTE. À vous, petit cousin, je le dirai. — C'est... ce n'est qu'une épingle que je veux lui remettre.

FIGARO, *vivement.* Une épingle ! une épingle !... Et de quelle part, coquine ? À votre âge, vous faites déjà un mét... *(Il se reprend et dit d'un ton doux.)* Vous faites déjà très bien tout ce que vous entreprenez, Fanchette ; et ma jolie cousine est si obligeante...

FANCHETTE. À qui donc en a-t-il de se fâcher ? Je m'en vais.

FIGARO, *l'arrêtant.* Non, non, je badine. Tiens, ta petite épingle est celle que Monseigneur t'a dit de remettre à Suzanne, et qui servait à cacheter un petit papier qu'il tenait : tu vois que je suis au fait.

---

1. Amusant engagement, qu'il s'empressera de ne pas tenir quelques minutes plus tard (cf. scènes 14 et 15).   2. Ellipse difficile à combler, peut-être faut-il entendre « à notre bonheur » ?

FANCHETTE. Pourquoi donc le demander, quand vous
le savez si bien ?

FIGARO, *cherchant*. C'est qu'il est assez gai de savoir
comment Monseigneur s'y est pris pour te donner
la commission.

FANCHETTE, *naïvement*. Pas autrement que vous le
dites : *Tiens, petite Fanchette, rends cette épingle à ta
belle cousine, et dis-lui seulement que c'est le cachet des
grands marronniers.*

FIGARO. Des grands ?...

FANCHETTE. *Marronniers.* Il est vrai qu'il a ajouté :
Prends garde que personne ne te voie...

FIGARO. Il faut obéir, ma cousine : heureusement personne ne vous a vue. Faites donc joliment votre
commission, et n'en dites pas plus à Suzanne que
Monseigneur n'a ordonné.

FANCHETTE. Et pourquoi lui en dirais-je ? Il me prend
pour un enfant, mon cousin.

Elle sort en sautant.

Scène 15

FIGARO, MARCELINE

FIGARO. Eh bien, ma mère ?

MARCELINE. Eh bien, mon fils ?

FIGARO, *comme étouffé*. Pour celui-ci[1] !... Il y a réellement des choses !...

MARCELINE. Il y a des choses ! Hé, qu'est-ce qu'il y a ?

FIGARO, *les mains sur sa poitrine*. Ce que je viens d'entendre, ma mère, je l'ai là comme un plomb.

MARCELINE, *riant*. Ce cœur plein d'assurance n'était
donc qu'un ballon gonflé ? une épingle a tout fait
partir !

FIGARO, *furieux*. Mais cette épingle, ma mère, est celle
qu'il a ramassée !

---

1. Pour ceci, pour ce coup-ci.

MARCELINE, *rappelant ce qu'il a dit*[1]. La jalousie ! oh !
j'ai là-dessus, ma mère, une philosophie... imperturbable ; et si Suzanne m'attrape un jour, je le lui
pardonne...

FIGARO, *vivement*. Oh, ma mère ! On parle comme on
sent : mettez le plus glacé des juges à plaider dans
sa propre cause, et voyez-le expliquer la loi ! — Je
ne m'étonne plus s'il avait tant d'humeur sur ce
feu[2] ! — Pour la mignonne aux fines épingles, elle
n'en est pas où elle le croit, ma mère, avec ses marronniers ! Si mon mariage est assez fait pour légiti-
mer ma colère, en revanche il ne l'est pas assez
pour que je n'en puisse épouser une autre, et
l'abandonner...

MARCELINE. Bien conclu ! Abîmons tout sur un soupçon. Qui t'a prouvé, dis-moi, que c'est toi qu'elle
joue, et non le Comte[3] ? L'as-tu étudiée de nouveau, pour la condamner sans appel ? Sais-tu si elle
se rendra sous les arbres, à quelle intention elle y
va ? ce qu'elle y dira, ce qu'elle y fera[4] ? Je te croyais
plus fort en jugement !

FIGARO, *lui baisant la main avec transport*. Elle a raison,
ma mère ; elle a raison, raison, toujours raison !
Mais accordons, maman, quelque chose à la
nature : on en vaut mieux après. Examinons en
effet avant d'accuser et d'agir. Je sais où est le rendez-vous. Adieu, ma mère.

Il sort.

---

1. Cf. acte IV, scène 13.   **2.** Le feu d'artifice (IV, 12).   **3.** La finesse
féminine de Marceline lui fait deviner le complot entre la Comtesse et
Suzanne.   **4.** Toutes ces questions éveillent la curiosité du spectateur
pour l'acte suivant.

Scène 16

MARCELINE, *seule*

Adieu. Et moi aussi, je le sais. Après l'avoir arrêté,
veillons sur les voies[1] de Suzanne, ou plutôt avertis-
sons-la ; elle est si jolie créature ! Ah ! quand l'intérêt
personnel ne nous arme pas les unes contre les autres,
nous sommes toutes portées à soutenir notre pauvre
sexe opprimé contre ce fier, ce terrible... *(en riant)* et
pourtant un peu nigaud[2] de sexe masculin.

Elle sort.

---

1. Ici, les démarches, les moyens employés pour atteindre un but, les mani-
gances, les desseins (rare au pluriel et dans cet emploi).   2. Les trois
épithètes pourraient convenir à Figaro, mais la maxime est assez générale
pour faire rire le public, ainsi que l'auteur le cherche toujours à la fin des
actes.

ACTE V

Le théâtre représente une salle[1] de marronniers, dans un parc ; deux pavillons, kiosques, ou temples de jardins, sont à droite et à gauche ; le fond est une clairière ornée, un siège de gazon sur le devant. Le théâtre est obscur.

Scène 1

FANCHETTE, *seule, tenant d'une main deux biscuits et une orange, et de l'autre une lanterne de papier allumée*

Dans le pavillon à gauche, a-t-il dit. C'est celui-ci. — S'il allait ne pas venir à présent ! mon petit rôle[2]... Ces vilaines gens de l'office qui ne voulaient pas seulement me donner une orange et deux biscuits ! — Pour qui, mademoiselle ? — Eh bien, monsieur, c'est pour quelqu'un. — Oh ! nous savons. — Et quand ça serait ? Parce que Monseigneur ne veut pas le voir, faut-il qu'il meure de faim ? — Tout ça pourtant m'a coûté un fier baiser sur la joue !... Que sait-on ? Il me le rendra peut-être. *(Elle voit Figaro qui vient l'examiner ; elle fait un cri.)* Ah !...

Elle s'enfuit, et elle entre dans le pavillon à sa gauche.

---

1. « Lieu planté d'arbres qui forment une espèce de salle dans un jardin » (Dictionnaire de l'Académie).　2. Cf. acte I, scène 7, cinquième réplique : petit rôle d'innocente.

Scène 2

FIGARO, *un grand manteau sur les épaules, un large chapeau rabattu,* BAZILE, ANTONIO, BARTHOLO, BRID'OISON, GRIPE-SOLEIL, TROUPE DE VALETS ET DE TRAVAILLEURS

FIGARO, *d'abord seul.* C'est Fanchette ! *(Il parcourt des yeux les autres à mesure qu'ils arrivent, et dit d'un ton farouche.)* Bonjour, messieurs ; bonsoir : êtes-vous tous ici ?

BAZILE. Ceux que tu as pressés d'y venir.

FIGARO. Quelle heure est-il bien à peu près ?

ANTONIO *regarde en l'air.* La lune devrait être levée.

BARTHOLO. Eh ! quels noirs apprêts fais-tu donc ? Il a l'air d'un conspirateur [1] !

FIGARO, *s'agitant.* N'est-ce pas pour une noce, je vous prie, que vous êtes rassemblés au château ?

BRID'OISON. Cè-ertainement.

ANTONIO. Nous allions là-bas, dans le parc, attendre un signal pour ta fête.

FIGARO. Vous n'irez pas plus loin, messieurs ; c'est ici, sous ces marronniers, que nous devons tous célébrer l'honnête fiancée que j'épouse, et le loyal seigneur qui se l'est destinée.

BAZILE, *se rappelant la journée.* Ah ! vraiment, je sais ce que c'est. Retirons-nous, si vous m'en croyez : il est question d'un rendez-vous ; je vous conterai cela près d'ici.

BRID'OISON, *à Figaro.* Nou-ous reviendrons.

FIGARO. Quand vous m'entendrez appeler, ne manquez pas d'accourir tous ; et dites du mal de Figaro, s'il ne vous fait voir une belle chose.

BARTHOLO. Souviens-toi qu'un homme sage ne se fait point d'affaires avec les grands.

FIGARO. Je m'en souviens.

---

1. Effectivement, on dirait une scène de mélodrame.

BARTHOLO. Qu'ils ont quinze et bisque[1] sur nous, par leur état[2].

FIGARO. Sans leur industrie[3], que vous oubliez. Mais souvenez-vous aussi que l'homme qu'on sait timide[4] est dans la dépendance de tous les fripons.

BARTHOLO. Fort bien.

FIGARO. Et que j'ai nom *de Verte-Allure*, du chef[5] honoré de ma mère.

BARTHOLO. Il a le diable au corps.

BRID'OISON. I-il l'a.

BAZILE, *à part.* Le Comte et sa Suzanne se sont arrangés sans moi ? Je ne suis pas fâché de l'algarade[6].

FIGARO, *aux valets.* Pour vous autres, coquins, à qui j'ai donné l'ordre, illuminez-moi ces entours ; ou, par la mort que je voudrais tenir aux dents, si j'en saisis un par le bras...

Il secoue le bras de Gripe-Soleil.

GRIPE-SOLEIL *s'en va en criant et pleurant.* A, a, o, oh ! damné brutal !

BAZILE, *en s'en allant.* Le ciel vous tienne en joie, monsieur du marié !

Ils sortent.

---

1. « Avoir un grand avantage pour le succès d'une affaire » (Dictionnaire de l'Académie). L'expression, empruntée au jeu de paume, signifie que le joueur a une foule de points d'avance sur l'adversaire ; la *bisque*, au jeu de paume, est une avance de quinze points que le joueur obtient d'un autre. C'est l'inverse du *handicap* dans le sport moderne.   2. Condition sociale.
3. Sans compter leur « dextérité, leur adresse à faire quelque chose » (Dictionnaire de l'Académie) ; mais ici, l'emploi est péjoratif et le mot signifie « ingéniosité maligne ».   4. Craintif.   5. Autorité, droit personnel.
6. Terme de jeu qui signifie « attaque soudaine » ; dans la conversation : « sortie imprévue contre quelqu'un ».

Scène 3

FIGARO, *seul, se promenant dans l'obscurité,*
dit du ton le plus sombre :

Ô femme ! femme ! femme ! créature faible et déce-
vante !... nul animal[1] créé ne peut manquer à son instinct : le tien est-il donc de tromper ?... Après m'avoir
obstinément refusé quand je l'en pressais devant sa
maîtresse ; à l'instant qu'elle me donne sa parole, au
milieu même de la cérémonie... Il riait en lisant, le
perfide ! et moi comme un benêt[2]... Non, monsieur
le Comte, vous ne l'aurez pas... vous ne l'aurez pas.
Parce que vous êtes un grand seigneur, vous vous
croyez un grand génie[3] !... Noblesse, fortune, un
rang, des places, tout cela rend si fier ! Qu'avez-vous
fait pour tant de biens ? Vous vous êtes donné la peine
de naître, et rien de plus. Du reste, homme assez ordinaire ! tandis que moi, morbleu ! perdu dans la foule
obscure, il m'a fallu déployer plus de science et de
calculs, pour subsister seulement, qu'on n'en a mis
depuis cent ans à gouverner toutes les Espagnes[4] ! et
vous voulez jouter[5]... On vient... c'est elle... ce n'est
personne. — La nuit est noire en diable, et me voilà
faisant le sot métier de mari, quoique je ne le sois
qu'à moitié ! *(Il s'assied sur un banc.)* Est-il rien de
plus bizarre que ma destinée ? Fils de je ne sais pas
qui, volé par des bandits, élevé dans leurs mœurs, je
m'en dégoûte et veux courir une carrière honnête ;
et[6] partout je suis repoussé ! J'apprends la chimie, la
pharmacie, la chirurgie, et tout le crédit d'un grand
seigneur peut à peine me mettre à la main une lan-

---

1. Être animé. **2.** Cf. acte IV, scène 9. **3.** Cette phrase est devenue
proverbiale, car elle contient toute l'ironie de Beaumarchais contre les abus
des nobles sots, ignorants et corrompus ; d'ailleurs des réflexions de même
ordre se trouvaient déjà chez les moralistes du XVIIe siècle, La Bruyère entre
autres (L. 1, 2, 7, 9). **4.** Toutes les anciennes provinces qui composent
l'Espagne. **5.** S'escrimer à cheval avec des lances ; par suite : se mesurer avec quelqu'un. **6.** La conjonction marque, cette fois, l'opposition :
« mais ».

cette vétérinaire[1] ! — Las d'attrister des bêtes
malades, et pour faire un métier contraire[2], je me jette
à corps perdu dans le théâtre : me fussé-je mis[3] une
pierre au cou ! Je broche[4] une comédie[5] dans[6] les
mœurs du sérail[7]. Auteur espagnol, je crois pouvoir y
fronder Mahomet sans scrupule : à l'instant un
envoyé... de je ne sais où se plaint que j'offense dans
mes vers la Sublime-Porte[8], la Perse, une partie de la
presqu'île de l'Inde, toute l'Égypte, les royaumes de
Barca, de Tripoli, de Tunis, d'Alger et du Maroc : et
voilà ma comédie flambée[9], pour plaire aux princes
mahométans, dont pas un, je crois, ne sait lire, et qui
nous meurtrissent l'omoplate, en nous disant : *chiens
de chrétiens*. — Ne pouvant avilir[10] l'esprit, on se
venge en le maltraitant. — Mes joues creusaient[11],
mon terme était échu : je voyais de loin arriver l'affreux recors[12], la plume fichée[13] dans sa perruque :
en frémissant[14] je m'évertue[15]. Il s'élève une question[16] sur la nature des richesses ; et, comme il n'est

---

1. Cette défense des déclassés est moins une allusion à Beaumarchais lui-
même, horloger habile et renommé, financier, homme désormais puissant,
qu'à certains contemporains, moins heureux que lui, comme, par exemple,
d'Alembert et Marmontel. « Vétérinaire » est ici adjectif.   2. Plaisante
opposition.   3. Emploi vieilli du plus-que-parfait du subjonctif, appelé
subjonctif optatif, dans le sens du souhait : « plût à Dieu que je me fusse
mis... »   4. Coudre les feuilles d'un livre après les avoir assemblées dans
l'ordre voulu et leur mettre une couverture de papier, de peu de valeur
— d'où brochure, terme de librairie ; seuls les ouvrages reliés étaient alors
estimés ; par extension : « expédier un travail à la hâte et sans soin », « écrire
rapidement ».   5. Évidemment Beaumarchais ne pouvait utiliser « tragédie », car l'allusion au *Mahomet* de Voltaire aurait été trop directe.
6. Selon, sur.   7. Dans les pays de civilisation turque, palais appartenant aux « princes mahométans ». Partie du palais où les favorites étaient
enfermées.   8. La Turquie ; le royaume de Barca est l'actuelle Cyrénaï-
que.   9. Perdue ; emploi familier, mais classique.   10. Sens propre :
diminuer la valeur de...   11. Emploi unique de ce verbe au neutre,
employé à la place de « se creusaient ».   12. « Celui qu'un sergent amène
avec lui pour servir de témoin... et pour lui prêter main-forte en cas de
besoin » (Dictionnaire de l'Académie), assistant de l'huissier présent aux
saisies.   13. Plantée.   14. De crainte.   15. Je m'efforce courageu-
sement.   16. Dispute, débat.

pas nécessaire de tenir[1] les choses pour en raisonner,
n'ayant pas un sol, j'écris sur la valeur de l'argent et
sur son produit net[2] : sitôt[3] je vois du fond d'un fia-
cre[4] baisser pour moi le pont d'un château fort, à
l'entrée duquel je laissai l'espérance[5] et la liberté. *(Il
se lève.)* Que je voudrais bien tenir un de ces puissants
de quatre jours[6], si légers sur le mal qu'ils ordonnent,
quand une bonne disgrâce a cuvé[7] son orgueil ! Je lui
dirais... que les sottises imprimées n'ont d'importance
qu'aux lieux où l'on en gêne le cours ; que, sans la
liberté de blâmer, il n'est point d'éloge flatteur ; et
qu'il n'y a que les petits hommes qui redoutent les
petits écrits[8]. *(Il se rassied.)* Las de nourrir un obscur
pensionnaire, on me met un jour dans la rue ; et
comme il faut dîner, quoiqu'on ne soit plus en prison,
je taille encore ma plume[9], et demande à chacun de
quoi il est question : on me dit que, pendant ma
retraite économique[10], il s'est établi dans Madrid un
système de liberté sur la vente des productions, qui
s'étend même à celles de la presse ; et que, pourvu
que je ne parle en mes écrits ni de l'autorité, ni du
culte, ni de la politique, ni de la morale, ni des gens
en place, ni des corps en crédit[11], ni de l'Opéra[12], ni

---

1. Dans le sens de « posséder ».   2. Le « produit net » était, selon les éco-
nomistes du temps (Quesnay, entre autres), « le revenu de la culture après
que la classe productrice a prélevé, sur la production qu'elle a obtenue, les
fonds nécessaires pour se rembourser des avances annuelles et pour entretenir ses richesses d'exploitation ».   3. Aussitôt.   4. Voiture hippomobi-
le ; le même véhicule avait dû probablement conduire Beaumarchais au Fort-
L'Évêque et, plus tard, à Saint-Lazare (cf. Chronologie).   5. Souvenir de
l'inscription que Dante place sur la porte de l'Enfer (*Enfer*, III, 9 : « *Lasciate
ogni speranza, voi ch'entrate* », « Laissez toute espérance, vous qui
entrez »).   6. Ironie explicite : c'est la période des ministères éphémères.
7. Terme dérivé de la vendange ; par extension : se calmer, revenir à la raison, dissiper.   8. Phrase devenue proverbiale et qui souligne le mépris de
l'écrivain pour les « petits » hommes.   9. D'oie.   10. Expression devenue proverbiale. Figaro désigne par là les économies réalisées pendant l'in-
carcération.   11. Influents.   12. Établissement subventionné par
l'État, qui jouissait de la protection des grands seigneurs, qui s'intéressaient
beaucoup au personnel féminin, surtout aux danseuses, de la « Maison ».

des autres spectacles[1], ni de personne qui tienne à
quelque chose, je puis tout imprimer librement[2], sous
l'inspection de deux ou trois censeurs[3]. Pour profiter
de cette douce liberté, j'annonce un écrit périodique,
et, croyant n'aller sur les brisées d'aucun autre, je le
nomme *Journal inutile*. Pou-ou ! je vois s'élever contre
moi mille pauvres diables à la feuille[4], on me supprime[5], et me voilà derechef sans emploi ! — Le désespoir m'allait saisir ; on pense à moi pour une place,
mais par malheur j'y étais propre : il fallait un calculateur, ce fut un danseur qui l'obtint. Il ne me restait
plus qu'à voler ; je me fais banquier[6] de pharaon[7] :
alors, bonnes gens ! je soupe en ville, et les personnes
dites *comme il faut* m'ouvrent poliment leur maison,
en retenant pour elles les trois quarts du profit[8]. J'aurais bien pu me remonter ; je commençais même à
comprendre que, pour gagner du bien, le savoir-faire
vaut mieux que le savoir. Mais comme chacun pillait
autour de moi, en exigeant que je fusse honnête, il
fallut bien périr encore. Pour le coup je quittais le
monde, et vingt brasses[9] d'eau m'en allaient séparer,
lorsqu'un dieu bienfaisant m'appelle à mon premier
état. Je reprends ma trousse et mon cuir anglais ; puis,
laissant la fumée[10] aux sots qui s'en nourrissent, et la
honte au milieu du chemin comme trop lourde à un
piéton, je vais rasant de ville en ville, et je vis enfin

---

1. Beaumarchais, hôte de la Comédie-Française, ne peut la mentionner
explicitement.   2. Ironie directe.   3. L'auteur rappelle ici ses
démêlés avec la censure.   4. Écrivains à gages, à tant la feuille, appelés
aussi *feuillistes*, qui publient sur des feuilles ; le plus souvent recrutés pour
écrire des feuilles à caractère pamphlétaire et injurieux ; ces feuilles étaient
le plus souvent périodiques, et le *Journal inutile* en était une. Écrivains
bafoués par Beaumarchais dans les « Préfaces » du *Barbier* et du *Mariage*.
L'expression pouvait aussi désigner des écrivains payés à la feuille, que l'on
nomme aujourd'hui « pigistes ».   5. On suspend la publication de mon
journal.   6. Celui qui tient la banque et joue contre tout le monde.
7. Jeu de cartes de hasard, voisin du *baccara*.   8. Comme témoignages
littéraires de cette désastreuse passion pour le jeu de hasard, aux XVIIe et
XVIIIe siècles, cf. La Bruyère (VI, 71-75 ; XIII, 7 ; XIV, 30) et l'abbé Prévost
(*Manon Lescaut*).   9. Mesure marine correspondant à 1,62 m.
10. Au sens figuré : tout ce qui se dissipe comme elle.

sans souci. Un grand seigneur passe à Séville ; il me reconnaît, je le marie ; et pour prix d'avoir eu par mes soins son épouse, il veut intercepter la mienne[1] ! Intrigue, orage à ce sujet. Prêt à tomber dans un abîme, au moment d'épouser ma mère, mes parents m'arrivent à la file[2]. *(Il se lève en s'échauffant.)* On se débat, c'est vous, c'est lui, c'est moi, c'est toi, non, ce n'est pas nous ; eh ! mais qui donc ? *(Il retombe assis.)* Ô bizarre suite d'événements ! Comment cela m'est-il arrivé ? Pourquoi ces choses et non pas d'autres ? Qui les a fixées sur ma tête ? Forcé de parcourir la route où je suis entré sans le savoir, comme j'en sortirai sans le vouloir[3], je l'ai jonchée d'autant de fleurs que ma gaieté me l'a permis : encore je dis ma gaieté sans savoir si elle est à moi plus que le reste, ni même quel est ce *moi*[4] dont je m'occupe : un assemblage informe de parties inconnues ; puis un chétif être imbécile[5], un petit animal folâtre ; un jeune homme ardent au plaisir, ayant tous les goûts pour jouir, faisant tous les métiers pour vivre ; maître ici, valet là, selon qu'il plaît à la fortune ; ambitieux par vanité, laborieux par nécessité, mais paresseux... avec délices ! orateur selon le danger ; poète par délassement ; musicien par occasion ; amoureux par folles bouffées ; j'ai tout vu, tout fait, tout usé[6]. Puis l'illusion s'est détruite et, trop désabusé... Désabusé !... Désabusé !... Suzon, Suzon, Suzon ! que tu me donnes de tourments !... J'entends marcher... on vient. Voici l'instant de la crise.

Il se retire près de la première coulisse à sa droite.

---

1. C'est, en une seule phrase, le résumé du *Barbier* et du *Mariage*. 2. L'un derrière l'autre (III, 16 et suiv.). 3. Le passage revêt un intérêt philosophique pour l'idée qu'il contient sur le problème de la naissance et de la destinée de l'homme. 4. C'est l'enquête pascalienne qui se poursuit. L'accent même est celui des *Pensées* (art. II). 5. N'est pas pris ici au sens de « stupide », mais de personne dont l'esprit n'est pas encore formé. 6. Participe passé de user, subir ; l'auteur fait ici son propre portrait.

Scène 4

Figaro, La Comtesse, *avec les habits de Suzon,*
Suzanne, *avec ceux de la Comtesse,* Marceline

Suzanne, *bas à la Comtesse.* Oui, Marceline m'a dit
que Figaro y serait.

Marceline. Il y est aussi ; baisse la voix.

Suzanne. Ainsi l'un nous écoute, et l'autre va venir
me chercher. Commençons.

Marceline. Pour n'en pas perdre un mot, je vais me
cacher dans le pavillon.

Elle entre dans le pavillon où est entrée Fanchette.

Scène 5

Figaro, La Comtesse, Suzanne

Suzanne, *haut.* Madame tremble ! est-ce qu'elle aurait
froid ?

La Comtesse, *haut.* La soirée est humide, je vais me
retirer.

Suzanne, *haut.* Si Madame n'avait pas besoin de moi,
je prendrais l'air un moment sous ces arbres.

La Comtesse, *haut.* C'est le serein [1] que tu prendras.

Suzanne, *haut.* J'y suis toute faite.

Figaro, *à part.* Ah oui, le serein !

*Suzanne se retire près de la coulisse, du côté opposé à
Figaro.*

---

1. Dérivé du bas latin *sera,* « soir » ; l'humidité qui tombe après le coucher
du soleil ; « prendre le serein » signifie éprouver les effets malfaisants de
cette humidité nocturne.

Scène 6

FIGARO, CHÉRUBIN, LE COMTE, LA COMTESSE,
SUZANNE

(Figaro et Suzanne retirés de chaque côté sur le devant.)

CHÉRUBIN, *en habit d'officier, arrive en chantant gaiement
la reprise de l'air de la romance*[1]. *La, la, la, etc.*

> J'avais une marraine,
> Que toujours adorai.

LA COMTESSE, *à part.* Le petit page !

CHÉRUBIN *s'arrête.* On se promène ici ; gagnons vite
mon asile, où la petite Fanchette... C'est une
femme !

LA COMTESSE *écoute.* Ah, grands dieux !

CHÉRUBIN *se baisse en regardant de loin.* Me trompé-je ?
à cette coiffure en plumes qui se dessine au loin
dans le crépuscule, il me semble que c'est Suzon.

LA COMTESSE, *à part.* Si le Comte arrivait !...

Le Comte paraît dans le fond.

CHÉRUBIN *s'approche et prend la main de la Comtesse qui se
défend.* Oui, c'est la charmante fille qu'on nomme
Suzanne. Eh ! pourrais-je m'y méprendre à la douceur de cette main, à ce petit tremblement qui l'a saisie ; surtout au battement de mon cœur !

*Il veut y appuyer le dos de la main de la Comtesse ; elle
la retire.*

LA COMTESSE, *bas.* Allez-vous-en !

CHÉRUBIN. Si la compassion t'avait conduite exprès dans
cet endroit du parc, où je suis caché depuis tantôt ?...

LA COMTESSE. Figaro va venir.

LE COMTE, *s'avançant, dit à part.* N'est-ce pas
Suzanne que j'aperçois ?

CHÉRUBIN, *à la Comtesse.* Je ne crains point du tout
Figaro, car ce n'est pas lui que tu attends.

---

1. Cf. acte II, scène 4.

LA COMTESSE. Qui donc ?

LE COMTE, *à part.* Elle est avec quelqu'un.

CHÉRUBIN. C'est Monseigneur, friponne, qui t'a demandé ce rendez-vous ce matin, quand j'étais derrière le fauteuil [1].

LE COMTE, *à part, avec fureur.* C'est encore le page infernal !

FIGARO, *à part.* On dit qu'il ne faut pas écouter !

SUZANNE, *à part.* Petit bavard !

LA COMTESSE, *au page.* Obligez-moi de [2] vous retirer.

CHÉRUBIN. Ce ne sera pas au moins sans avoir reçu le prix de mon obéissance.

LA COMTESSE, *effrayée.* Vous prétendez ?...

CHÉRUBIN, *avec feu.* D'abord vingt baisers pour ton compte, et puis cent pour ta belle maîtresse.

LA COMTESSE. Vous oseriez ?...

CHÉRUBIN. Oh ! que oui, j'oserai. Tu prends sa place auprès de Monseigneur ; moi celle du Comte auprès de toi : le plus attrapé, c'est Figaro.

FIGARO, *à part.* Ce brigandeau !

SUZANNE, *à part.* Hardi comme un page.

Chérubin veut embrasser la Comtesse ; le Comte se met entre deux et reçoit le baiser.

LA COMTESSE, *se retirant.* Ah ! ciel !

FIGARO, *à part, entendant le baiser.* J'épousais une jolie mignonne !

Il écoute.

CHÉRUBIN, *tâtant les habits du Comte. (À part.)* C'est Monseigneur !

Il s'enfuit dans le pavillon où sont entrées Fanchette et Marceline.

---

1. Cf. acte I, scène 8.   2. Faites-moi plaisir en vous retirant.

Scène 7

Figaro, Le Comte, La Comtesse, Suzanne

Figaro *s'approche.* Je vais...

Le Comte, *croyant parler au page.* Puisque vous ne redoublez pas le baiser...

Il croit lui donner un soufflet.

Figaro, *qui est à portée, le reçoit*[1]. Ah !

Le Comte. ... Voilà toujours le premier payé.

Figaro, *s'éloigne en se frottant la joue, à part.* Tout n'est pas gain non plus, en écoutant.

Suzanne, *riant tout haut, de l'autre côté.* Ah ! ah ! ah ! ah !

Le Comte, *à la Comtesse, qu'il prend pour Suzanne.* Entend-on[2] quelque chose à ce page ? Il reçoit le plus rude soufflet, et s'enfuit en éclatant de rire.

Figaro, *à part.* S'il s'affligeait de celui-ci !...

Le Comte. Comment ! je ne pourrai faire un pas[3]... *(À la Comtesse.)* Mais laissons cette bizarrerie ; elle empoisonnerait le plaisir que j'ai de te trouver dans cette salle.

La Comtesse, *imitant le parler de Suzanne.* L'espériez-vous ?

Le Comte. Après ton ingénieux billet[4] ! *(Il lui prend la main.)* Tu trembles ?

La Comtesse. J'ai eu peur.

Le Comte. Ce n'est pas pour te priver du baiser que je l'ai pris.

Il la baise au front.

La Comtesse. Des libertés !

Figaro, *à part.* Coquine !

Suzanne, *à part.* Charmante !

Le Comte *prend la main de sa femme.* Mais quelle peau

---

1. Ce n'est pas le dernier qu'il recevra avant la fin de l'acte !
2. Comprend-on.   3. Sans le rencontrer.   4. Cf. acte IV, scène 9.

fine et douce, et qu'il s'en faut que la Comtesse ait
la main aussi belle !

La Comtesse, *à part*. Oh ! la prévention[1] !

Le Comte. A-t-elle ce bras ferme et rondelet ! ces jolis
doigts pleins de grâce et d'espièglerie ?

La Comtesse, *de la voix de Suzanne*. Ainsi l'amour...

Le Comte. L'amour... n'est que le roman du cœur :
c'est le plaisir qui en est l'histoire[2], il m'amène à
tes genoux.

La Comtesse. Vous ne l'aimez plus ?

Le Comte. Je l'aime beaucoup ; mais trois ans d'union
rendent l'hymen si respectable !

La Comtesse. Que vouliez-vous en elle ?

Le Comte, *la caressant*. Ce que je trouve en toi, ma
beauté...

La Comtesse. Mais dites donc.

Le Comte. ... Je ne sais : moins d'uniformité peut-
être, plus de piquant dans les manières, un je ne
sais quoi qui fait le charme ; quelquefois un refus,
que sais-je ? Nos femmes croient tout accomplir en
nous aimant ; cela dit une fois, elles nous aiment,
nous aiment (quand elles nous aiment) et sont si
complaisantes et si constamment obligeantes, et
toujours, et sans relâche, qu'on est tout surpris, un
beau soir, de trouver la satiété où l'on recherchait
le bonheur.

La Comtesse, *à part*. Ah ! quelle leçon !

Le Comte. En vérité, Suzon, j'ai pensé mille fois que
si nous poursuivons ailleurs ce plaisir qui nous fuit
chez elles, c'est qu'elles n'étudient pas assez l'art
de soutenir notre goût, de se renouveler à l'amour,
de ranimer, pour ainsi dire, le charme de leur possession par celui de la variété.

La Comtesse, *piquée*. Donc elles doivent tout ?...

---

1. Idée fausse qu'on se fait par avance.   2. Formule que, pour son
compte, l'auteur a appliquée. Voir sa vie, sa correspondance sentimentale
et sa propre définition par lui-même : « Je ne suis pas tendre, je suis libertin. » Nous savons, en effet, par ses lettres, que Beaumarchais avait le goût
des soubrettes, et pour les mêmes raisons que donne ici le Comte.

LE COMTE, *riant*. Et l'homme rien ? Changerons-nous
la marche de la nature ? Notre tâche, à nous, fut de
les obtenir ; la leur...

LA COMTESSE. La leur ?...

LE COMTE. Est de nous retenir : on l'oublie trop.

LA COMTESSE. Ce ne sera pas moi.

LE COMTE. Ni moi.

FIGARO, *à part*. Ni moi.

SUZANNE, *à part*. Ni moi.

LE COMTE *prend la main de sa femme*. Il y a de l'écho
ici, parlons plus bas. Tu n'as nul besoin d'y songer,
toi que l'amour a faite et si vive et si jolie ! Avec un
grain de caprice, tu seras la plus agaçante maîtresse ! *(Il la baise au front.)* Ma Suzanne, un Castillan
n'a que sa parole. Voici tout l'or du monde promis
pour le rachat du droit [1] que je n'ai plus sur le déli-
cieux moment que tu m'accordes. Mais comme la
grâce que tu daignes y mettre est sans prix, j'y joindrai ce brillant, que tu porteras pour l'amour de
moi.

LA COMTESSE, *une révérence*. Suzanne accepte tout.

FIGARO, *à part*. On n'est pas plus coquine que cela.

SUZANNE, *à part*. Voilà du bon bien qui nous arrive.

LE COMTE, *à part*. Elle est intéressée ; tant mieux !

LA COMTESSE *regarde au fond*. Je vois des flambeaux.

LE COMTE. Ce sont les apprêts de ta noce. Entrons-
nous un moment dans l'un de ces pavillons, pour
les laisser passer ?

LA COMTESSE. Sans lumière ?

LE COMTE *l'entraîne doucement*. À quoi bon ? Nous
n'avons rien à lire.

FIGARO, *à part*. Elle y va, ma foi ! Je m'en doutais.

Il s'avance.

LE COMTE *grossit sa voix en se retournant*. Qui passe
ici ?

---

1. Encore une allusion à ce fameux « droit du seigneur » dont il a été
mainte fois question (I, 1 et 8 ; III, 9, etc.)

FIGARO, *en colère.* Passer ! on vient exprès.

LE COMTE, *bas, à la Comtesse.* C'est Figaro !...

Il s'enfuit.

LA COMTESSE. Je vous suis.

Elle entre dans le pavillon à sa droite, pendant que le Comte se perd dans le bois au fond.

Scène 8

FIGARO, SUZANNE, *dans l'obscurité*

FIGARO *cherche à voir où vont le Comte et la Comtesse, qu'il prend pour Suzanne.* Je n'entends plus rien ; ils sont entrés, m'y voilà. *(D'un ton altéré.)* Vous autres, époux maladroits, qui tenez des espions à gages et tournez des mois entiers autour d'un soupçon sans l'asseoir [1], que ne m'imitez-vous ? Dès le premier jour, je suis ma femme et je l'écoute ; en un tour de main, on est au fait : c'est charmant ; plus de doutes ; on sait à quoi s'en tenir [2]. *(Marchant vivement.)* Heureusement que je ne m'en soucie guère, et que sa trahison ne me fait plus rien du tout. Je les tiens donc enfin !

SUZANNE, *qui s'est avancée doucement dans l'obscurité. (À part.)* Tu vas payer tes beaux soupçons. *(Du ton de voix de la Comtesse.)* Qui va là ?

FIGARO, *extravagant.* *Qui va là ?* Celui qui voudrait de bon cœur que la peste eût étouffé en naissant...

SUZANNE, *du ton de la Comtesse.* Eh ! mais, c'est Figaro !

FIGARO *regarde et dit vivement.* Madame la Comtesse !

SUZANNE. Parlez bas.

FIGARO, *vite.* Ah ! madame, que le ciel vous amène à propos ! Où croyez-vous qu'est Monseigneur ?

SUZANNE. Que m'importe un ingrat ? Dis-moi...

---

1. L'assurer, le fonder sur des preuves.   2. S'attendre, compter ; même dans les moments pathétiques, Figaro ne perd pas son esprit.

FIGARO, *plus vite*. Et Suzanne, mon épousée, où croyez-vous qu'elle soit ?

SUZANNE. Mais parlez bas !

FIGARO, *très vite*. Cette Suzon qu'on croyait si vertueuse, qui faisait la réservée ! Ils sont enfermés là-dedans. Je vais appeler.

SUZANNE, *lui fermant la bouche avec sa main, oublie de déguiser sa voix*. N'appelez pas !

FIGARO, *à part*. Et c'est Suzon ! God-dam [1] !

SUZANNE, *du ton de la Comtesse*. Vous paraissez inquiet.

FIGARO, *à part*. Traîtresse ! qui veut me surprendre !

SUZANNE. Il faut nous venger, Figaro.

FIGARO. En sentez-vous le vif désir ?

SUZANNE. Je ne serais donc pas de mon sexe ! Mais les hommes en ont cent moyens.

FIGARO, *confidemment*. Madame, il n'y a personne ici de trop. Celui des femmes... les vaut tous.

SUZANNE, *à part*. Comme je le souffletterais !

FIGARO, *à part*. Il serait bien gai qu'avant la noce...

SUZANNE. Mais qu'est-ce qu'une telle vengeance, qu'un peu d'amour n'assaisonne pas ?

FIGARO. Partout où vous n'en voyez point, croyez que le respect dissimule.

SUZANNE, *piquée*. Je ne sais si vous le pensez de bonne foi, mais vous ne le dites pas de bonne grâce.

FIGARO, *avec une chaleur comique, à genoux*. Ah ! madame, je vous adore. Examinez le temps, le lieu, les circonstances, et que le dépit supplée en vous aux grâces qui manquent à ma prière.

SUZANNE, *à part*. La main me brûle !

FIGARO, *à part*. Le cœur me bat.

SUZANNE. Mais, monsieur, avez-vous songé ?...

FIGARO. Oui, madame ; oui, j'ai songé.

SUZANNE. ... Que pour la colère et l'amour...

FIGARO. Tout ce qui se diffère est perdu. Votre main, madame ?

---

1. Cf. acte III, scène 5.

SUZANNE, *de sa voix naturelle et lui donnant un soufflet.*
La voilà.

FIGARO. Ah ! *demonio*[1] *!* quel soufflet !

SUZANNE *lui en donne un second.* Quel soufflet ! Et
celui-ci ?

FIGARO. Et *ques-à-quo*[2], de par le diable ! est-ce ici la
journée des tapes ?

SUZANNE *le bat à chaque phrase.* Ah ! *ques-à-quo ?*
Suzanne ; et voilà pour tes soupçons, voilà pour tes
vengeances et pour tes trahisons, tes expédients, tes
injures et tes projets. C'est-il çà de l'amour[3] ? dis
donc comme ce matin[4] ?

FIGARO *rit en se relevant. Santa Barbara*[5] *!* oui, c'est de
l'amour. Ô bonheur ! ô délices ! ô cent fois heureux
Figaro ! Frappe, ma bien aimée, sans te lasser.
Mais quand tu m'auras diapré tout le corps de
meurtrissures, regarde avec bonté, Suzon, l'homme
le plus fortuné qui fut jamais battu par une femme.

SUZANNE. *Le plus fortuné !* Bon fripon, vous n'en sédui-
siez pas moins la Comtesse, avec un si trompeur
babil que m'oubliant moi-même, en vérité, c'était
pour elle que je cédais.

FIGARO. Ai-je pu me méprendre au son de ta jolie voix ?

SUZANNE, *en riant.* Tu m'as reconnue ? Ah ! comme je
m'en vengerai !

FIGARO. Bien rosser et garder rancune est aussi par
trop féminin ! Mais dis-moi donc par quel bonheur
je te vois là, quand je te croyais avec lui ; et
comment cet habit, qui m'abusait, te montre enfin
innocente...

SUZANNE. Eh ! c'est toi qui es un innocent[6], de venir
te prendre au piège apprêté pour un autre. Est-ce
notre faute, à nous, si voulant museler un renard,
nous en attrapons deux ?

---

1. Mot italien signifiant « diable » ; interjection.   2. Qu'est-ce que c'est ?
Depuis le quatrième *Mémoire* contre Goëzman, cette forme interroga-
tive provençale était bien connue des Parisiens.   3. Est-ce là de
l'amour ?   4. Cf. acte IV, scène 1.   5. Sainte Barbe.   6. N'est pas
pris ici au sens de « non coupable », mais au sens de *naïf.*

FIGARO. Qui donc prend l'autre ?

SUZANNE. Sa femme.

FIGARO. Sa femme ?

SUZANNE. Sa femme.

FIGARO, *follement*. Ah ! Figaro ! pends-toi ! tu n'as pas deviné celui-là[1]. — Sa femme ! Oh ! douze ou quinze mille fois spirituelles femelles ! — Ainsi les baisers de cette salle ?...

SUZANNE. Ont été donnés à Madame.

FIGARO. Et celui du page ?

SUZANNE, *riant*. À Monsieur.

FIGARO. Et tantôt, derrière le fauteuil[2] ?

SUZANNE. À personne.

FIGARO. En êtes-vous sûre ?

SUZANNE, *riant*. Il pleut des soufflets[3], Figaro.

FIGARO *lui baise la main*. Ce sont des bijoux que les tiens. Mais celui du Comte était de bonne guerre.

SUZANNE. Allons, superbe[4], humilie-toi !

FIGARO *fait tout ce qu'il annonce*. Cela est juste : à genoux, bien courbé, prosterné, ventre à terre.

SUZANNE, *en riant*. Ah ! ce pauvre Comte ! quelle peine il s'est donnée...

FIGARO *se relève sur ses genoux*. ... Pour faire la conquête de sa femme !

Scène 9

LE COMTE, *entre par le fond du théâtre et va droit au pavillon à sa droite* ; FIGARO, SUZANNE

LE COMTE, *à lui-même*. Je la cherche en vain dans le bois, elle est peut-être entrée ici.

SUZANNE, *à Figaro, parlant bas*. C'est lui.

LE COMTE, *ouvrant le pavillon*. Suzon, es-tu là-dedans ?

FIGARO, *bas*. Il la cherche, et moi je croyais...

---

1. Cela.   2. Cf. acte I, scène 8.   3. La phrase signifie : « je vais te souffleter encore, si tu persistes dans ton soupçon ».   4. Dans le style tragique, que Beaumarchais parodie ; de toute évidence, ici, l'attribut signifie « orgueilleux ».

SUZANNE, *bas*. Il ne l'a pas reconnue.
FIGARO. Achevons-le, veux-tu ?

Il lui baise la main.

LE COMTE *se retourne*. Un homme aux pieds de la
Comtesse !... Ah ! je suis sans armes.

Il s'avance.

FIGARO *se relève tout à fait en déguisant sa voix*. Pardon,
madame, si je n'ai pas réfléchi que ce rendez-vous
ordinaire était destiné pour la noce.
LE COMTE, *à part*. C'est l'homme du cabinet de ce
matin.

Il se frappe le front.

FIGARO *continue*. Mais il ne sera pas dit qu'un obstacle
aussi sot aura retardé nos plaisirs.
LE COMTE, *à part*. Massacre ! mort ! enfer !
FIGARO, *la conduisant au cabinet. (Bas)*. Il jure. *(Haut.)*
Pressons-nous donc, madame, et réparons le tort
qu'on nous a fait tantôt, quand j'ai sauté par la
fenêtre [1].
LE COMTE, *à part*. Ah ! tout se découvre enfin.
SUZANNE, *près du pavillon à sa gauche*. Avant d'entrer,
voyez si personne n'a suivi.

Il la baise au front.

LE COMTE *s'écrie* : Vengeance !

*Suzanne s'enfuit dans le pavillon où sont entrés Fan-
chette, Marceline et Chérubin [2].*

---

1. Haut, afin que le comte l'entende, car Figaro veut laisser croire au
Comte que quelqu'un a essayé de séduire sa femme (II, 21).   **2.** Mais
non point la Comtesse.

Scène 10

Le Comte, Figaro

Le Comte saisit le bras de Figaro.

Figaro, *jouant la frayeur excessive.* C'est mon maître !
Le Comte *le reconnaît.* Ah ! scélérat, c'est toi ! Holà !
quelqu'un ! quelqu'un !

Scène 11

Pédrille, Le Comte, Figaro

Pédrille, *botté.* Monseigneur, je vous trouve enfin[1].
Le Comte. Bon, c'est Pédrille. Es-tu tout seul ?
Pédrille. Arrivant de Séville, à étripe-cheval[2].
Le Comte. Approche-toi de moi, et crie bien fort !
Pédrille, *criant à tue-tête.* Pas plus de page que sur
ma main. Voilà le paquet[3].
Le Comte *le repousse.* Eh ! l'animal !
Pédrille. Monseigneur me dit de crier.
Le Comte, *tenant toujours Figaro.* Pour appeler.
— Holà, quelqu'un ! Si l'on m'entend, accourez
tous !
Pédrille. Figaro et moi, nous voilà deux ; que peut-il
donc vous arriver ?

Scène 12

Les acteurs précédents, Brid'oison, Bartholo, Bazile, Antonio, Gripe-Soleil,
toute la noce accourt avec des flambeaux.

Bartholo, *à Figaro.* Tu vois qu'à ton premier signal...
Le Comte, *montrant le pavillon à sa gauche.* Pédrille,
empare-toi de cette porte.
Pédrille y va.
Bazile, *bas, à Figaro.* Tu l'as surpris avec Suzanne ?

---

1. Pédrille revient de sa mission (III, 1, 2, 3).   **2.** Étriper : action de retirer les tripes de... ; au figuré : en pressant le cheval jusqu'à le faire crever.   **3.** Le paquet qui contenait le brevet de Chérubin (III, 1).

Le Comte, *montrant Figaro*. Et vous, tous mes vassaux,
entourez-moi cet homme, et m'en répondez sur la vie.

Bazile. Ah ! ah !

Le Comte, *furieux*. Taisez-vous donc ! *(À Figaro, d'un
ton glacé.)* Mon cavalier, répondrez-vous à mes
questions ?

Figaro, *froidement*. Eh ! qui pourrait m'en exempter,
Monseigneur ? Vous commandez à tout ici, hors à
vous-même.

Le Comte, *se contenant*. Hors à moi-même !

Antonio. C'est çà parler.

Le Comte, *reprenant sa colère*. Non, si quelque chose
pouvait augmenter ma fureur, ce serait l'air calme
qu'il affecte.

Figaro. Sommes-nous des soldats qui tuent et se font
tuer pour des intérêts qu'ils ignorent [1] ? Je veux
savoir, moi, pourquoi je me fâche.

Le Comte, *hors de lui*. Ô rage ! *(Se contenant.)* Homme
de bien qui feignez d'ignorer, nous ferez-vous au
moins la faveur de nous dire quelle est la dame
actuellement par vous amenée dans ce pavillon ?

Figaro, *montrant l'autre avec malice*. Dans celui-là ?

Le Comte, *vite*. Dans celui-ci.

Figaro, *froidement*. C'est différent. Une jeune personne qui m'honore de ses bontés particulières.

Bazile, *étonné*. Ah ! ah !

Le Comte, *vite*. Vous l'entendez, messieurs ?

Bartholo, *étonné*. Nous l'entendons ?

Le Comte, *à Figaro*. Et cette jeune personne a-t-elle
un autre engagement, que vous sachiez ?

Figaro, *froidement*. Je sais qu'un grand seigneur s'en
est occupé quelque temps, mais, soit qu'il l'ait
négligée ou que je lui plaise mieux qu'un plus
aimable, elle me donne aujourd'hui la préférence [2].

Le Comte, *vivement*. La préf... *(Se contenant.)* Au
moins il est naïf ! car ce qu'il avoue, messieurs, je

---

1. Notez la hardiesse de cette réplique, qui a suscité nombre de critiques.
Sur cette phrase, cf. la Préface, pp. 84-86.   **2.** Modèle d'équivoque !

l'ai ouï, je vous jure, de la bouche même de sa complice.

BRID'OISON, *stupéfait*. Sa-a complice !

LE COMTE, *avec fureur*. Or, quand le déshonneur est public, il faut que la vengeance le soit aussi.

Il entre dans le pavillon.

Scène 13

TOUS LES ACTEURS PRÉCÉDENTS, *hors* LE COMTE

ANTONIO. C'est juste.

BRID'OISON, *à Figaro*. Qui-i donc a pris la femme de l'autre ?

FIGARO, *en riant*. Aucun n'a eu cette joie-là.

Scène 14

LES ACTEURS PRÉCÉDENTS, LE COMTE, CHÉRUBIN

LE COMTE, *parlant dans le pavillon, et attirant quelqu'un qu'on ne voit pas encore*. Tous vos efforts sont inutiles ; vous êtes perdue, madame, et votre heure est bien arrivée ! *(Il sort sans regarder.)* Quel bonheur qu'aucun gage d'une union si détestée [1]...

FIGARO *s'écrie*. Chérubin !

LE COMTE. Mon page ?

BAZILE. Ah ! ah !

LE COMTE, *hors de lui, à part*. Et toujours le page endiablé ! *(À Chérubin.)* Que faisiez-vous dans ce salon ?

CHÉRUBIN, *timidement*. Je me cachais, comme vous me l'avez ordonné [2].

PÉDRILLE. Bien la peine de crever un cheval !

LE COMTE. Entres-y, toi, Antonio ; conduis devant son juge l'infâme qui m'a déshonoré.

BRID'OISON. C'est Madame que vous y-y cherchez ?

---

1. Ellipse qui sous-entend : « ne m'attache à vous, malgré moi ».
2. Cf. acte IV, scène 7.

Antonio. L'y a, parguenne, une bonne Providence :
vous en avez tant fait[1] dans le pays...

Le Comte, *furieux*. Entre donc !

Antonio entre.

Scène 15

Les acteurs précédents, *excepté* Antonio

Le Comte. Vous allez voir, messieurs, que le page n'y
était pas seul.

Chérubin, *timidement*. Mon sort eût été trop cruel, si
quelque âme sensible n'en eût adouci l'amertume.

Scène 16

Les acteurs précédents, Antonio, Fanchette

Antonio, *attirant par le bras quelqu'un qu'on ne voit pas
encore*. Allons, madame, il ne faut pas vous faire
prier pour en sortir, puisqu'on sait que vous y êtes
entrée.

Figaro *s'écrie*. La petite cousine !

Bazile. Ah ! ah !

Le Comte. Fanchette !

Antonio *se retourne et s'écrie*. Ah ! palsambleu[2], Monseigneur, il est gaillard de[3] me choisir pour montrer à la
compagnie que c'est ma fille qui cause tout ce train-là !

Le Comte, *outré*. Qui la savait là-dedans ?

Il veut rentrer.

Bartholo, *au devant*. Permettez, monsieur le Comte,
ceci n'est pas plus clair. Je suis de sang-froid, moi...

Il entre.

Brid'oison. Voilà une affaire au-aussi trop embrouillée.

---

1. Vous avez fait tant d'abus !   **2.** Juron cavalier, altération de « par le
sang de Dieu ».   **3.** C'est une plaisanterie de... ; il est « plaisant » de...

Scène 17

LES ACTEURS PRÉCÉDENTS, MARCELINE

BARTHOLO, *parlant en dedans et sortant.* Ne craignez rien, madame, il ne vous sera fait aucun mal. J'en réponds. *(Il se retourne et s'écrie :)* Marceline !

BAZILE. Ah ! ah !

FIGARO, *riant.* Eh, quelle folie[1] ! ma mère en est ?

ANTONIO. À qui pis fera[2].

LE COMTE, *outré.* Que m'importe à moi ? La Comtesse...

Scène 18

LES ACTEURS PRÉCÉDENTS,
SUZANNE, *son éventail sur le visage*

LE COMTE. ... Ah ! la voici qui sort. *(Il la prend violemment par le bras.)* Que croyez-vous, messieurs, que mérite une odieuse... *(Suzanne se jette à genoux la tête baissée.)*

LE COMTE : Non, non ! *(Figaro se jette à genoux de l'autre côté.)*

LE COMTE, *plus fort :* Non, non ! *(Marceline se jette à genoux devant lui.)*

LE COMTE, *plus fort :* Non, non ! *(Tous se mettent à genoux, excepté Brid'oison.)*

LE COMTE, *hors de lui :* Y fussiez-vous un cent !

Scène 19 et dernière

TOUS LES ACTEURS PRÉCÉDENTS,
LA COMTESSE *sort de l'autre pavillon*

LA COMTESSE *se jette à genoux.* Au moins je ferai nombre.

LE COMTE, *regardant la Comtesse et Suzanne.* Ah ! qu'est-ce que je vois ?

---

1. N'oublions pas le sous-titre de la comédie, *La Folle Journée*, que ces scènes justifient assez.   2. C'est à qui fera pis.

BRID'OISON, *riant.* Eh pardi, c'è-est Madame.

LE COMTE *veut relever la Comtesse.* Quoi ! c'était vous, Comtesse ? *(D'un ton suppliant.)* Il n'y a qu'un pardon bien généreux...

LA COMTESSE, *en riant.* Vous diriez : *Non, non* à ma place ; et moi, pour la troisième fois aujourd'hui [1], je l'accorde sans condition.

Elle se relève.

SUZANNE *se relève.* Moi aussi.

MARCELINE *se relève.* Moi aussi.

FIGARO *se relève.* Moi aussi, il y a de l'écho [2] ici !

Tous se relèvent.

LE COMTE. De l'écho ! — J'ai voulu ruser avec eux ; ils m'ont traité comme un enfant !

LA COMTESSE, *en riant.* Ne le regrettez pas, monsieur le Comte.

FIGARO, *s'essuyant les genoux avec son chapeau.* Une petite journée comme celle-ci forme bien un ambassadeur [3].

LE COMTE, *à Suzanne.* Ce billet fermé d'une épingle ?...

SUZANNE. C'est Madame qui l'avait dicté.

LE COMTE. La réponse lui en est bien due.

Il baise la main de la Comtesse.

LA COMTESSE. Chacun aura ce qui lui appartient.

Elle donne la bourse à Figaro et le diamant [4] à Suzanne.

SUZANNE, *à Figaro.* Encore une dot !

FIGARO, *frappant la bourse dans sa main.* Et de trois [5]. Celle-ci fut rude à arracher !

SUZANNE. Comme notre mariage.

---

1. Voir la note 1, p. 68.   2. Reprise ironique de la réflexion du Comte (V, 7).   3. Cf. acte I, scène 2.   4. Cf. acte V, scène 7.   5. Et de trois avec la dot donnée par la Comtesse et la dette que Marceline a remise à Figaro (III, 17 et 18).

GRIPE-SOLEIL. Et la jarretière[1] de la mariée, l'aurons-
je ?

LA COMTESSE *arrache le ruban qu'elle a tant gardé dans
son sein*[2] *et le jette à terre.* La jarretière ? Elle était
avec ses habits ; la voilà.

Les garçons de la noce veulent la ramasser.

CHÉRUBIN, *plus alerte, court la prendre, et dit.* Que celui
qui la veut vienne me la disputer !

LE COMTE, *en riant, au page.* Pour un monsieur si cha-
touilleux, qu'avez-vous trouvé de gai à certain soufflet de tantôt ?

CHÉRUBIN *recule en tirant à moitié son épée.* À moi, mon
Colonel ?

FIGARO, *avec une colère comique.* C'est sur ma joue qu'il
l'a reçu : voilà comme les Grands font justice !

LE COMTE, *riant.* C'est sur sa joue ? Ah ! ah ! ah !
qu'en dites-vous donc, ma chère Comtesse !

LA COMTESSE, *absorbée, revient à elle et dit avec sensibilité.* Ah ! oui, cher Comte, et pour la vie, sans distraction, je vous le jure.

LE COMTE, *frappant sur l'épaule du juge.* Et vous, don
Brid'oison, votre avis maintenant ?

BRID'OISON. Su-ur tout ce que je vois, monsieur le
Comte ?... Ma-a foi, pour moi je-e ne sais que vous
dire : voilà ma façon de penser.

TOUS ENSEMBLE. Bien jugé !

FIGARO. J'étais pauvre, on me méprisait. J'ai montré
quelque esprit, la haine est accourue. Une jolie
femme et de la fortune[3]...

BARTHOLO, *en riant.* Les cœurs vont te revenir en foule.

FIGARO. Est-il possible ?

BARTHOLO. Je les connais.

FIGARO, *saluant les spectateurs.* Ma femme et mon bien
mis à part, tous me feront honneur et plaisir.

---

1. Que les garçons, aux noces de village, cherchent, par tradition, à déro-
ber à la mariée pendant le repas. 2. Cf. acte II, scènes 24 et
25. 3. Encore un portrait en raccourci de l'auteur.

On joue la ritournelle[1] *du vaudeville*[2]. *Air noté.*

VAUDEVILLE

BAZILE.

— PREMIER COUPLET —

Triple dot, femme superbe,
Que de biens pour un époux !
D'un seigneur, d'un page imberbe,
Quelque sot serait jaloux.
Du latin d'un vieux proverbe
L'homme adroit fait son parti[3].

FIGARO. Je le sais... *(Il chante.)*

Gaudeant bene nati[4].

BAZILE. Non. ... *(Il chante.)*

Gaudeat bene nanti[5].

SUZANNE.

— DEUXIÈME COUPLET —

Qu'un mari sa foi trahisse,
Il s'en vante, et chacun rit :
Que sa femme ait un caprice,
S'il l'accuse, on la punit.
De cette absurde injustice
Faut-il dire le pourquoi ?
Les plus forts ont fait la loi. *(Bis)*

---

1. Courte phrase musicale, dont on fait, dans l'accompagnement d'un chant, précéder et suivre chaque couplet.   2. Voir note de l'acte IV, scène 10.   3. Selon son habitude, Bazile déforme un proverbe (voir la fin de l'acte I).   4. « Que ceux qui sont bien nés se réjouissent. »   5. Au lieu de « que se réjouissent les bien nés », « que se réjouissent les bien nantis » (dérivé de « nantir », munir, pourvoir), c'est-à-dire « les bien pourvus d'argent ».

Figaro.

— TROISIÈME COUPLET —

Jean Jeannot, jaloux risible,
Veut unir femme et repos ;
Il achète un chien terrible,
Et le lâche en son enclos.
La nuit, quel vacarme horrible !
Le chien court, tout est mordu,
Hors l'amant qui l'a vendu. *(Bis.)*

La Comtesse.

— QUATRIÈME COUPLET —

Telle est fière et répond d'elle,
Qui n'aime plus son mari ;
Telle autre, presque infidèle,
Jure de n'aimer que lui.
La moins folle, hélas ! est celle
Qui se veille en son lien,
Sans oser jurer de rien. *(Bis.)*

Le Comte.

— CINQUIÈME COUPLET —

D'une femme de province,
À qui ses devoirs sont chers,
Le succès est assez mince ;
Vive la femme aux bons airs !
Semblable à l'écu du prince,
Sous le coin[1] d'un seul époux,
Elle sert au bien de tous. *(Bis.)*

---

1. Le *coin* indique la pièce de fer, dont l'extrémité porte une empreinte en relief qui sert à marquer les monnaies. Le contexte donne au mot un sens érotique, tout à fait dans la tradition du genre de la parade.

MARCELINE.

— SIXIÈME COUPLET —

Chacun sait la tendre mère
Dont il a reçu le jour ;
Tout le reste est un mystère,
C'est le secret de l'amour.

FIGARO *continue l'air.*

Ce secret met en lumière
Comment le fils d'un butor
Vaut souvent son pesant d'or. *(Bis.)*

— SEPTIÈME COUPLET —

Par le sort de la naissance,
L'un est roi, l'autre est berger :
Le hasard fit leur distance ;
L'esprit seul peut tout changer.
De vingt rois que l'on encense,
Le trépas brise l'autel ;
Et Voltaire est immortel. *(Bis.)*

CHÉRUBIN.

— HUITIÈME COUPLET —

Sexe aimé, sexe volage,
Qui tourmentez nos beaux jours,
Si de vous chacun dit rage [1],
Chacun vous revient toujours.
Le parterre est votre image :
Tel paraît le dédaigner,
Qui fait tout pour le gagner [2]. *(Bis.)*

---

1. Dit tout le mal possible de... (expression vieillie).   **2.** C'est ce que veut faire Beaumarchais lui-même en ce moment.

SUZANNE.

— NEUVIÈME COUPLET —

Si ce gai, ce fol[1] ouvrage,
Renfermait quelque leçon,
En faveur du badinage
Faites grâce à la raison[2],
Ainsi la nature sage
Nous conduit, dans nos désirs,
À son but par les plaisirs. *(Bis.)*

BRID'OISON.

— DIXIÈME COUPLET —

Or, messieurs, la co-omédie,
Que l'on juge en cè-et instant
Sauf erreur, nous pein-eint la vie
Du bon peuple qui l'entend.
Qu'on l'opprime, il peste, il crie,
Il s'agite en cent fa-açons :
Tout fini-it par des chansons. *(Bis.)*

BALLET GÉNÉRAL

FIN DU CINQUIÈME ET DERNIER ACTE

---

1. *La Folle Journée.*   2. Ces deux vers ont été choisis par Beaumarchais, comme épigraphe à sa comédie.

DOSSIER

1722. — André-Charles Caron (1698-1775), père aimable et cultivé de Pierre-Augustin, maître horloger, épouse Marie-Louise Pichon.

1732. *24 janvier.* — Naissance à Paris, rue Saint-Denis, de Pierre-Augustin Caron, seul garçon survivant au milieu de cinq sœurs : Marie-Josèphe et Marie-Louise (née en 1731, la « Lisette » de l'affaire Clavijo), ses aînées, et Madeleine-Françoise, Marie-Julie (1735-1798), sa préférée, et Jeanne-Marguerite, ses cadettes.

1742-1745. — Pensionnaire à l'école d'Alfort.

1745-1753. — Rentré rue Saint-Denis, il apprend l'horlogerie chez son père. Lectures, musique.

1753. *Juillet.* — Pierre-Augustin invente un nouveau système d'échappement qu'il signe « Caron fils », qui lui permet de régulariser le mouvement de ses montres et de réduire leur volume. L'horloger du roi, Lepaute, familier d'ailleurs des Caron, à qui Pierre-Augustin avait montré l'invention, la présente comme sienne à l'Académie des sciences (*septembre*). Polémique dans *Le Mercure de France.*
13 novembre. — *Mémoire* de Pierre-Augustin à l'Académie, pour réclamer justice.

1754. *23 février.* — L'Académie déclare que « Caron fils » est le seul inventeur de l'échappement. Désormais connu, il est introduit à la Cour.
Juillet. — Pierre-Augustin reçoit des commandes

pour des clients illustres : le roi et Mme de Pompadour, pour qui il construit une montre-bague d'un centimètre de diamètre.

1755. — Il fait la connaissance des Franquet ; le mari, malade, lui vend sa charge de Contrôleur de la Bouche du Roi ; Mme Franquet, née Aubertin, devient son amante.

1756. *Janvier.* — Franquet meurt.
27 novembre. — Pierre-Augustin en épouse la veuve.
Publication du *Théâtre des Boulevards ou Recueil de Parades*, anonyme (mais Gueullette ?) et du *Dictionnaire des théâtres de Paris* des Frères Parfaict.

1757. — Pierre-Augustin ajoute à son nom « de Beaumarchais », du nom d'une terre de sa femme appelée Bois Marchais.
Février. — Publication du *Fils naturel* de Diderot.
30 septembre. — Sa femme meurt d'une fièvre putride. Elle n'avait pas eu le temps de transférer ses biens à Beaumarchais, qui doit soutenir un procès interminable contre les Aubertin, autres héritiers de sa femme.

1758. — Mort de sa mère.
Novembre. — Publication du *Père de Famille* et du *Discours sur la poésie dramatique* de Diderot. Publication de la *Lettre à d'Alembert sur les spectacles* de Rousseau.
(ou l'année précédente ?), Beaumarchais rencontre le banquier Charles-Guillaume Lenormand, seigneur d'Étioles, mari complaisant de la marquise de Pompadour ; accès au monde des finances ; premières productions dramatiques : des parades créées pour le « théâtre de société » d'Étioles, *Colin et Colette, Les Députés de la Halle et du Gros-Caillou, Les Bottes de sept lieues, Zizabelle mannequin, Léandre marchand d'agnus* (c'est-à-dire de reliques), *Jean-Bête à la Foire*, qui d'ailleurs semble postérieure, outre un proverbe, dont on sait très peu, *Œil pour*

œil, dent pour dent, qui reprend une nouvelle de Boccace (*Décaméron*, VIII, 8).

1759. — Beaumarchais devient maître de harpe de Mesdames, les filles du Roi, par conséquent assidu de la Cour.
Publication de la *Lettre sur la Comédie* de Gresset.

1760. — Beaumarchais rencontre Pâris-Duverney, financier et munitionnaire, fondateur de l'École militaire et oncle de Lenormand.
12 août. — Grâce à l'intercession de Mesdames, Beaumarchais obtient que le Roi visite l'École militaire. En reconnaissance, Pâris-Duverney l'associe à ses affaires.
Publication des *Mœurs du temps* de Saurin et des *Philosophes* de Palissot.
Mai. — Publication du *Café ou l'Écossaise* de Voltaire.

1761. *9 décembre.* — Beaumarchais achète la charge de « Secrétaire du Roi », qui lui confère la noblesse et le droit de porter légalement le nom de Beaumarchais.

1762. *30 janvier.* — Il tente, en vain, d'acquérir la charge de Grand-Maître des Eaux et Forêts, mais il échoue à cause de l'hostilité des autres Grands-Maîtres, qui lui reprochent sa naissance roturière.

1762-1763. — Beaumarchais achète une maison sise au 26, rue de Condé à Paris où il installe son père et deux de ses sœurs cadettes (Lisette vivait en Espagne).

1763. — Beaumarchais achète la charge, moins importante, de Lieutenant-Général des Chasses, qui lui donne juridiction sur les délits de braconnage commis sur le domaine royal. Il envisage d'épouser Pauline Le Breton, jeune créole de Saint-Domingue, amie de la famille. Enquête sur l'état de ses biens.

Printemps. — Rédaction d'*Eugénie*, son premier drame.

Publication de *L'Anglais à Bordeaux* de Favart.

1764. — Voyage d'affaires en Espagne pour le compte de Duverney : infructueux, car les projets commerciaux échouent et qu'il ne parvient pas non plus à convaincre le journaliste et archiviste Clavijo à épouser sa sœur Marie-Louise, modiste à Madrid, qu'il avait compromise. L'« affaire Clavijo » sera romancée dans le *IVᵉ Mémoire* contre Goëzman et fournira le sujet du drame *Clavijo* (1774) de Goethe. Le séjour en Espagne se prolonge du printemps 1764 au printemps 1765.

Publication du *Cercle ou la Soirée à la mode* de Poinsinet et du *Comte de Comminge ou les Amants malheureux* de Baculard d'Arnaud.

1765 (?). — Rédaction du *Sacristain*, « intermède imité de l'espagnol ».

23 avril. — Remise à Choiseul d'un *Mémoire* sur l'Espagne.

Publication du *Siège de Calais* de Buirette de Belloy.

1766. — Rupture de ses fiançailles avec Pauline Le Breton. Début de l'exploitation en société avec Pâris-Duverney de 2 000 arpents de la forêt de Chinon. Peu de succès.

Publication de *La Partie de chasse de Henri IV* de Collé et du *Philosophe sans le savoir* de Sedaine.

1767. *29 janvier.* — Première représentation d'*Eugénie* à la Comédie-Française avec un bon succès. Le drame eut vingt-trois représentations en 1767.

Publication de *Eugénie*, accompagnée d'un texte théorique sur le drame, inspiré de Diderot et intitulé *Essai sur le genre dramatique sérieux*.

Publication du *Galant Escroc* de Collé.

1768. *11 avril.* — Beaumarchais épouse Geneviève, Madeleine Wattebled, riche veuve de Lévêque,

garde général des Menus-Plaisirs (mort en 1767).
Malheureusement la fortune de celle-ci est en
viager.

14 décembre. — Naissance de son fils Pierre-Augustin-Eugène.

Représentations de *La Gageure imprévue* de
Sedaine, des *Fausses Infidélités* de Barthe et de
Beverlei de Saurin ; Collé publie le *Théâtre de société*
et Carmontelle commence à publier les *Proverbes
dramatiques*.

1770. *13 janvier.* — Première de son deuxième
drame, *Les Deux Amis ou le Négociant de Lyon* ;
insuccès, la pièce est retirée après douze représentations.

1er avril. — Duverney signe un « arrêté de compte »
par lequel il reconnaît à Beaumarchais certains
droits sur sa fortune.

17 juillet. — Mort de Duverney, à l'âge de quatre-
vingt-six ans. Il lègue ses biens au comte de La
Blanche, son petit-neveu par alliance. Celui-ci
conteste l'arrêté de compte.

20 novembre. — Mort de la deuxième Mme Beaumarchais, à l'âge de trente-neuf ans. Une petite
fille, née en mars, n'avait probablement vécu que
quelques jours. Beaumarchais se trouve dans la
gêne ; il doit vendre des bijoux.

Représentation de *La Veuve du Malabar* de
Lemierre et publication de la *Gabrielle de Vergy* de
De Belloy, de la *Mélanie* de La Harpe et du *Déser-
teur* de Mercier.

1771. — Exil des anciens Parlements, réforme de la
justice par le Chancelier Maupeou (les « Parlements Maupeou »).

Représentation (unique) du *Fils naturel* de Diderot,
du *Fabricant de Londres* de Fenouillot de Falbaire
et du *Bourru bienfaisant* de Goldoni (treize représentations).

1772. *Début.* — La Blanche refuse d'exécuter l'arrêté de compte.

22 février. — Premier procès contre La Blanche, qui est contraint de payer la somme due, mais qui fait appel devant le Parlement de Paris.

17 octobre. — Mort de son fils Pierre-Augustin-Eugène.

Décembre. — Mort de sa sœur cadette Jeanne-Marguerite.

Rédaction du *Barbier de Séville*, opéra-comique, proposé au théâtre de l'Opéra-Comique, qui le refuse. L'ouvrage est aussitôt transformé en comédie. Mercier publie *Jean Hennuyer évêque de Lisieux* et *L'Indigent*.

1773. *3 janvier.* — *La Précaution inutile ou le Barbier de Séville, comédie en quatre actes*, selon le registre des réceptions de la Comédie-Française (le titre a été renversé depuis), est reçue, annoncée pour le Carnaval et immédiatement mise en répétitions.

11 février. — Violente altercation avec le duc de Chaulnes, dont il était le rival auprès d'une jeune actrice, Mlle Mesnard.

19 février. — Le duc de Chaulnes est enfermé au château de Vincennes.

26 février. — Beaumarchais est conduit à Fort-l'Évêque, où il restera jusqu'au 8 mai.

17 février. — *Le Barbier de Séville* est ajourné.

1er avril. — Me Goëzman est nommé rapporteur devant le Parlement Maupeou de Paris du procès entre Beaumarchais et La Blanche. Beaumarchais obtient l'autorisation d'aller solliciter le rapporteur.

6 avril. — Le Parlement tranche en faveur de La Blanche, malgré les démarches, visites et « cadeaux » de Beaumarchais à Mme Goëzman. L'arrêté de compte est annulé, Beaumarchais implicitement déclaré faussaire ; ses biens sont saisis. Mme Goëzman lui rend ses cadeaux (cent louis et une montre), mais elle garde quinze louis.

21 avril. — Beaumarchais dénonce les pratiques du juge et demande la restitution de ses quinze louis.

8 mai. — Il est libéré de Fort-l'Évêque.

21 juin. — Goëzman dépose contre Beaumarchais une plainte en tentative de corruption de magistrat. C'est le début d'une longue bataille contre le juge et ses alliés : le censeur Marin, le négociant Bertrand d'Airolles, l'écrivain Baculard d'Arnaud.

5 septembre. — Beaumarchais publie son premier *Mémoire à consulter* contre Goëzman. L'affaire devient publique et acquiert une importance politique. Beaumarchais tente de soulever l'opinion contre le Parlement de Paris. Réponses de Marin (*7 octobre*) et de Baculard d'Arnaud (*20 octobre*).

18 novembre. — Deuxième *Mémoire à consulter*. Réponse de d'Airolles, Marin et Mme Goëzman (décembre).

20 décembre. — Troisième *Mémoire à consulter*. Autre réponse de Marin.

22 décembre. — Début des interrogatoires « toutes chambres assemblées ».

Publication du traité théorique *Du théâtre ou Nouvel essai sur l'art dramatique* de Mercier.

1774. *12 février.* — Quatrième *Mémoire à consulter*. Beaumarchais triomphe dans l'opinion publique. Il vent six mille exemplaires. Voltaire se range du côté de Beaumarchais. *Le Barbier* est ajourné à nouveau.

26 février. — Jugement : Goëzman « hors de Cour », Beaumarchais et Mme Goëzman sont condamnés au « blâme », c'est-à-dire privés de leurs droits civiques. Beaumarchais est fêté par Conti et les adversaires de Maupeou.

Mars-avril. — Il est chargé de missions secrètes : premier séjour en Flandres et à Londres pour négocier avec le libelliste, maître chanteur, Théveneau de Morande, la destruction d'un factum contre la Du Barry.

Printemps. — Il rencontre Mlle de Willermaulaz, qu'il n'épousera qu'en 1786.

10 mai. — Mort de Louis XV.

Juin-octobre. — Nouvelle mission secrète pour obtenir d'un autre libelliste, appelé tantôt Angelucci tantôt Atkinson, la destruction d'un pamphlet sur la stérilité du nouveau roi, Louis XVI, et de Marie-Antoinette. Il le poursuit (sous le nom de M. de Ronac) de Londres à Nurenberg (Hollande) et à Vienne, où il arrive le 20 août. Reçu le lendemain par l'impératrice, il est retenu comme suspect jusqu'au 23 septembre ; il est libéré grâce à l'intervention du ministère français.

Octobre. — *Idées élémentaires sur le rappel des Parlements*, à l'appui de Sartines et Maurepas, qui voulaient renvoyer les Parlements Maupeou.

Première idée de *Tarare*.

Arrivée de Gluck à Paris ; représentations de *La Partie de chasse de Henri IV* de Collé (vingt représentations).

1775. *28 janvier.* — Cassation de l'arrêt du 6 avril 1773 de Goëzman entre La Blanche et Beaumarchais. L'affaire est renvoyée devant le parlement d'Aix-en-Provence.

23 février. — Première à la Comédie-Française du *Barbier de Séville*, en cinq actes. La pièce échoue à cause des allusions aux mésaventures personnelles de l'auteur et à des scènes de farce. Beaumarchais la ramène immédiatement à quatre actes.

26 février. — Ainsi réduite, la pièce obtient un grand succès (vingt-sept représentations en 1775).

Fin juillet. — *Le Barbier* est publié accompagné d'une *Lettre modérée sur la chute et la critique du Barbier de Séville*.

Printemps-été. — De nouveau chargé de mission, il négocie à Londres avec le chevalier d'Éon, agent secret qui se faisait passer pour une femme, à propos de documents secrets soustraits au gouvernement français concernant un projet de débarquement de troupes françaises en Angleterre. Il rencontre aussi

Wilkes et les chefs du parti Whig. Premiers *Mémoires au Roi*, lettres à Vergennes, ministre des Affaires étrangères.

25 octobre. — Mort de son père.

4 novembre. — D'Éon cède enfin les documents.

7 décembre. — Autre *Mémoire au Roi*, où Beaumarchais insiste, en s'appuyant même sur le Droit international, sur le fait que l'Angleterre est l'ennemi naturel de la France.

20 décembre. — Démêlés avec les acteurs de la Comédie-Française à propos des droits d'auteur du *Barbier de Séville*.

Publication de *La Brouette du Vinaigrier* de Mercier.

1776. *Février.* — Autres contacts à Londres avec Lauraguais et Lee, représentants des « Insurgents ». Beaumarchais envisage l'engagement de la France aux côtés des colonies d'Amérique révoltées contre l'Angleterre ; humanitarisme ou intérêt politique (maintien de la domination française aux Antilles) ? Nouveau *Mémoire* intitulé *La Paix ou la Guerre*.

10 juin. — Le ministre Vergennes, sollicité par Beaumarchais, lui donne secrètement un million de livres pour financer l'expédition de secours aux Insurgents américains. Beaumarchais fonde, dans ce but, une maison de commerce maritime sous le nom de Roderigue Hortalez et Cie ; il installe les bureaux rue Vieille-du-Temple (en octobre), à l'hôtel des Ambassadeurs de Hollande, et arme une flotte qui transporte en Amérique armes, renforts et ravitaillements.

4 juillet. — Déclaration d'indépendance des États-Unis, rédigée par Jefferson.

3 août. — Mort de Louis-François de Bourbon, prince de Conti, qui avait toujours protégé Beaumarchais.

18 août. — Lettre au Congrès. Beaumarchais réclame des « retours » en tabac et le monopole des fournitures.

6 septembre. — Cassation du jugement de blâme du 26 février 1774. Beaumarchais est réhabilité et rentre dans ses droits civils.

Décembre. — Difficultés avec Lee, Deane, et Franklin, arrivés à Paris. Arrivée de Piccini à Paris.

Représentations de *La Brouette du Vinaigrier* de Mercier au théâtre des Associés.

1777. *5 janvier*. — Naissance de sa fille Eugénie. Beaumarchais en épousera la mère, Marie-Thérèse de Willermaulaz, en 1786.

Janvier-juillet. — Affaire des auteurs dramatiques, qui veulent défendre leurs droits, contestés par les comédiens.

3 juillet. — Beaumarchais fonde la Société des Auteurs dramatiques : il en est élu président.

Juillet. — Activités commerciales et financières : *Mémoire* au ministre Maurepas pour défendre la Caisse d'Escompte fondée en 1776 par le Suisse Panchaud.

26 octobre. — *Mémoire particulier pour les Ministres du Roi et Manifeste pour l'État* adressé à Vergennes, où il conseille de signer un traité d'alliance avec les États-Unis. Intense activité commerciale de la « Roderigue Hortalez », pendant toute l'année.

1778. *6 février*. — La France signe un traité d'alliance, d'amitié et de commerce avec les États-Unis.

13 mars. — La France reconnaît les États-Unis.

16 avril. — Beaumarchais obtient du Congrès un engagement à payer ses fournitures ; l'engagement ne sera respecté qu'en 1835 et dans des conditions désavantageuses pour ses héritiers. Il poursuivra néanmoins son activité de commerce maritime jusqu'à la fin de la guerre.

21 juillet. — Le parlement d'Aix-en-Provence s'exprime définitivement en faveur de Beaumarchais. La Blanche est condamné à accepter l'arrêté de compte signé par Duverney et à payer. *Réponse ingénue* et *Le Tartare à la légion*, mémoires contre La Blanche.

Sixième représentation de *Irène* de Voltaire ; couronnement de son buste sur la scène de la Comédie-Française. Mort de Voltaire, de Rousseau et de Lekain (acteur de la Comédie-Française).

Beaumarchais achève la rédaction du *Mariage de Figaro*.

1779. — Année d'intense activité commerciale avec les États-Unis, d'activité littéraire (Beaumarchais accepte l'offre du libraire Panckoucke d'entreprendre l'édition complète des œuvres de Voltaire, 25 février) et d'activité « sociale » (il continue la dispute à propos des droits d'auteur).

26 février. — *Mémoire aux Ministres du Roi* en faveur des négociants protestants de Bordeaux, défense des minorités persécutées : colons américains, protestants, juifs.

(Début). — *Mémoire à Vergennes sur la Ferme Générale* en relation avec le commerce d'Amérique.

Juin-octobre. — Tentatives infructueuses de réaliser la publication des œuvres de Voltaire en Angleterre.

Juillet. — Destruction, en combat naval, du « Fier-Roderigue », le navire amiral de la flotte de la « Hortalez ».

Décembre. — *Observations sur le « Mémoire justificatif de la Cour de Londres »* (écrit par l'historien Edward Gibbon), où Beaumarchais défend les droits des négociants en temps de guerre.

Querelle des gluckistes et des piccinistes.

Ouverture du théâtre des Variétés Amusantes.

Représentations de *Les battus paient l'amende* de Dorvigny et *Les Deux Billets* de Florian ; publication du *Théâtre à l'usage des jeunes personnes* de Mme de Genlis.

1780. *26 août.* — *Compte rendu* de l'affaire des auteurs dramatiques.

9 décembre. — Arrêt du Conseil qui fixe les droits d'auteur.

18 décembre. — La « Société littéraire typographique », fondée pour l'édition de Voltaire, ayant vu l'impossibilité de travailler en Angleterre, s'installe à Kehl en Allemagne. Désormais cette édition sera toujours dite « de Kehl ».

Représentation à Vienne du *Barbier* avec la musique de Paisiello.

1781. *Janvier.* — Beaumarchais souscrit un emprunt à la Compagnie des Eaux, des frères Périer, qui voulaient installer l'eau courante à Paris.

30 janvier. — Parution du « Prospectus » de l'édition de Kehl.

29 septembre. — Lecture du *Mariage de Figaro* à la Comédie-Française. La pièce est reçue à l'unanimité par acclamation, mais Louis XVI en interdit la représentation. Première censure, favorable, de Coqueley de Chaussepierre. Cabales à la Cour. Beaumarchais demande de nouveaux censeurs.

Octobre. — Début de l'affaire Kornman. Beaumarchais, sollicité par le prince de Nassau, entreprend de protéger Mme Kornman, maîtresse d'un familier du prince, contre son mari.

Représentation de *Jérôme Pointu* de Beaunoir.

1782. *Janvier.* — Beaumarchais prête à l'État un million de livres et à Choiseul 700 000 livres pour une opération immobilière.

Lectures du *Mariage de Figaro* devant plusieurs personnalités : le grand-duc de Russie (*26 mai*), la maréchale de Richelieu (*30 mai*), la duchesse de Villeroy, la princesse de Lamballe, etc.

Juillet. — Deuxième censure du *Mariage*. Suard exprime un jugement défavorable.

1783. — Parution des premiers volumes de « l'édition de Kehl » : désastre financier, par insuffisance
de souscripteurs (deux mille cinq cents, la moitié
du chiffre nécessaire).

13 juin. — La représentation privée du *Mariage*
pour le comte d'Artois, frère du Roi, sur le théâtre
des Menus-Plaisirs à Versailles est interdite au dernier moment par le Roi.

Septembre. — Troisième censure du *Mariage*, favorable de la part de Gaillard.

3 septembre. — La Paix de Versailles est signée, les
Anglais reconnaissent l'indépendance des États-
Unis.

26 septembre. — *Le Mariage de Figaro* est joué en
privé avec l'accord du Roi à Gennevilliers chez le
comte de Vaudreuil.

Automne. — Quatrième censure du *Mariage*, jugement réservé de Guidi.

1784. *15 janvier.* — Cinquième censure du *Mariage*
de la part de Desfontaines. Il est favorable, même
s'il suggère quelques « adoucissements ».

22 mars. — Sixième censure du *Mariage* de la part
de Bret, entièrement favorable. Fin mars, un « tribunal de décence et de goût » composé d'hommes
politiques et d'écrivains, présidé par le baron de
Breteuil, et demandé par Beaumarchais, se déclare
définitivement favorable.

Début avril. — *Le Mariage de Figaro* est remis en
répétitions.

27 avril. — Première triomphale du *Mariage* à la
Comédie-Française (soixante-sept représentations
en 1784). Dazincourt joue Figaro ; Molé, Almaviva ; Mlle Saint-Val, la Comtesse, et Mlle Contat,
Suzanne ; ils sont dirigés par l'auteur.

Mai. — Fin de la composition de *Tarare*.

4 août. — Beaumarchais propose de créer un Institut de bienfaisance pour les « mères nourrices ».
Épigrammes.

Automne. — Rédaction de la *Préface* du *Mariage*, approuvée par Bret.

Mort de Diderot.

1785. *Janvier.* — Polémique avec le censeur Suard.

8-13 mars. — Une allusion imprudente, dans un article paru le 6 mars dans le *Journal de Paris*, « aux lions et tigres » qu'il a dû vaincre pour faire jouer *Le Mariage de Figaro*, provoque la colère du Roi, qui s'y croit visé. Beaumarchais est arrêté et enfermé à Saint-Lazare, la prison des débauchés et des filles.

Fin mars-début avril. — Lettre au Roi où Beaumarchais réclame, non seulement justice, mais aussi « les sommes considérables » qu'il avait prêtées à l'État.

7 avril. — Publication du *Mariage de Figaro*, précédé de sa *Préface*.

8 mai. — Mort du duc de Choiseul. Beaumarchais, en tant que créancier important, est nommé syndic de la succession.

18 août. — Reprise triomphale du *Mariage* (treize représentations en 1785).

19 août. — Reprise du *Barbier de Séville* à la Cour (Trianon). Marie-Antoinette joue Rosine ; le comte d'Artois, Figaro.

Été. — Introduction en France des actions de la Banque de Saint-Charles ; Beaumarchais participe à l'opération.

Novembre. — Agiotages et polémiques à propos de la Compagnie des Eaux des frères Périer. Beaumarchais, intéressé à cause de son prêt, réplique à un libelle de Mirabeau, porte-parole d'une compagnie rivale : *En réponse à l'ouvrage qui a pour titre : Sur les actions de Cie des Eaux.*

1786. *8 mars.* — Beaumarchais épouse Marie-Thérèse.

Leur fille Eugénie a neuf ans.

28 mars. — Censure favorable de *Tarare*, opéra
« oriental » (musique de Salieri), de la part de Bret.
1er mai. — Première au Burgtheater de Vienne des
Noces de Figaro de Mozart.
Automne. — Spéculations du ministère Calonne et
de la Banque de Saint-Charles.
Reprises du *Mariage* (treize en 1786).
Représentation de *Virginie* de La Harpe.

1787. *Début.* — Continuation de l'affaire Kornman ;
le banquier Kornman avait fait enfermer sa femme,
délivrée par l'intercession de Beaumarchais, maîtresse enceinte d'un familier du comte de Nassau,
afin de s'emparer de sa dot.
20 février. — L'avocat Bergasse, au service de
Kornman, lance contre Beaumarchais un *Mémoire
sur une question d'adultère* ; libelles contre Beaumarchais et son ami Lenoir, ancien lieutenant de
police, quelque peu affairiste. Beaumarchais est
agressé dans la rue et sa maison « placardée » ; il
publie, pour se défendre, selon son usage arrêté,
des mémoires, parmi lesquels une *Réponse à tous les
libellistes passés, présents et futurs.*
Printemps. — Difficultés financières à cause de l'affaire de la Compagnie des Eaux.
8 avril. — Renvoi du ministre Calonne, remplacé
par Loménie de Brienne.
8 juin. — Première à l'Académie Royale de
Musique de *Tarare* avec musique d'Antoine Salieri,
venu de Vienne à Paris expressément pour y travailler, élève de Gluck, qui avait refusé d'en faire
la musique, car « l'âge ne lui laissait plus la force
qu'exigeait une si vaste entreprise ». Succès.
26 juin. — Achat, à la porte Saint-Antoine près de
la Bastille, d'un grand terrain, destiné à la
construction d'une somptueuse demeure, dont le
devis atteint le million et demi de livres ; bâti par
l'architecte Lemoyne, l'hôtel sera détruit en 1818.
Débuts de Talma à la Comédie-Française.

16 juillet. — Le Parlement de Paris en appelle aux États généraux.

Reprises du *Mariage* (sept en 1787).

1788. — Publication par Bergasse d'un nouveau mémoire. Beaumarchais porte plainte pour diffamation.

8 mai. — Réforme judiciaire de Lamoignon.

8 août. — Convocation des États généraux pour le 1ᵉʳ mai 1789.

Représentations de *Méléagre* de Lemercier et de *L'Optimiste* de Collin d'Harleville. Reprises du *Mariage* (cinq en 1788).

1789. *Mars*. — Élections aux États généraux.

2 avril. — Condamnation de Kornman et de son avocat Bergasse, déclarés « calomniateurs ». Malgré cela l'opinion publique est hostile à Beaumarchais qui se trouve discrédité.

Printemps. — Il est élu président du district des Blancs-Manteaux.

20 juin. — Serment du Jeu de Paume.

9 juillet. — L'Assemblée se déclare Assemblée nationale constituante.

14 juillet. — Prise de la Bastille.

15 juillet. — Retour du ministre Necker. Beaumarchais pénètre avec vingt-quatre hommes en armes dans la Bastille.

20 juillet. — Début de la Grande Peur.

22, 24 juillet. — Dons en argent de la part de Beaumarchais aux indigents de son district. Les sommes exorbitantes qu'il avait dépensées pour la construction de sa maison, son luxe et l'affaire Kornman l'avaient quelque peu discrédité devant l'opinion publique.

4 août (nuit). — L'Assemblée constituante vote l'abolition des privilèges du clergé et de la noblesse.

Août. — Beaumarchais est élu député de la

Commune de Paris et chargé de surveiller la démolition de la Bastille.

26 août. — Déclaration des droits de l'homme et du citoyen.

Fin août. — Sur une dénonciation, Beaumarchais est exclu de l'Assemblée des députés de la Commune de Paris.

Septembre. — Dans la *Requête à MM. les représentants de la Commune de Paris*, Beaumarchais réfute toute accusation. Il est réintégré dans son rôle.

5-6 octobre. — Le peuple de Paris marche sur Versailles. Le Roi et l'Assemblée sont ramenés à Paris.

2 novembre. — Les biens du clergé sont mis à la disposition de la Nation.

4 novembre. — Première du *Charles IX* de Marie-Joseph Chénier.

9 novembre. — Beaumarchais prend position contre le *Charles IX*.

Décembre. — Déclaration des droits civils des comédiens.

Reprises du *Mariage* (trois en 1789).

1790. *Février.* — Beaumarchais, important créancier de la succession de Panchaud et de la Caisse d'Escompte.

12 juillet. — Constitution civile du clergé.

14 juillet. — Fête de la Fédération à Paris.

3 août. — Reprise de *Tarare* avec un nouveau dénouement, « Le Couronnement de Tarare », où apparaît l'idée de la monarchie constitutionnelle. Beaumarchais s'y montre aussi partisan du divorce et de l'affranchissement des Noirs.

Rédaction de *La Mère coupable*.

Vains efforts pour obtenir le paiement de ses créances du gouvernement des États-Unis.

Premières du *Philinte de Molière* de Fabre d'Églantine et du *Réveille d'Épiménide à Paris* de Flins des Oliviers ; trois reprises du *Mariage*.

1791. *13 janvier*. — Décret de la libéralisation des théâtres. Épilogue de l'affaire des auteurs : décret de la Constituante sur la propriété littéraire.

Février. — *La Mère coupable* est acceptée à la Comédie-Française.

10 mars. — Pie VI condamne la Constitution civile du clergé (Bref *Quod aliquantum*).

2 avril. — Mort de Mirabeau.

20 avril. — Clôture de Pâques à la Comédie-Française.

27 avril. — Scission de la Comédie-Française et ouverture du Théâtre-Français de la rue de Richelieu.

20-21 juin. — Tentative de fuite de la famille royale et son arrestation à Varennes ; le Roi est suspendu de ses fonctions pour trois mois.

16 juillet. — Scission des modérés du club des Feuillants des Jacobins.

17 juillet. — Massacre exécuté par la Garde nationale des sympathisants républicains au Champ-de-Mars.

27 août. — Déclaration de Pillnitz de la part de l'Autriche et de la Prusse.

13 septembre. — Approbation de la Constitution.

1er octobre. — Ouverture de l'Assemblée législative.

Automne. — Beaumarchais envisage d'aller aux États-Unis réclamer ses créances.

Décembre. — Beaumarchais retire *La Mère coupable* du théâtre de la Nation.

Représentations de *L'Aristocrate* de Fabre d'Églantine, d'*Oxtiern* de Sade, de *M. de Crac dans son petit castel* de Collin d'Harleville et des *Victimes cloîtrées* de Boutet de Monvel.

1792. *Janvier*. — Adaptation du *Mariage* aux temps nouveaux ; Figaro joue de l'émigrette (acte III, sc. 13).

4 mars. — Beaumarchais est interpellé par le libraire Delahaye de Bruxelles, qui lui propose l'achat de soixante mille fusils destinés à l'armée française et stockés en Hollande.

15 mars. — Ministère « jacobin » avec Roland.

3 avril. — Le traité est signé, mais, bien que l'armée française ait le plus grand besoin des fusils, les Hollandais font des difficultés et les ministres français hésitent.

20 avril. — Déclaration de guerre de la France à l'Autriche, qui s'allie avec la Prusse.

4 juin. — Beaumarchais est dénoncé à l'Assemblée nationale comme accapareur d'armes par Chabot, capucin défroqué.

12 juin. — Le ministère Roland est congédié.

26 juin. — Première de *La Mère coupable* au théâtre du Marais, qui a ouvert ses portes l'année précédente. Bon succès : quinze représentations en moins d'un mois.

11-21 juillet. — La Patrie est déclarée en danger.

18 juillet. — Le ministre de la Guerre insiste pour obtenir les fusils de la Hollande ; mais les fusils restent là.

10 août. — Prise des Tuileries et chute de la monarchie.

10-11 août. — Établissement du suffrage universel.

11 août. — Le peuple de Paris envahit la maison de Beaumarchais à la recherche des fusils, mais sans les trouver.

23 août. — Beaumarchais est arrêté chez lui. Prise de Longwy par les Prussiens.

27-29 août. — Beaumarchais est enfermé dans la prison de l'Abbaye, mais il est délivré sur l'intervention d'une ancienne maîtresse, Amélie Houret de la Marinaie, qui intercède pour lui auprès du procureur de la Commune de Paris, Manuel.

1ᵉʳ septembre. — Défaite de Verdun.

2-6 septembre. — Massacres dans les prisons de Paris et de province. Beaumarchais, délivré quelques jours avant, en échappe juste à temps.

20 septembre. — Fin de la Législative ; victoire de Valmy.

21 septembre. — Abolition de la Royauté ; an I de la République ; première séance de la Convention.

22 septembre. — Beaumarchais quitte la France avec une attestation de civisme et un ordre de mission pour aller chercher en Hollande les fusils et les faire entrer en France. Séjours à Londres et en Hollande. Entre-temps, à Paris, les ministres Clavière (son ancien adversaire dans l'affaire de la Compagnie des Eaux) et Lebrun, qui soutient un concurrent, complotent contre lui.

24-29 septembre. — Les Français entrent en Savoie et à Nice.

Octobre. — Les Français occupent Francfort et Mayence.

6 novembre. — Occupation de la Belgique.

28 novembre. — Beaumarchais, réfugié en Angleterre, est accusé de trahison devant la Convention par le député Lecointre qui le suspecte de la disparition des fusils.

16 décembre. — Beaumarchais réplique par une *Pétition à la Convention nationale*.

Le Théâtre-Français de la rue de Richelieu, qui avait adopté le 10 août 1791 le nom de théâtre de la Liberté et de l'Égalité, devient le théâtre de la République.

Représentations de *Caius Gracchus* de Marie-Joseph Chénier et du *Vieux célibataire* de Collin d'Harleville. Mort de Favart.

1793. *21 janvier*. — Exécution de Louis XVI.

1er février. — Déclaration de guerre à l'Angleterre et à la Hollande. Première coalition contre la France.

10 février. — Suspension pour deux mois du décret d'accusation.

26 février. — Retour de Beaumarchais à Paris.

10 mars. — Création du tribunal « révolutionnaire ».

20 mars. — Représentation à Paris d'un *Mariage de Figaro*, où sont intercalés les airs de Mozart sur des vers de Beaumarchais ; insuccès.

6 avril. — Formation du Comité de Salut public avec Danton.

Printemps. — Publication des *Six Époques*, historique et mémoire justificatif, rempli de propos contre-révolutionnaires, sur l'affaire des fusils, toujours insaisissables.

Avril-mai. — Lutte entre les girondins et les montagnards.

Mai. — Beaumarchais comparaît devant le Comité de Salut public. Reconnu innocent, il est de nouveau chargé de mission.

2 juin. — Arrestation des girondins.

28 juin. — Nouveau départ pour la Hollande, nouvel échec. Vie errante à l'étranger, nouvelles démarches auprès du gouvernement des États-Unis visant à récupérer ses créances.

13 juillet. — Assassinat de Marat par Charlotte Corday.

27 juillet. — Robespierre entre au Comité de Salut public.

Août. — Venant de Suisse, il est refoulé d'Angleterre et s'embarque pour la Hollande.

27 août. — Les royalistes livrent Toulon aux Anglais.

4-5 septembre. — Mouvement populaire à Paris ; la Terreur mise à l'ordre du jour.

17 septembre. — On vote la loi sur les suspects.

29 septembre. — Institution du *maximum* général des denrées et des salaires.

16 octobre (25 vendémiaire an II). — Exécution de Marie-Antoinette.

10 novembre (10 brumaire an II). — Les girondins sont exécutés.

Décret de la Convention à propos du but et de la moralisation des théâtres (2 août) ; arrestation des acteurs du théâtre de la Nation et fermeture de ce théâtre. Représentations de *L'Ami des Lois* de Laya, de *Fénelon* de Marie-Joseph Chénier et du *Jugement dernier des Rois* de Sylvain Maréchal.

1794. *4 février* (16 nivôse an II). — Suppression de l'esclavage dans les colonies françaises.

14 mars (24 ventôse an II). — Beaumarchais est inscrit sur la liste des émigrés malgré son ordre de mission.

21-24 mars (1-4 germinal an II). — Procès et exécution des hébertistes.

2-5 avril (13-16 germinal an II). — Procès et exécution de Danton, Desmoulins, Fabre d'Églantine et d'autres dantonistes.

4 juin (16 prairial an II). — Robespierre est élu président de la Convention.

10 juin (22 prairial an II). — Loi sur le Tribunal révolutionnaire ; début de la Grande Terreur.

4 juillet (16 messidor an II). — Arrestation de la famille de Beaumarchais.

27-28 juillet (9-10 thermidor an II). — Coup d'État ; chute des robespierristes ; exécution de Robespierre.

15 août (28 thermidor an II). — La loi sur les émigrés contraint la femme de Beaumarchais à divorcer (ils se remarieront trois ans plus tard).

20 octobre (29 vendémiaire an III). — Les fusils partent pour l'Angleterre. Beaumarchais, dans la misère, vit en Allemagne, principalement à Hambourg.

24 décembre (4 nivôse an III). — Abolition du *maximum*.

Organisation de la censure sous la responsabilité du Comité d'Instruction publique. Réouverture du théâtre de la Nation.

1795. *Janvier* (pluviôse an III). — Occupation de la Hollande.

21 février (3 ventôse an III). — Liberté des cultes ;
séparation de l'Église et de l'État.

5 avril (16 germinal an III). — Paix de Bâle entre
la France et la Prusse.

Mai-juin (floréal-prairial an III). — La Terreur
blanche ; massacres des jacobins à Lyon, Marseille...

16 mai (27 floréal an III). — Paix avec la Hollande
(traité de La Haye).

11 juin (23 prairial an III). — Le gouvernement
anglais met les fusils sous séquestre. Ils sont définitivement perdus pour la France.

Septembre (fructidor an III). — Reprise de *Tarare* ;
dans cette rédaction, Tarare, puisqu'on était en
1795, se montre franchement hostile à la royauté.
Beaumarchais étant alors à Hambourg, c'est son
ami Framery qui se charge de faire les changements
opportuns.

1ᵉʳ octobre (9 vendémiaire an IV). — Annexion de
la Belgique.

5 octobre (13 vendémiaire an IV). — Insurrection
royaliste contre la Convention.

26 octobre (4 brumaire an IV). — Amnistie pour les
émigrés ; fin de la Convention.

31 octobre (9 brumaire an IV). — Élection du
Directoire exécutif.

Réorganisation de l'Institut national de musique,
qui prend le nom de Conservatoire. Représentation
du *Souper des Jacobins* de Charlemagne, du *Concert
de la rue Feydeau* d'Alphonse de Martainville et
Hector Chassier, des *Jacobins aux enfers* de
H. Chaussier, de *L'Intérieur des Comités révolution-
naires* de Ducancel, etc.

1796. *2 mars* (12 ventôse an IV). — Bonaparte général en chef de l'armée d'Italie.

9 mars (19 ventôse an IV). — Napoléon épouse
Joséphine de Beauharnais.

Mars-avril (germinal an IV). — Victoires de Napoléon en Italie.

10 mai (21 floréal an IV). — Arrestation de Babeuf et de ses amis.

Juin (prairial-messidor an IV). — Beaumarchais est définitivement rayé de la liste des émigrés ; il apprend la nouvelle dix jours plus tard et part aussitôt.

5 juillet (17 messidor an IV). — Beaumarchais, ancien émigré, arrive enfin à Paris.

10 juillet (22 messidor an IV). — Mariage de la fille de Beaumarchais, Eugénie, avec André Toussaint Delarue.

Représentation de *L'Agioteur* de Charlemagne, de *Madame Angot ou la Poissarde parvenue* de Maillot, *Tout le monde s'en mêle ou la Manie du Commerce* de Mayeur, *Les Modernes enrichis* de Pujoulx, etc.

1797. *19 février* (1er ventôse an V). — Traité de Tolentino avec Pie VI.

5 mai (16 floréal an V). — Reprise triomphale de *La Mère coupable* par les Comédiens-Français de la rue Feydeau. Beaumarchais est acclamé.

27 mai (8 prairial an V). — Exécution de Babeuf et des babouvistes.

4 septembre (18 fructidor an V). — Coup d'État antiroyaliste.

17 octobre (26 vendémiaire an VI). — Paix de Campo-Formio avec l'Autriche.

Représentation d'*Agamemnon* de Lemercier, de *Médiocre et rampant* de Picard, des *Assemblées primaires ou les Élections* de Martainville, du *Terroriste ou les Conspirations jacobines* de Mayeur, de *La Soirée de Vaugirard* de Charlemagne, etc.

1798. *15 février* (27 pluviôse an VI). — Fondation de la République romaine.

Mai (floréal-prairial an VI). — Mort de Julie, sœur cadette de Beaumarchais. Beaumarchais réclame en vain au gouvernement français les sommes qu'il doit avoir pour l'affaire des fusils.

Correspondance avec Amélie Houret de la Marinaie, qui lui avait sauvé la vie en 1792.

11 mai (22 floréal an VI). — Coup d'État contre la gauche.

Juillet (messidor-thermidor an VI). — Débarquement de Bonaparte en Égypte ; victoire des Pyramides.

1er août (14 thermidor an VI). — La flotte française est détruite à Aboukir par le général Nelson.

Juillet-décembre (thermidor an VI-nivôse an VII). — Formation de la seconde coalition contre la France.

Bien que gêné par une surdité quasi totale, Beaumarchais s'intéresse activement aux sujets les plus divers ; rédaction de plusieurs *Mémoires* concernant l'impôt sur le sel, la sépulture de Turenne et la protestation pour l'assassinat des plénipotentiaires français à Radstadt.

Représentation des *Rivaux d'eux-mêmes* de Pigault-Lebrun, de *Blanche et Montcassin ou les Vénitiens* d'Arnault, du *Château des Apennins ou le Fantôme vivant* de Pixérécourt, etc.

1799. *Avril* (germinal-floréal an VII). — Beaumarchais adresse au *Journal de Paris* deux *Lettres sur Voltaire et Jésus-Christ*, qui confirment sa position rationaliste devant la religion.

18 mai (29 floréal an VII). — Beaumarchais meurt d'apoplexie durant son sommeil, dans la nuit du 17 au 18 mai. Sa succession montre qu'entre-temps il avait réussi à reconstituer sa fortune : un million de francs, soit 20 000 francs de rente.

9 octobre (17 vendémiaire an VIII). — Napoléon débarque à Fréjus.

9 novembre (18 brumaire an VIII). — Coup d'État de Napoléon.

Incendie de l'Odéon ; réunion des deux troupes

issues de la scission de la Comédie-Française en 1791. La Harpe commence la publication du *Lycée ou Cours de littérature ancienne et moderne*. Représentation de *La Girouette de Saint-Cloud* de Barré, Radet, Desfontaines, Séguier, Bourgueil et Dupaty, du *Premier rayon de Soleil* de Bins de Saint-Victor, des *Mariniers de Saint-Cloud* de Sewrin, de *La Journée de Saint-Cloud ou la Pêche aux Jacobins* de Chazet et Gouffé, etc.

Reprises à la Comédie-Française de *La Mère coupable* (trois), du *Barbier de Séville* (deux) et de *Eugénie* (quatre).

BIBLIOGRAPHIE

Les œuvres de Beaumarchais

ÉDITIONS ORIGINALES

Eugénie. Drame en cinq actes en prose.

À Paris, chez Merlin, libraire, rue de la Harpe, à Saint-Joseph. MDCCLXVII. Avec approbation et privilège, in-8°. (Cette édition comprend l'*Essai sur le genre dramatique sérieux.*)

Les Deux Amis ou le Négociant de Lyon. Drame en cinq actes en prose.

Représenté pour la première fois sur le théâtre de la Comédie-Française à Paris le 13 janvier 1770. À Paris, chez la veuve Duchesne, rue Saint-Jacques, au Temple du Goût [et] Merlin, rue de la Harpe, à Saint-Joseph. MDCCLXX. Avec approbation et privilège du Roi, in-8°.

Le Barbier de Séville ou la Précaution inutile. Comédie en quatre actes.

Représentée et tombée sur le théâtre de la Comédie-Française, aux Tuileries, le 23 février 1775. À Paris, chez Ruault, libraire, rue de la Harpe. MDCCLXXV, in-8°. (La musique de scène est d'Antoine Laurent Baudron, premier violon de la Comédie-Française : *La Musique du Barbier de Séville*, Paris, Ruault, 1775. Cette édition est précédée de la *Lettre modérée sur la Chute et la Critique du Barbier de Séville.*)

La Folle Journée ou le Mariage de Figaro. Comédie en cinq actes en prose.

Représentée pour la première fois par les Comédiens-Français ordinaires du Roi, le mardi 27 avril 1784. Au Palais-Royal, chez Ruault, libraire, près le Théâtre, nº 216. MDCCLXXXV, in-8°. (L'édition contient généralement la *Préface*, rédigée à la fin de 1784. Un double de cette édition — gr. in-8° — a été imprimé à Kehl (1785), avec les caractères de l'édition de Voltaire par la Société littéraire typographique, pour éviter la saisie et les contrefaçons de l'œuvre. La musique de scène est imprimée dans le *Journal de harpe par les meilleurs maîtres*, Paris, 1784. Le titre a été renversé par la suite.)

Tarare. Opéra en cinq actes avec un prologue.

La musique de M. Saliéri, maître de musique de S.M. Impériale. Représenté, pour la première fois, sur le théâtre de l'Académie Royale de Musique, le vendredi 8 juin 1787. À Paris, de l'imprimerie de P. de Lormel, imprimeur de l'Académie Royale de Musique, rue du Foin-Saint-Jacques, à l'image de Sainte-Geneviève. MDCCLXXXVII. Avec approbation et privilège du Roi, in-8°.

L'Autre Tartuffe ou La Mère coupable. Drame en cinq actes en prose.

Remis au théâtre de la rue Feydeau, avec des chansons, et joué le 16 floréal an V (5 mai 1797), par les anciens acteurs du Théâtre Français. Édition originale. À Paris, chez Rondonneau et Cie, au Dépôt des Lois, place du Carrousel, 1797, in-8°. (La pièce avait été jouée pour la première fois le 26 juin 1792 au théâtre du Marais. La mention « édition originale » veut signifier que c'est la première et véritable édition avouée par l'auteur, qui y mit la préface *Un mot sur La Mère coupable*. La pièce avait été déjà publiée à Paris, chez Maradan, libraire, l'an deuxième de la République française par des amis de Beaumarchais, alors à l'étranger, pour combattre « de misérables contrefacteurs » qui avaient annoncé « une édition subreptice ». Voir note préliminaire.)

ÉDITIONS DU THÉÂTRE COMPLET

1809. — *Œuvres complètes de P.-A. Caron de Beaumarchais*, éd. Gudin de la Brenellerie, Paris, Collin, 7 volumes in-8° ; *Théâtre* : volumes I, II.

1821. — *Œuvres complètes de Beaumarchais*, Paris, É. Ledoux, 6 volumes in-8° ; *Théâtre* : volumes I, II.

1828. — *Œuvres complètes de Beaumarchais*, Paris, Furne, 6 volumes in-8° ; *Théâtre* : volumes I, II.

1869-1871. — *Théâtre complet de Beaumarchais*, éd. G. d'Heylli et F. de Marescot, Paris, Acad. des bibliophiles, 4 volumes (rééd. Genève, Slatkine Reprints, 1967), in-8°.

1874.   *Œuvres complètes de Beaumarchais*, éd. L. Moland, Paris, Garnier, gr. in-8°.

1876. — *Œuvres complètes de Beaumarchais*, éd. É. Fournier, Paris, Laplace, Sanchez et Cie, gr. in-8°.

1880. — *Théâtre complet de Beaumarchais*, éd. Auger, Paris, Firmin-Didot et Cie, in-18 ; contient le *Théâtre* complet.

1931. — *Théâtre complet de Beaumarchais*, Paris, R. Hilsum, in-16.

1932. — *Beaumarchais, sa Vie, son Œuvre* (1732-1799). *Mémoires et Théâtre complet*, Paris, Union latine d'éditions, 4 volumes, in-8°.

1952. — *Théâtre complet de Beaumarchais*, éd. R. d'Hermies, Paris, Magnard ; contient aussi les parades.

1956. — *Théâtre complet de Beaumarchais*, éd. P. Pia, Paris, Club français du Livre.

1964. — *Beaumarchais, Théâtre complet, lettres rela-*

tives à son théâtre, éd. M. Allem et P. Courant, Paris, La Pléiade, Gallimard (rééd. de 1934 et 1957) ; contient aussi les parades.

1980. — *Beaumarchais, Théâtre,* éd. J.-P. de Beaumarchais, Paris, Garnier.

Éditions du « Mariage de Figaro »

Le Mariage de Figaro a toujours trouvé place dans les éditions du *Théâtre complet* de Beaumarchais. Au surplus, outre l'édition originale et celle de Kehl déjà citées, nous pouvons en mentionner quelques autres que nous avons choisies dans un nombre considérable, et qui ont paru séparément.

1797-1798 (an VI). — *La Folle Journée ou le Mariage de Figaro,* Paris, passage Feydeau, in-8°.

1822. — *La Folle Journée ou le Mariage de Figaro,* Paris, Martinez, Delaunay, Corréard et Lecouvey, « Nouvelle édition avec les scènes et couplets supprimés à la représentation ».

1877. — *Le Mariage de Figaro,* édition collationnée sur le texte original, Paris, Delarue, s.d., pet. in-8°.

1883. — *La Folle Journée ou le Mariage de Figaro,* Paris, A. Quantin, « Petite Bibliothèque de poche », in-12.

1952. — *Le Mariage de Figaro,* éd. A. Arnould, Oxford, Blackwell.

1957. — *La Folle Journée ou le Mariage de Figaro,* éd. A. Ubersfeld, Paris, Éditions sociales.

1964. — *Le Mariage de Figaro,* éd. P. Gaillard, Paris, Bordas.

1966. — *Le Mariage de Figaro,* éd. J. Scherer, « avec analyse dramaturgique », Paris, S.E.D.E.S.

1968. — *Le Mariage de Figaro,* éd. J.B. Ratermanis, Studies on Voltaire, LXIII, Genève.

1971. — *Le Mariage de Figaro*, éd. C. Hubert, Paris, Hachette.

1984. — *Le Mariage de Figaro. La Mère coupable*, éd. P. Larthomas. Paris, Gallimard, coll. « Folio ».

1989. — *Le Mariage de Figaro*, introduction, commentaires et notes de G. Trisolini, Paris, Le Livre de Poche, 288 p.

1996. — *La Folle Journée ou le Mariage de Figaro*, éd. par Fr. Bagot et M. Kail, Paris, Gallimard, « Folio/ Théâtre », 309 p.

Études sur Beaumarchais et son œuvre

1852. — Sainte-Beuve, C.-A., *Beaumarchais*, trois articles parus dans « Le Constitutionnel » des 14, 21 et 28 juin, ensuite recueillis dans *Causeries du Lundi*, Paris, Garnier, 1853, volume V, pp. 163-212.

1856. — Loménie, L. de, *Beaumarchais et son temps*, Paris, Lévy.

1883. — Cordier, H., *Bibliographie des œuvres de Beaumarchais*, Paris, Quantin.

1887. — Lintilhac, E., *Beaumarchais et ses œuvres*, Paris, Hachette (rééd. Genève, Slatkine Reprints, 1970).

1888. — Gudin de la Brenellerie, P., *Histoire de Beaumarchais*, éd. Maurice Tourneux, Paris, Plon.

1911. — Chiostri, C., *Les Traductions et Imitations italiennes des œuvres de Beaumarchais*, Montevarchi, Cecchineri.

1938. — Jouvet, L., *Beaumarchais vu par un comédien*, dans *Réflexions du comédien*, Paris, Flammarion.

1951. — Richard, P., *La Vie de Beaumarchais*, Paris, Hachette.

Lancaster H.C., *The Comédie-Française, 1701-1774, plays, actors, spectators, finances*, Philadelphie, The American Philosophical Society.

1956. — Proschwitz, Gunnar von, *Introduction à l'étude du vocabulaire de Beaumarchais*, Stockholm et Paris, Nizet.

Pomeau, R., *Beaumarchais*, Paris, Hatier (rééd. 1967).

1957. — Politzer, M., *Beaumarchais, le père de Figaro*, Paris, La Colombe.

1960. — Van Tieghem, P., *Beaumarchais par lui-même*, Paris, Le Seuil.

1961. — Ratermanis, J.B. et Irwin, W.R., *The Comic Style of Beaumarchais*, Seattle, University of Washington Press.

1963. — Navarri, R., *Réflexions sur quelques aspects de la pensée philosophique et morale de Beaumarchais*, dans « La Pensée », août, pp. 136-141.

1964. — Giudici, E., *Beaumarchais nel suo e nel nostro tempo : Le Barbier de Séville*, Roma, Edizioni dell'Ateneo.

1968. — Niklaus, R., *Beaumarchais, Le Barbier de Séville*, Londres, Arnold.

1969. — Seebacher, J., *Beaumarchais*, dans *Histoire littéraire de la France*, t. III, Paris, Éditions sociales.

1970. — Larthomas, P., *Beaumarchais et le théâtre*, dans *Histoire de la littérature française*, t. II, Paris, Colin.

Beaumarchais, J.-P. de, *Beaumarchais en Espagne*, dans « RP », janvier.

1971. — Sungolowsky, J., *Du côté de Beaumarchais (Beaumarchais et les juifs)*, dans « Les Nouveaux Cahiers », n° 24, printemps.

Faÿ, B., *Beaumarchais ou les fredaines de Figaro*, Paris, L. A. Perrin.

Dressen, C., *Essai d'analyse sociologique du théâtre de Beaumarchais*, thèse dactylographiée (Université Paris X).

Shewmake, A.C., *Un pamphlet clandestin (1779) de Beaumarchais sur la politique contemporaine*, thèse University of Wisconsin, dans « DAI », volume XXXII, n° 6, December.

1972. — Castries (duc de), *Figaro ou la vie de Beaumarchais*, Paris, Hachette.

Larthomas, P., *Le Langage dramatique*, Paris, Colin (rééd. P.U.F., 1980).

Proust, J., *Beaumarchais et Mozart : une mise au point*, dans « SF », janvier-avril.

1973. — *Beaumarchais*, numéro spécial d'avril de la revue « Europe ».

Beaumarchais, J.-P. de, *Beaumarchais devant la critique*, dans « IL », mars-avril.

1974. — Sungolowsky, J., *Beaumarchais* (en anglais), New York, Twayne.

Descotes, M., *Les Grands Rôles du théâtre de Beaumarchais*, Paris, P.U.F.

1975. — Trisolini, G., *Un capitolo della fortuna di P.-A. Caron de Beaumarchais in Italia*, dans « Annali della Facoltà di... Ca' Foscari, Venezia », Brescia, Paideia, XIV, 1-2.

1978. — Coulet, H., *La notion de caractère dans l'œuvre de Beaumarchais*, dans « Revue de l'Université Moncton », 11.

Klein, E., *Kontinuität und Diskontinuität in der sogenannten Trilogie von Beaumarchais*, Frankfurt am Main, Peter Lang.

1979. — Landy, R., *La Harpe, Beaumarchais et les revendications des auteurs dramatiques (1777-1799)*, dans « XVIIIe siècle », n° 11.

1980. — LARTHOMAS, P., *Le Théâtre en France au xviiie siècle*, Paris, coll. « Que sais-je ? », P.U.F.
SCHERER, J., *La Dramaturgie de Beaumarchais*, 3e éd., Paris, Nizet (1re éd. 1954).

1981. — LARTHOMAS, P., *Le Style de Beaumarchais dans « Le Barbier de Séville » et « Le Mariage de Figaro »*, dans « IL », mars-avril.
GATTY, J., *« Les Six Époques » de Beaumarchais : chronique de l'histoire vue et vécue*, dans *Transactions*, Oxford, The Voltaire Foundation, II, pp. 574-581.
DAUVIN, S. et J., *Le Barbier de Séville, analyse critique*, Paris, Hatier.
GIUDICI, E., *Beaumarchais e l'Italia*, dans *Letterature comparate. Problemi e metodo*, Bologna, Patron.
NIKLAUS, R., *L'idée de vertu chez Beaumarchais et la morale implicite dans ses pièces de théâtre*, dans *Transactions*, Oxford, The Voltaire Foundation, pp. 358-359.

1983. — LANDY, R. et PEYRONNET, P., *Dramaturgie textuelle et dramaturgie musicale*, dans *L'Opéra au xviiie siècle*, Aix-en-Provence, Marseille, J. Laffitte.

1984. — CIRAULT DE COURSAC, P., *Le rôle de Beaumarchais auprès du roi et ses ministres*, dans « Découverte », nos 46, 47, juin-septembre.

1985. — CASTRIES (DUC DE), *Beaumarchais*, Paris, Tallandier.
CONESA, G., *La Trilogie de Beaumarchais. Écriture et dramaturgie*, Paris, P.U.F.

1986. — JOLY, J. *Un fol opéra : Tarare de Beaumarchais et Salieri*, dans « Les écrivains français et l'opéra », Köln, G. Mölich, pp. 95-108.

1987. — POMEAU, R., *Beaumarchais ou la bizarre destinée*, Paris, P.U.F.

1988. — MORTON, B.N., SPINELLI, D.C., *Beaumarchais : a bibliography*, Ann Arbor, Michigan, The Olivier and Hill Press.

Proschwitz, G. von, *Beaumarchais et l'Angleterre*, dans *Idées et mots*, Göteborg-Paris, pp. 229-242.

1989. — Didier, B., *La représentation de la Révolution à l'Opéra : « Le Couronnement de Tarare » de Beaumarchais*, dans « La Révolution française et le processus de socialisation de l'homme moderne », Paris, Messidor.
Menager, S., *La trilogie de Beaumarchais, théâtre de sang*, dans « Revue d'Histoire du Théâtre », 3, pp. 209-217.

1990. — Senart, Ph., *La mère coupable de Beaumarchais*, dans « Revue des deux Mondes », pp. 222-225.

1991. — Hoefner, Eck., *Les aspects poétologiques dans la « Trilogie de Figaro » de Beaumarchais*, dans « Filologia Moderna », Pisa, pp. 91-117.

1992. — Barny, R., *Beaumarchais et son théâtre dans la Révolution (1789-1794)*, dans « Économie, société, civilisation », Paris, éd. C.T.H.S., pp. 199-225.
Lévy, F., *Tarare : l'opéra de Beaumarchais dont Mozart n'a pas écrit la musique*, dans « Bulletin de l'Association G. Budé », pp. 87-99.
Thomadaki, M., *« Eugénie » et « les Deux Amis » de Beaumarchais : reflet des Lumières*, dans « Transactions », II, 1253-1259, Oxford.

1994. — Didier, B., *Beaumarchais ou la Passion du drame*, Paris, P.U.F.
Scherer, J., *La Dramaturgie de Beaumarchais*, Paris, Nizet, 4e éd.

1996. — Howarth, W.D., *Beaumarchais and the Theatre*, London, New York, Routledge.
Beaumarchais, J.-P. de, *Beaumarchais : le voltigeur des Lumières*, Paris, Gallimard.

Études sur « Le Mariage de Figaro »

1892. — BRUNETIÈRE, F., *Le Mariage de Figaro*, dans *Les Époques du théâtre français*, Paris, Calmann-Lévy, pp. 315-337.

1928. — GAIFFE, F., *Le Mariage de Figaro*, Amiens, Malfère.

1937. — CROCE, B., *Beaumarchais : Cherubino e la contessa*, dans « Critica », 35, pp. 321-327.

1939. — GAIFFE, F., *Le Mariage de Figaro*, Paris, C.D.U.

1948. — JASINSKI, R., *Le Mariage de Figaro*, Paris, Cours de Lettres.

1952. — MICHAUD, G., *L'intrigue et les ressorts du comique dans Le Mariage de Figaro*, dans *Mélanges Souriau*, Paris, Nizet, pp. 189-203.

1953. — MEYER, J., *Le Mariage de Figaro, mise en scène et commentaires*, Paris, Seuil.

1957. — VIER, J., *Le Mariage de Figaro, miroir d'un siècle, portrait d'un homme*, Paris, Minard.

1962. — HAMPTON, J., *Research on Le Mariage de Figaro*, dans « FST », 16, pp. 24-32.

1965. — RATERMANIS, J.-B., *À travers les manuscrits du Mariage de Figaro*, dans « PQ », 44, pp. 234-257.

1968. — SCHEEL, H.L., *Beaumarchais : « La Folle Journée ou le Mariage de Figaro »*, dans *Das französische Theater vom Barock bis zur Gegenwart*, 2, Düsseldorf, pp. 79-99.

1969. — VINCENOT, C., *Mensonge, erreur et vérité dans « Le Mariage de Figaro »*, dans « RSH », avril, pp. 219-227.
HOWARTH, W.D., *The recognition scene in « Le Mariage de Figaro »*, dans « MLR », avril, pp. 301-311.

1974. — EHRARD, J., *La société du Mariage de Figaro*,

dans *Mélanges J. Fabre*, Paris, Klincksieck, pp. 169-180.

LANDY, E., *Le Mariage et les Noces. Notes pour Figaro*, dans « IL », mars-avril.

1978. — LÉVY, F., *Le Mariage de Figaro. Essai d'interprétation*, Oxford, Studies on Voltaire, CLXXIII.

1979. — LAS GOURGUES, L., *Le Mariage de Figaro : characters, intrigue and structure*, dans « AJFS », janvier-avril.

1982. — MOUREAU, F., *Une source du Mariage de Figaro : Le Jaloux honteux de Dufresny ?*, dans « RHLF », janvier-février, pp. 78-87.

1983. — NIKLAUS, R., *Beaumarchais, Le Mariage de Figaro*, London, Grant and Cutler.

1984. — TESTUD, P., *Échange et change dans Le Mariage de Figaro, ou le cher ruban de Chérubin*, dans « La Licorne », 7, pp. 41-52.
Beaumarchais. Le Mariage de Figaro, n° 5, septembre-octobre, de la « RHLF » :
POMEAU, R., *Avant-propos*, p. 707.
BEAUMARCHAIS, J.-P. de, *Beaumarchais, homme de la liberté*, pp. 708-709.
ROUGEMONT, M. de, *Beaumarchais dramaturge : le substrat romanesque du drame*, pp. 710-721.
MERVAUD, C., *Le « ruban de nuit » de la Comtesse*, pp. 722-733.
LARTHOMAS, P., *« Le Mariage de Figaro » : quelques remarques sur l'établissement du texte et les contrefaçons*, pp. 734-740.
NIDERST, A., *Dramaturgie et iconographie, les premiers illustrateurs du « Mariage de Figaro »*, pp. 741-749.
GIUDICI, E., *Beaumarchais dans la littérature de création*, pp. 750-773.
DELON, M., *Figaro et son double*, pp. 774-784.
SEEBACHER, J., *Beaumarchais et Victor Hugo*, pp. 785-794.
WELLS, J., *Le fond de la langue*, pp. 795-801.

1985. — DUDLEY, Sh., *Les premières versions françaises du Mariage de Figaro de Mozart*, dans « Revue de musicologie », 1, pp. 55-83.
VILLANI, A., *Le Mariage de Figaro de Beaumarchais*, Paris, Belin, coll. « Dia ».

1986. — HENRIOT, P., *La philosophie et ce qui n'est pas elle. La transparence. En marge des Noces de Figaro*, dans « Cahiers philosophiques », décembre, pp. 45-59.

1987. — LEMONNIER-DELPY, M.-F., *Nouvelle étude thématique sur le Mariage de Figaro de Beaumarchais*, Paris, S.E.D.E.S.

1988. — LARTHOMAS, P., *Une contrefaçon du Mariage de Figaro : l'édition dite d'Amsterdam*, dans *Les Presses grises*, Dijon, Aux Amateurs de Livres, pp. 241-247.
HUBERT, M.-Cl., *Le Théâtre*, Paris, A. Colin, Coll. Cursus, 2e éd.

1989. — PETITFRÈRE, Cl., *1784. Le Scandale du « Mariage de Figaro » prélude à la Révolution française ?*, Paris, Complexe, Coll. « La mémoire des siècles ».
LARTHOMAS, P., *Badinage et raison : « Le Mariage de Figaro »*, dans « Comédie française », 174, pp. 24-25.

1993. — TRISOLINI, G., *Relire le « Mariage de Figaro »*, dans « Op. Cit., revue de littérature française et comparée », Université de Pau, pp. 89-98.
VIER, J., *« Le Mariage de Figaro », miroir d'un siècle, portrait d'un homme*, Paris, Lettres modernes.
MENANT, S., *Du « Mariage de Figaro » à « La Mère coupable »*, dans « Littératures », 29, pp. 41-51.
Bibliographie de Beaumarchais : *Le Mariage de Figaro et la Mère coupable*, dans *Bulletin de la Société française d'étude sur le XVIIIe siècle*, 23-24.

Le théâtre au XVIIIe siècle

1999. — AMMIRATI, C., *Maîtres et valets dans la comédie du* XVIIIe *siècle. Thèmes et sujets*, P.U.F., coll. « Major Bac ».
ROBERT, R., *Premières leçons sur maîtres et valets dans la comédie du* XVIIIe *siècle*, P.U.F., coll. « Bibliothèque Major ».
WEISS F., *Maîtres et valets dans la comédie du* XVIIIe *siècle. Textes commentés*, P.U.F., coll. « Major Bac ».

GLOSSAIRE

Acquit : acquittement.
Acquitter : libérer sa conscience à l'égard de quelqu'un.
À gré : avec plaisir.
Amadis : manche boutonnée au poignet.
Amant : celui qui aime, fiancé.
Animal : être animé.
Approximer : néologisme, langage scientifique, s'approcher de.
Arbitraire : injustifié.
Attentif : plein d'attentions.
Audience : l'ensemble des assistants.
Avancé : mis en avant à des places que la médiocrité doit interdire.
Aventuré : tenté par les aventures.
Baigneuse : bonnet plissé aux bords rabattus.
Bien nati : bien né (mélange franco-latin).
Bonheur : issue heureuse.
Brocher : écrire rapidement.
Bureau (d'esprit) : société de gens de lettres.
Camariste : femme de chambre, suivante de comédie, soubrette.
Celui-ci : ceci.
Celui-là : cela.
Clocher : boiter ; ici, faire le capable devant les plus habiles.
Coin : effigie d'une monnaie, pièce de fer qui sert à marquer les monnaies. Le contexte donne au mot un sens érotique, dans la tradition de la farce et de la parade, la marque.
Concierge : intendant.
Cordonné : entouré d'une gravure circulaire sur la tranche, le cordon, petit bord façonné.
Couvre (ne... point) : ne se répare point, ne peut s'excuser.
Crocheteur : portefaix.
Cuvé : dissipé.
Défaite : mauvaise excuse.

Dès que : puisque.

Dévoué : voué.

Donner à garder : duper, faire de moi votre dupe.

Éberner ou **ébrener** : enlever le bren ou bran (rebut, ordure, excréments), nettoyer de ses excréments un enfant au maillot.

École : au sens usuel : leçon ; au jeu de trictrac : une faute commise par un joueur ; au figuré : une fausse manœuvre.

En cadenette : avec une longue tresse.

En disputant : au cours de la discussion.

Enfance : enfantillage.

En faveur de : en considération de.

Enfilé : trompé, berné, mystifié (mot emprunté au jeu de trictrac).

En poste : rapidement.

En presse : dans un état fâcheux dont on ne sait comment sortir.

Entendre : vouloir dire.

Étrenné : celui qui a l'étrenne, le premier qui a, qui sait, etc.

Expédier (un brevet) : le revêtir des formes nécessaires pour le rendre valable, lui mettre le cachet.

Faire grâce : accorder ce qu'on désire.

Feuille : journal, le plus souvent périodique ; « à la feuille » : feuilliste.

Forcement : augmentation injustifiée de redevances, saisie autoritaire.

God-dam : juron anglais.

Gourde : bosse, coup.

Grec : fort habile.

Gros : huitième d'une once, mesure de poids utilisée en particulier pour peser les plantes médicinales.

Hasard : aventure périlleuse.

Humoriste : homme qui a de l'humeur, qui a l'esprit chagrin et avec qui il est difficile de vivre, pessimiste.

Impériale : le dessus d'un carrosse ou d'un lit ; ici, du dais en étoffe, drapé à la manière d'une couronne impériale, qui protège le portrait du souverain et couronne le fauteuil du comte.

Impliquer : sous-entend « contradiction », être contradictoire.

Imposer à : chercher à tromper.

Inconnu : anonyme.

Industrie : dextérité, adresse à faire n'importe quoi.

Intéressant : émouvant, excitant.

Joindre : rejoindre.

Juste : corsage très étroit, parfois à petites basques.

La-mi-la : ces notes musicales équivalent à une invitation à chanter.

Lévite : longue robe d'intérieur.

Loup : masque de velours noir qui couvrait le visage des dames et les préservait du hâle.

Maîtresse : au sens classique, femme aimée.

Marchander : épargner.

Oiseusement : inutilement.

Ordonnance : loi, uniforme.

Perruque naissante : perruque qui imite les cheveux naissants.

Pharaon : jeu de cartes voisin du baccara.

Protégement : néologisme créé par Beaumarchais en 1778 dans le *Mémoire* contre La Blanche, et signifiant « protection » exercée par le chef d'une coterie politique ou mondaine.

Ques-à-quo ? : forme provençale pour « qu'est-ce que c'est ? », déjà employée par Beaumarchais dans le quatrième *Mémoire* contre Goëzman.

Quinze et bisque : terme de jeu de paume, désignant un coup qu'on marque au joueur plus faible ; au sens figuré : avantage.

Quittance : acquittement d'une dette.

Rage : le plus grand mal.

Ranger : disposer.

Rassasié : blasé.

Recorder : entendre, mettre au point.

Recors : celui qu'un sergent amène avec lui pour servir de témoin... et pour lui prêter main-forte en cas de besoin, assistant-huissier.

Rendre : remettre.

Rêver : réfléchir.

Salle : lieu planté d'arbres qui forment une espèce de salle dans un jardin.

Sans tirer à conséquence : sans tirer des conclusions défavorables.

Spatule : instrument de chirurgie rond par un bout et plat de l'autre, marque faite avec une spatule.

Tailler ses morceaux : prescrire ce qu'on doit faire.

Ténébreux : téméraire.

Timide : craintif.

Tourniller : tourner de côté et d'autre.

Triste : fâcheux.

Une fois : une fois pour toutes, une bonne fois.

Vain : fier.

Vieille sibylle : fille âgée qui fait parade d'esprit et de science (figuré et familier).

Voies : moyens, honnêtes ou malhonnêtes, dont on use, démarches.

Table

Composition réalisée par NORD COMPO

Achevé d'imprimer en juin 2009, en France sur Presse Offset par
Maury-Imprimeur - 45330 Malesherbes
N° d'imprimeur : 145760
Dépôt légal 1re publication : novembre 1989
Édition 19 - juin 2009
LIBRAIRIE GÉNÉRALE FRANÇAISE - 31, rue de Fleurus -75278 Paris Cedex 06

30/6688/3